中国研究译丛 1004

China and the End of Global Silver 1873–1937

〔美〕奥斯丁·迪恩 —— 著
Austin Dean

中国与白银时代 的 终结

1873~1937

葛宇亮 —— 译

社会科学文献出版社
SOCIAL SCIENCES ACADEMIC PRESS (CHINA)

作者简介

奥斯丁·迪恩（Austin Dean），内华达大学拉斯维加斯分校的历史学教授，主要研究方向为中国近代经济史。

译者简介

葛宇亮，毕业于上海外国语大学翻译专业（英语、西班牙语），长期为多家世界顶尖金融集团、消费品公司提供翻译服务，曾在联合国秘书处、联合国开发计划署等国际组织从事翻译工作，并协助完成多部出版著作的翻译及校审工作。

送给我的父母

目　录

图表目录

图

表

致　谢

　　这是一本关于钱的书。在撰写的过程中，我毫无意外地欠下了许多钱。

　　在格林内尔学院（Grinnell College），我需要感谢谢正光（Andrew Hsieh）、莎拉·普塞尔（Sarah Purcell）以及唐·史密斯（Don Smith）作为导师提供的帮助。格林内尔学院提供的研究生奖学金让我在南京度过了一段时间，坚定了我从事中国研究的愿望。在乔治城大学（Georgetown University），我要感谢迈克尔·格林（Michael Green）、吉姆·米尔沃德（Jim Millward）、米卡·穆斯科里诺（Micah Muscolino）、卡罗尔·本尼迪克特（Carol Benedict）和已故的南希·伯恩科普夫·塔克（Nancy Bernkopf Tucker）在我研究生的学习过程中给予的指导。特别要感谢吉姆·米尔沃德在研究生课程中布置我们阅读林满红的《银线：19世纪的世界与中国》。本书的缘起在很多方面都与那次作业有关。我还要衷心地感谢一起参加研讨会的同学，包括朱莉娅·法穆拉罗（Julia Famularo）、凯利·哈蒙德（Kelly Hammond）、巴里·麦卡伦（Barry McCarron）和温爽，感谢我们的友谊。在俄亥俄州立大学（The Ohio State University），我非常感谢克里斯托弗·里德（Christopher Reed）、张颖和菲尔·布朗（Phil Brown）的支持、鼓励与指导。还要感谢珍妮弗·西格尔（Jennifer Siegel）和史蒂夫·康恩（Steve Conn），他们在中国历史之外的宝贵视角帮助我让这个项目变得更有吸引力。我还要感谢我在俄亥俄州立大学的同学们，特别是梅尔文·巴恩斯（Melvin Barnes）、约翰·奈特（John Knight）、罗迪（音译，Luo Di）、单毅（音译，Shan Yi）以及周南（音译，Zhou Nan）。

在中国人民大学，我想对董建中和李明（音译，Li Ming）表示感谢，前者指导了我在北京的工作，后者是我的同学和朋友，现已开始了自己的学术生涯。我们特别感谢我的富布赖特（Fulbright）小组同事和其他研究人员，我们在许多顿晚餐和午餐之中一起不断地思考推进我们的项目。感谢阿比盖尔·科普林（Abigail Coplin）、亚历克斯·徐（Alex Hsu）、亚历克西斯·西蒙（Alexis Siemon）、埃莉诺·古德曼（Eleanor Goodman）和韦斯·切尼（Wes Chaney）给我带来的所有美好的回忆。

我想感谢俄亥俄州立大学、斯坦福大学胡佛研究所（Hoover Institution at Stanford University）、美国学术协会（American Council of Learned Societies）、富布赖特项目（Fulbright program）和拉斯维加斯内华达大学文学院（College of Liberal Arts at the University of Nevada, Las Vegas）在项目的不同阶段提供的资金支持。此外，许多档案馆的档案员回答了我的问题并帮助我找到方向，让这个项目成为现实。

我非常感谢内华达大学拉斯维加斯分校的同事们的支持。我从该系对我工作的支持和兴趣中受益匪浅。我特别感谢所有在我分享不同章节的草稿时参与教师研讨会的同事：格雷格·布朗（Greg Brown）、约翰·库里（John Curry）、卡洛斯·迪马斯（Carlos Dimas）、凯瑞尔·杰德嘉克（Caryll Dziedziak）、安迪·弗莱（Andy Fry）、安迪·科克（Andy

Kirk）、诺丽亚·利塔克（Noria Litaker）、科林·罗德（Colin Loader）、伊丽莎白·纳尔逊（Elizabeth Nelson）、杰夫·肖尔（Jeff Schauer）以及保罗·维尔特（Paul Werth）。

在康奈尔大学出版社，我要感谢罗杰·海顿（Roger Haydon），他指导我首次作为作者完成了审稿流程。两位匿名审稿人的意见为书稿增色添彩。我一直很喜欢"货币研究"系列，编辑埃里克·赫莱纳（Eric Helleiner）和乔纳森·基什内尔（Jonathan Kirshner）决定将我的作品和许多优秀的作品一起收录其中，让我倍感荣幸。我也感谢博睿（Brill）和塞奇（Sage）出版社允许我转载两篇期刊文章的材料："The Shanghai Mint and U.S.–China Monetary Interactions, 1920–1933," *Journal of American–East Asian Relations* 25, no. 1 (March 2018): 7–32; "A Coin for China? The Monetary Standards Debate at the End of the Qing Dynasty, 1900–1912," *Modern China* 44, no. 6 (2018): 591–619。

最后，如果没有我的父母、我的姐姐凯瑟琳（Katherine）和我的妻子南希（Nancy），我将一事无成。如有错误，一切在我。

关于术语、币种、重量
和度量衡的注释

1. 本书提及钱币时，常使用格令作为单位（例如 412 格令或 378 格令白银等）。1 格令等于 0.026 克。

2. 中国的重量及度量单位。

    1 石 = 100 斤 = 59.7 公斤

    1 斤 = 16 两 = 597 克 = 0.597 公斤

    1 两 = 10 钱 = 37.3 克

    1 钱 = 10 分 = 3.7 克

    1 分 = 10 厘 = 0.37 克

3. 在英国曾经的货币体系中，1 先令等于 12 便士，1 英镑（£）等于 20 先令，即 1 英镑等于 240 便士。由于伦敦是当时主要的白银交易中心，因此书中前几章的银价以英国单位表示（如 24 便士）。随着叙述的展开，纽约的地位变得愈发重要，这时银价将以美分表示。

4. 美国在南北战争后恢复黄金可兑换，此后美元汇率实际上固定为 1 英镑 =4.85 美元。如果英镑的价格高于 4.85 美元，并且超出了黄金运输和保险的额外费用，那么交易将使用黄金而不是汇票进行结算。

5. 日本在 1897 年采用金汇兑本位制后，1 日元（¥）等于 50 美分。

引 言

循着钱的足迹

2016 年 3 月，在中国的河北，一群村民涌向一处河滩，掘地三尺。传言说河滩下有宝藏：不是黄金、玉石，也不是古代的珍贵文物，而是 20 世纪第二个十年铸造的银币，上面刻有当时中华民国大总统袁世凯的头像。这些俗称"袁大头"的银币，在 20 世纪早期是常见的交换媒介，如今在收藏品市场上价值不菲。[1]

如今，白银通常只出现在新闻中、我们的脑海中，或是这样的故事里。银币仍是一种小众的收藏品；它属于发烧友、业余爱好者以及收藏家，而不属于政策制定者、银行家与商人。尽管白银仍可对冲通货膨胀，并可在危机时期作为投资品，但在大众的思维里，黄金仍牢牢占据着重要的地位。一些极端的黄金支持者甚至主张回归金本位制，将他们眼中失控的货币体系带回正轨。[2]但没有人提议回归银本位制。白银在整个 20 世纪中成为一种被遗忘的货币金属。

但在很长的一段时间内，白银一直是货币。自从 16 世纪人们在南美洲山区发现这种金属以后，西班牙银元（以及后来的墨西哥银元）在世界商业的往来中流通了数百年。其中许多银币在明朝（1368~1644 年）和清朝（1644~1912 年）最终流向了中国。当时，银价吸引了全世界矿工、商人、政治家、投机者和知识分子的关注。但在世界历史的教科书中或课堂上，我们讨论的常常是白银时代的开始，而不是终结。

世界历史上的白银时代从19世纪70年代开始，至20世纪30年代走到了尽头。当时及后世的学者强调是白银某种内在的劣质性导致其时代的终结，但真实原因并非如此，而是帝国主义在东亚的竞争与当时中国不同时期政府的国家建构之间的互动。当世界上大部分国家都采用某种形式的金本位制时，中国仍是使用白银人口最多的国家。然而，当时中国并没有统一的国家货币，也没有一个统一的货币标准，而是许多标准同时存在于市。各种类型的白银与各类金融机构发行的铜币和纸币一起流通。转手钱币或银锭必须经过称重并被检验。一位中国学生在1910年写道："钱币制度（如果我们可以将其称为一种制度的话）是多么笨拙，多么复杂！"所有的交易都是"斗智斗勇"。[3]南京国民政府在1935年决定放弃白银，并创造了一种基于外汇的新货币——法币。这成为中国历史乃至世界历史上的一个关键时刻。

中国货币的历史听起来像是一个仅关注钱币学且充满艰深细节的主题。但事实并非如此，国际政治风云变幻，社会经济衰退，这是一段充满机遇与不确定性的戏剧性历史。这段历史将带领我们从云南的铜矿、路易斯维尔（Louisville）的面包店、四川的铸币厂一路探寻到华盛顿特区或北京的政府办公室，以及康奈尔大学、普林斯顿大学、耶鲁大学的教师办公室。我们会遇到中国的政治家、美国的经济学家和上海造币厂的工人。这当中有些人物我们很熟悉，而另一些则很陌生。这些地点和人物看似毫无关联，但一个重要的问题却将他们联系起来：中国应该如何改变它的货币体系？本书对世界各地的官员、商人和经济学家对这个问题的回应进行了追溯。

在更广泛的层面上，《中国与白银时代的终结：1873~1937》展示了所有货币制度变革的偶然性。货币制度变革的目的是将货币非中性化，但在大多数社会中变革效果往往截然相反：现行的货币安排被中性化，并成为唯一可能的方式。在主张效率和交换便利的经济力量影响下，这是一种必然结果。在全球舞台上看待中国历史，我发现了一个与我们自身截然不同的货币、精神与物质世界。

在人类历史的大部分时间里，特别是19世纪早期之前，货币在现实生活中呈现的一些特点在我们现在看来显得很陌生："国内外货币同时流通；小面值货币未能很好地融入官方货币体系，国内正式发行的货币也远未统一或标准化。"[4]这些情况体现了"小改革的大问题"。[5]长期以来，政府无法在不亏损的情况下，以稳定的质量标准大量生产小面值硬币。正如政治经济学家埃里克·赫莱纳（Eric Helleiner）所描述的那样，在19世纪中叶，新兴的民族国家开始创立在境内使用的领土（或国民）货币。政府停止了外币在其境内的流通，将小面额的钱币完全纳入货币体系，并建立了统一的货币标准。[6]一系列经济和政治动机共同影响了这一趋势。首先，统一领土货币可以降低商人的交易成本，提高"国内经济的一致性"。[7]其次，领土货币使政府能够控制货币供应，管理宏观经济环境。[8]再次，国民货币的产生使政府更易于管理日益复杂的公共财政体系。[9]最后，使用领土货币可以加强民族国家的国家认同。这些动机与技术进步一起，在一定程度上塑造了我们今天所处的货币世界。

《中国与白银时代的终结：1873~1937》通过对中国史、美国史、经济史和世界史相关争论的探寻，研究了清朝、北洋政府（1912~1928年）和南京国民政府（1927~1949年）对创造一种领土货币的尝试，以及白银在这个过程中的作用。

首先，在中国历史的范畴中，白银展现了经济、外交、政治和思想史之间的联系，而这些联系往往少有人研究。尽管中国皇帝专制的形象广为人知，但儒家的治国著作普遍强调政府在政治经济中作用有限。正如历史学家朱莉亚·施特劳斯（Julia Strauss）注意到的那样，19 世纪末 20 世纪初中国思想家关注的一个核心问题是，"一个以往满足于相当低限度自给自足目标的国家"如何才能"发展出强大、主动的组织以实施新的中央集权和经济发展议程"。[10] 对许多中国人来说，这个目标意味着政府要加强对经济的参与和控制，其中也包括货币体系。中国著名官员和知识分子在其经济著作中也凸显了这种观念上的转变，后者很快因他们提出的观点和政策而声名鹊起。提到梁启超，中国历史学家很少会将这位近代中国的开创性人物与货币问题马上联系在一起。然而，梁启超在 20 世纪第二个十年撰写了不少有关货币问题的文章，并在财政部担任各类职务。同样，本书还研究了张之洞、康有为、孙中山、马寅初等人的货币思想，说明关于货币标准的讨论远非一个狭隘的技术性问题，而是代表了 19 世纪末 20 世纪初中国国家建构中一个有争议的根本性问题。

不久之前，许多研究仍在强调清朝国家建构的失败与王朝的衰落，[11] 在对北洋政府和南京国民政府的研究中也能看到类似观点，这种解读有一定道理。清朝灭亡后，北洋政府的各届内阁并没有巩固对国家的控制。现在，历史学家倾向于关注清朝、北洋政府和南京国民政府所取得的成就而非它们的失败，以及这些时期与 1949 年后之间历史的连续性。[12]

从晚清是否建立了"现代财政国家"和"军事财政国家"的争论中，我们可以看到这些不断变化的解读。尽管这两个术语相似，但它们指代的是截然不同的概念。历史学家何文凯认为"现代财政国家"的特点是"税收的集中，这使国家可以从一个汇总的收入来源中分配各项支出，从而提高政府财政管理的效率"。[13] 税收的集中管理也使得国家在金融市场上可以进行长期借贷。他认为，与英格兰和明治时代的日本相比，晚清没有成为一个现代财政国家的原因在于：征收和分配财政收入的权力仍然分散且不受京城官员的控制。值得注意的是，何文凯否定了韦伯对"现代财政国家"的传统定义，即强调政府垄断货币发行的能力。[14] 在何文凯看来，这样的标准过于苛刻。

历史学家斯蒂芬·哈尔西（Stephen Halsey）采用了与何文凯不同的衡量标准，他认为清朝的确成了一个成功的"军事财政国家"：它扩大了行政管理范围以获取收入，并用这些资金保卫自己、刺激经济增长。清末，帝国主义对中国迫在眉睫的威胁"开启了中国自 17 世纪早期以来最具创新精神的国家建构时期"。[15] 哈尔西认为这些政策是有效的。与何文凯不同，在哈尔西看来，比集中征收和分配更重要的是清朝如何运用这些资金。清朝并没有被完全殖民化，作为颇具实用意义的标准，这一点十分重要。最后，哈尔西展示了这一起源于清朝的国家建构计划如何在南京国民政府得以延续。然而，与何文凯一样，哈尔西对建立统一货币标准的争议避而不谈。

聚焦货币标准问题可以让我们更全面地看待中国是如何在　　　5
全球白银市场上进行国家建构的。在这一过程中，中国参与并影响了白银市场，但并没有控制市场。[16] 历史学家城山智子认为"直到 1934 年金融危机爆发人们才普遍认识到，国内货币体系与国际白银流通之间缺乏区分"。然而事实恰恰相反，有证据表明，众多中国人士在此之前就关注到了这一困境，在清朝、北洋政府时期和南京国民政府时期，它都是一个关键的问题，但并未得到足够的重视。[17] 围绕着白银，我们还能厘清重要的全球联系，特别是中国与墨西哥、印度、菲律宾等国家之间的联系，而这些联系在关于"现代财政国家"和"军事财政国家"的争论中并不显见。此外，从白银的角度来审视这段历史，我们可以以新的视角看待中国历史上对专家来说耳熟能详的重要事件，包括洋务运动、义和团运动及其余波，以及清朝末年、北洋政府时期和南京国民政府时期的"黄金十年"（1927~1937 年）等重要时期。

通过分析和解读有关货币标准的争论，我们能够了解中国和世界各地的官员、知识分子和商人如何看待中国货币体系与世界货币体系之间的关系。中国应该实行什么样的货币制度？银价相对于金价的下跌对中国是有利还是有弊？中国是否应该采用金汇兑本位制？如果采用金汇兑本位制，其新货币会与美元、英镑或日元挂钩吗？中国能否在不损害主权的情况下实施改革方案？这些问题成为 19 世纪 70 年代至 20 世纪 30 年代中国货币讨论的核心。本书以中国放弃银本位制收尾，但这并不是一种胜利主义的叙事，本书并不认为最后的结果是注定的、不可避免的。相反，本书关注的是挑战、冲突、难题、错误的开始与反转。这一研究方法由数量有限但不断增长的中国货币史英文文献以及较为丰富的中文文献而来。[18]

其次，从美国历史的角度来看，白银是决定 19 世纪和 20 世纪美国国内政策和外交政策的一个关键因素，不过大多数研究仅集中在国内角度和关于金银复本位制的争议。倘若学者们研究了国内政策与外交政策之间的联系，他们也往往把重点放在 20 世纪 30 年代，以及美国在推动南京国民政府脱离银本位制方面所做的努力或缺位，而忽略了美国几十年来对中国币制改革的兴趣及这种兴趣对美国东亚外交政策的影响。[19]

19 世纪 60 年代，在内华达州发现康斯托克矿区（Comstock Lode）后，美国成为白银的主要生产国。在 19 世纪末的大部分时间里，货币标准问题引发了美国地区和阶级间的分歧。由于银价相对于金价开始下跌，中西部的农民和西部的矿工普遍支持金银复本位制。他们认为白银是一种通货膨胀的金属，可以缓解 19 世纪最后几十年无法避免的通货紧缩。

而东部的银行家和债权人则支持金本位制。在美国采用金本位制后，仍有议员组成了一个强大的"白银集团"（Silver Bloc）来支持银价，并促进白银在世界各地的使用。然而，白银集团内部存在重大的分歧，一些人希望恢复金银复本位制，而另一些人认为这在政治上是不可能实现的，转而寻求不同的机制来提高银价，或给白银设置一个最低价格。

美国在当时面临重大的困境，它在 1900 年前后成为世界上最大的经济体之一，实行了金本位制，但同时又是白银的主要生产国，正努力在国际金融中占据主导地位。[20] 美国在世界白银市场上所扮演的角色与中国息息相关，也刺激了它在影响中国币制改革和东亚金融架构的问题上与英国和日本展开竞争。清朝、北洋政府和南京国民政府官员意识到了这些利益，他们经常试图拉美国入局以平衡外国势力之间的关系。然而，正如我们将看到的那样，美国政府的不同部门——特别是国务院和财政部——以及银行家和商人对于主导中国币制改革与更广泛的外交政策原则之间的关系存在分歧。虽然许多美国人士希望参与中国的币制改革，但他们对这一目标所需的成本，包括但不限于财政成本，以及美国是否愿意付出这些成本意见不一。

再次，在经济史方面，《中国与白银时代的终结：1873~1937》通过一种新的方法来解读 19 世纪 70 年代至 20 世纪 30 年代这段时期的问题。许多研究强调 1550 年至 1650 年（即白银时代开始时）中国在世界历史中的重要性；相比之下，中国的重要作用在关于 19 世纪末和 20 世纪初的研究中并未引起同等关注。[21] 相反，大多数关于这一时期的学术文献强调的是金本位制的重要性，描述它如何出现、如何运作、如何鼓励金融全球化，它在大萧条中的作用以及这一体制最后的崩溃。[22] 但是，在一个领域的深入探究却使另一个领域黯然失色。正如经济学家马克·弗兰德罗（Marc Flandreau）所感叹的那样，众多经济史文献不断被"金本位制的光芒"吸引，所付出的代价是牺牲了其他货币制度。[23] 由于金本位制运作相关的研究数据丰富，这种吸引力不难理解，但这让视野变得狭隘、认识走向封闭，限制了白银的研究空间。聚焦白银，能够展现其价格及其在中国货币体系中的作用如何引发了全世界的合作、竞争与争议。这一焦点使人们可以从新的角度来看待世界历史上的白银时代是如何结束的。

关于白银退出世界货币体系，过往的解释强调现实因素，并聚焦在 1870 年至 1880 年，这是许多国家从金银复本位制转向金本位制的关键十年。有观点认为，白银产量的增加导致了白银的贬值，转向金本位制不可避免，因为债权人阶层不希望债务人用不断贬值的货币来偿还债务。另一种解释强调了白银和黄金各自的特性与技术发展的关系。比白银更值钱的黄金是长途贸易中更理想的金属，但由于技术问题和"小变革中的大问题"，向金本位制的转变受到了阻碍。蒸汽动力造币机械的引进让市场向金本位制的过渡变得更为容易。无论是强调宏观还是微观推理，这些观点都会得出一个类似的结论：白银劣于黄金，不能再作为货币使用。[24]

中国在世界货币体系中是最大的也是最后一个使用银本位制的国家，然而提出这些抽象论点的研究并未对中国的作用给予足够的关注。如果说中国在白银时代开始时便发挥了相当关键的作用，那么在其结束时中国也发挥了同等作用。重要的是，许多经济史文献都把重点放在 19 世纪末从金银复本位制向金本位制的转变上，而非白银在 20 世纪继续得到使用上。这样的视角导致了学者对欧洲、美国以及印度等在殖民主义背景下转向金汇兑本位制的国家和地区的货币史的重视。与之相反，本书分析了在被历史学家马克·梅茨勒（Mark Metzler）

称为世界最后的"白银阵线"上中国国家建构与帝国竞争之间的相互作用,展示了世界货币体系变化的争议性与偶然性。[25]

本书也在一定程度上论述了历史学家研究货币问题的方法。历史学家万志英(Richard von Glahn)认为,经济学家"主要关心的是货币的职能",即货币作为流通手段、价值储藏手段和记账单位的职能。[26]他继续说道:"历史学家,以及几乎每一个历史上的人,都在关注货币是什么——不仅仅是构成货币的具体事物,还包括它所代表的价值,它如何影响意识和文化,以及货币的使用与其他历史性的变化浪潮是如何交汇的。"[27]货币史学家的一个重要目标应该是将货币非中性化。现行的货币安排并不是唯一的方式。在追求这一目标的过程中,我坚持经济学家罗伯特·索洛(Robert Solow)所称的历史学家的"比较优势",并强调"人们所创造的准则、组织与展现的忠诚,对其而言,与物质条件一样真实"。[28]我并不会"平铺直叙""过去的特殊性",而是通过追踪世界各地的钱币、机械、金融顾问、货币金属和经济思想之间的联系与纠葛来突出这些特殊性。[29]

政治史、外交史和经济史交织在一起,展现了世界历史上的白银时代是如何在银价下跌的背景下,在中国跨越清朝、北洋政府和南京国民政府十年的国家建构计划中,由于列强在东亚政治和经济影响力的竞争中相互影响而走到尽头的。此外,聚焦白银为研究这段 60 年的世界历史提供了一种新的方式,中国的币制改革是世界各国政府需要考虑的重要问题,而由于有关金本位制兴衰的研究更为常见,这一问题长期为后者的光芒所掩盖。因此,本书将"中国重新写进了全球历史"。[30]

我们首先从银币、铜币等钱币以及货币机构和中介机构等方面介绍 19 世纪中叶的清朝货币体系,解释为何中国和世界各地的许多人士均认为这个体系需要改变。本书随后的章节将探讨中国内外为改变中国货币体系所做的努力，以及白银在这一过程中的作用。随着本书的展开，我们将对中国、美国和世界历史产生新的认识。要做到这一切，我们只需要循着钱的足迹即可。

1
清朝货币体系初探

尽管在 19 世纪下半叶，外国人在中国享有诸多特权，但他们仍有颇多腹诽。中国的货币体系充斥着"徒有虚名的货币"（虚银两）、质量不一的铜钱、来自拉丁美洲的银元宝和硬币，以及各金融机构发放的纸币。这让他们尤为惊慌失措。正如"一个商人"在 1858 年写给《经济学人》的信中所说，"各方一致认为"，中国种类繁多的币种与汇率造成了"不便与混乱"。[1] 另一位外国观察家评论称，中国"怪异的"钱币制度"无论应用于哪个西方国家，都会在一代人的时间内让这个国家发疯"。[2] 这种几乎不加掩饰的轻蔑忽视了清朝货币制度的历史和政治基础。

要理解从 19 世纪 70 年代到 20 世纪 30 年代有关中国币制改革的争论和冲突，首先要解释 19 世纪中叶货币、信用和支付生态系统的概况。本章着重介绍了铜与银的关系，强调了 19 世纪中叶清代货币机构和货币政策实践的分散性，并介绍了这些货币安排在晚清开始遭到质疑的情况和原因。

清朝的钱币制度

双金属本位制以铜和银为基础。铜币（制钱）起源于秦朝（公元前 221 年至公元前 207 年），中间有一方孔，可串起。从秦朝起，各朝各代均曾铸造铜币。这些钱币不仅在中国流通，还在日本以及东南亚地区流通。在广泛使用白银之前，中国就已经融入了亚洲不断扩大的经济与贸易网络。在清朝，特别是 18 世纪，铜币的原材料大多来自云南。[3]

为了将铜铸为币，清朝在北京设立了两家铸局，并在各行省设立了地方铸局，由朝廷指派专人监督。[4]清朝各省督抚均掌管制造铜币的铸局，并负责将货币引入流通的机制。[5]在封建时代晚期，各朝代铸造铜币使用的是翻砂法。首先，用纯铜雕出"祖钱"，用于铸"母钱"。随后用母钱制成模具，用于铸制钱。[6]整个铸币过程相当耗费人力，花费极高。由于技术的限制和中国辽阔的地理疆域，集中铸造这些铜币既不可能，也不可取。在货币问题上，清朝的制度"结构统一，因地制宜"，各省官员在与中央政府协商后，可以执行独立于其他地区的政策。[7] 19 世纪末 20 世纪初，随着清朝中央政府权力的削弱，一些官员试图实施币制改革，但清朝钱币政策的分散性给他们带来了挑战。

在白银时代，即 1550 年至 1650 年，白银大量流入中国，成为另一种重要的货币金属。白银在中国货币体系中并非第一次出现，在元朝（1271~1368 年），它已经以银锭的形式流通。在白银时代，这种金属从日本传入中国，随后又从拉丁美洲传入中国。1571 年马尼拉建市、太平洋贸易发展之后，白银流入更多。大量白银流入中国的确切原因仍有争议。有学者认为，当时中国的贸易处于顺差，而白银填补了这个缺口。另一些学者则认为，因为白银在中国的价值高于世界上其他任何地方，所以它自然而然地流向了中国。万志英指出，16 世纪初，中国的金银比价为 1∶6，而欧洲的金银比价为 1∶12，波斯为 1∶10，印度为 1∶8。[8]商人将白银从其价值较低的地方（一开始是日本，后来是拉丁美洲）运往价值较高的地方，并从这种交易中获利。

白银的涌入改变了中国社会，促进了经济的持续商业化，在东部和东南沿海地区尤为突出。商人和交易商积累了巨大的财富，保守派哀叹这个世界正在迅速抛弃传统美德，而珍贵艺术品收藏、奢侈品消费、性消费等恶习随处可见。[9] 明朝晚期的官员张涛曾抱怨道："金令司天，钱神卓地。贪婪罔极，骨肉相残。受享于身，不堪暴殄。"[10] 这是一个日益融入世界经济的社会，与明朝开国皇帝朱元璋的独立自主、自给自足的小农经济理想相去甚远。朱元璋即位之初，曾试图用不可兑换的纸币代替铜币和白银进行流通。[11] 但此举并未奏效。明初的皇帝印制了太多的纸币，导致其价值被侵蚀，白银的重要性因此增加。

白银的流通改变了明朝的财政制度，并引发了关于市场与国家在货币经济中作用的讨论，这种讨论一直延续到清朝。16 世纪，明朝将徭役及其他杂征总合为征收白银税。即使农民只有铜币收入，也要用铜币来购买白银。这项被称为"一条鞭法"的政策改变了政府与个人的关系，并认可白银在货币体系中起着越来越大的作用。但这些转变也造成了焦虑。由于中国的白银供应稀少，明后期的官员为明朝对白银的依赖感到担忧。曾在一条鞭法改革中发挥重要作用的名臣张居正担忧"世间银少铜多，公私之费，皆取足于银，故常患不足"。[12] 也有人担心，随着外国白银的涌入，明朝实际上已经放弃了对货币体系的控制。[13] 中国对国外白银的依赖使其成为一个"脆弱的帝国"。[14]

因此，在明清时期，货币制度的关键在于铜钱与各种形式的白银之间的关系，以及政府如何尝试管控这一比例，或放任不管。铜币在小额本地贸易中使用较多，而白银在区域间和国际贸易中更为重要。铜币被串在一起，1000 枚铜币成为"基准单位"，即一"串"，相当于 1 市两（大约 37.3 克）白银。

12 这个单位就是库平两。[15] 1 市两银子等于一个记账单位"两"。在本书之后的章节中，我将使用"市两"表示重量单位，用"两"表示记账单位。每一枚铜币重"一钱"，即 0.1 市两，价值 0.001 两，也就是 0.1 乘以 0.01（这一乘数源自银与铜之间 1：100 的传统比例）。因此，一串 1000 枚铜币等于 1 两白银（见表 1）。[16]

表 1　通用银铜比例

1 两白银 = 1 市两白银 = 1 串铜币 = 1000 枚铜币

这些规则复杂的原因多种多样。首先，在当时的中国货币体系中，记账单位"两"与交换媒介（即银币或铜币）之间是割裂的。如今在美国，每一张流通的美元就代表一个记账单位；商品以美元定价，你的银行账户也以美元作为本位币。钱包里的美元不需要和菜单上的美元进行转换。但 19 世纪的中国并非如此：一银两记账单位等于不止一枚墨西哥银元。其次，中国各地有众多的"两"作为记账单位，每个单位的精度与重量都不同，包括库平两、海关银两（海关总署使用）等，各市、各集镇还有自己的标准。例如，上海的商人于 1857 年制定了上海规元的标准，这一名目逐渐成为中国金融市场最重要的记账单位。[17] 历史学家戴建兵估计，在晚清，全国至少有 170 种不同的常用银两标准。[18] 这些抽象的记账单位意味着，负债的结算取决于在某一时间一枚银币能折算为多少两记账单位。[19] 重要的是（这一点很关键），这些不同的记账单位并不是由政府的法令规定设立的，而是随商业习惯和市场经济的发展建立起来的。中国虽然使用白银，但并没有一个全国通用且由政府强制执行的白银标准。

白银有多种形式，包括元宝、银锭以及从西班牙与拉丁美洲和之后从墨西哥流入的银元。根据不同的银两记账单位标准，国外的银元约等于 1 两白银的 70%。换而言之，1 两白银约等于 1.4 枚流入的银元。[20] 银币与某一被称为"洋厘"的记账单位之间的兑换率，会根据供需情况发生变化。比如，银币在上海周边地区普遍更值钱。也就是说，在春天，一枚银币可以兑换更多的上海规元，因为人们要从周边地区购买丝绸和其他农产品。[21] 由于处理和兑换方便，外国钱币也有可能在高于其金属价值的情况下流通。随着多种钱币流通于市，市场出现了一类指导商人识别和评估银币的小册子，帮助他们确定银币的真假。[22]

　　经济历史学家黑田明伸将这些基本的货币安排称为"货币循环"。这个词并不是说"不同市场之间相互隔离，而是指市场之间存在多种接合方式"。[23] 核心问题在于"异质货币需求难以协调，货币供应不均衡"。不同的时间对不同种类货币的需求各异，而且这些货币的质量也各不相同，因此，各商业中心维持一个徒有虚名的记账单位"两"就十分合理了。[24]

　　另一个复杂的问题源于铜和银之间的关系。虽然在理想情况下，1000 枚铜币可以兑换 1 两白银，但这个比例并不稳定。在清朝政治词语中，"银贵钱贱"表示需要更多的铜币才能兑换 1 两白银；而"银贱钱贵"则表示更少的铜币即可兑换 1 两白银。[25] 清朝并没有明确地试图将官方汇率精确地维持在 1000∶1 的水平上，但它确实试图将其稳定在这个数值附近。因为政府只铸造铜币，所以它通过开始或停止铸币来增加或减少流通中的铜币数量，从而保持市场汇率接近 1000∶1。此外，当铜相对于银的价值下降时，铜币可增加重量；当铜的相对价值上升时，铜币的重量可以减轻。[26]

　　清政府不是唯一的铸币方。根据铜和银的相对价值，钱币会被伪造、熔化、修整、贮藏、用于投机。[27] 例如，当 900 枚铜币就可以兑换 1 两白银时，人们很有可能把铜币熔化，铸造假币,利用高企的铜价制造并冒充劣质钱币。当然,清朝法律禁止伪造或制造含铜量低于标准的"小钱"。一些清朝官员意识到,禁止小钱的流通会进一步减少当地本已有限的钱币供应,继而引发其他问题。[28] 在这种情况下,清朝官员建议降低钱币的含铜量,使熔化再铸无利可图。"贱币"使铸币税收入减少,因此可能损害国家的利益,但"贵币"却破坏了更广泛的经济,因为它使钱币脱离了流通领域,损害了日常商业。[29]

银铜之间的关系变化造成了重要的政治、经济、社会影响。19世纪20年代,以铜币计价的银价开始上升,后来涨势迅速,到1838年,一些地区需要1637枚铜币才能兑换1市两白银;到1849年,一些地方兑换1市两白银需要2355枚铜币。[30] 当时的中国作家称这一时期为"银荒"。传统上,历史学家将银铜比价的变化归结为鸦片购买量增加而导致的白银外流,但最近的学者认为银铜比价的飙升还有一些其他原因,包括19世纪初拉丁美洲独立运动的影响,以及美国商人购买中国商品的支付方式。[31]

这个时期被称为"道光萧条"(1820~1850年)。银价上涨的第一个影响是以白银计价的价格下跌,进而造成信贷收缩,导致金融中介机构崩溃。此外,由于赋税必须使用白银支付,农民缴税所需的铜钱数量增加,实际上加重了税负。官员对银铜比例的操纵以及火耗的收取加剧了这一问题,造成了社会动荡。[32] 清政府一开始依靠传统做法,通过限制铜币的数量来使银铜比价达到平衡。事实上,在这一时期,清朝的铸局并不赢利,因为他们在白银方面的支出远远超出新铸铜币所能兑换的白银数量。[33] 然而,以铜币计价的白银价格却持续攀升,造成了威胁,引发了动荡。[34]

在这场危机中,有关货币的讨论蓬勃兴起。王鎏是这些讨论的重要推动者,他在19世纪30年代认为,为了解决银铜比价危机，清政府应该发行纸币，禁止私人纸币流通，并铸造面值高于其金属含量的"大钱"。[35]他特别担心的是，道光萧条时期白银的外流就像一个漏酒的酒杯（漏卮），在慢慢地耗散国家的财富。王鎏从三个层面对自己的观点进行了论证，分别为便利性、货币供应的弹性和"爱国主义或原始民族主义的诉求"。[36]他希望该提案能慢慢地将白银赶出流通领域，从而消除银铜比价这一关键的政治和经济问题。反对这一计划的人认为，这些建议既不可行也不现实，且国家对市场的干预太大。[37]至少在最初，王鎏的建议并没有在官场上得到太多的重视，但很快另一场危机又将他的想法推到了台前。

太平天国运动（1851~1864年）造成的财政、经济、政治问题对清朝产生了深远而持久的影响。由科举落榜生洪秀全领导的这场太平天国运动占领了大片领土，并在当时中国最繁华地区的中心南京建都。太平军将基督教元素与反清言论结合，并经常破坏孔庙，对清朝的意识形态构成了严重的威胁。他们还自己铸造铜币，称王的目的显而易见。此时，清朝面临战时财政的问题，王鎏的一些想法被重新提及。清朝铸造了所谓的大钱，面值为10、50、100、1000文的铜币，但实际含铜量比其面值少得多。朝廷还印制了许多不可兑换的纸币。这两项政策导致了19世纪50年代和60年代咸丰年间的通货膨胀。纸币和大钱大幅折价流通，但由于叛乱不断，加之清朝对华南和华东大部分地区的控制有限，咸丰年间通货膨胀的影响大多限于京城周边地区。

清朝起初对太平天国运动的军事反应不及时。为了打败太平军，清朝中央政府不得不将大量权力下放给各省官员。这一迫不得已的决定颠覆了清朝统治初期的规定。曾国藩在家乡湖南组建了一支军队。曾国藩在平定太平天国运动中发挥了关键作用，战争结束后，他成为洋务运动中的关键人物，当时许多

15

清朝官员希望通过提高生产力、兴办工厂、派年轻人出国留学等方式来振兴清朝。事实上，晚清包括币制改革在内的变革都是由省级官员发起的。省级官员的努力在有些情况下增强了清朝的实力，有时则引起了冲突和竞争。在晚清以及 20 世纪，币制改革问题受到了国内两种重要而又矛盾的趋势影响，即中央政府权力不断削弱的消极力量，以及中国各地商业活动日益频繁的积极力量。[38]

在太平天国运动结束后，以铜计价的白银价格开始从 19 世纪二三十年代的高点回落。正如历史学家林满红所言，"1856 年至 1887 年白银的流入使得商业税收增加，清政府的统治因此得以加强"。[39] 我们将在下一章讨论这一情况背后可能的原因，但在这里有必要提出两点意见。首先，白银的涌入可能增加了收入，但这并不是它产生的唯一巨大影响：白银的流入加剧了晚清的货币标准问题，并使之愈演愈烈。白银涌入中国的同时，一些官员开始质疑朝廷在经济中的作用。正如我们将在第 3 章中探讨的那样，对于 19 世纪 70 年代和 80 年代的清朝官员来说，外国银元往往意味着侵蚀国家主权，"主权"在那时是个刚被引入中国的新词语。因此白银的涌入是一种威胁。

其次，尽管中国的货物贸易在 19 世纪 70 年代到 20 世纪 30 年代出现了逆差，但白银总体还是在不断流入中国，即白银的进口大于出口。这一点对后文叙述非常重要。在人们的预期中，中国应该是白银的净出口国，这样才能达到国际收支平衡。然而，由于有来自国外的汇款，中国往往是白银的净进口国，但学者对于造成中国白银流入或流出的确切机制以及这些流动与中国价格水平和经济状况的关系存在分歧。[40] 不仅当今学者对这一问题众说纷纭，当时的观察者更是如此，他们试图厘清因果关系，形成论述，以理解周围的世界，并根据这些假设和理解提出政策。

清朝的金融机构

一些金融机构在这个货币体系中充当了中间人的角色，为支付提供便利，提供信贷，资助贸易。在 19 世纪，没有中央银行来监督货币供应；相反，重要的金融机构是诸如钱庄、票号、外资银行和银号等非政府实体。这些机构在金融体系中扮演着不同的角色，它们之间合作与竞争并存。

钱庄（我也将其称为本地银行）作为贷款人和货币兑换商，通常在某一城区提供服务。它们吸收存款、发行票据（汇票）、提供无抵押贷款，并且全天营业。[41] 他们的合伙人和业主对他们的各种交易负有无限责任。钱庄在确定不同城市的洋厘（即交换媒介、银币和记账单位之间的比例）方面也发挥了关键作用。例如，上海本地的银行确定了当地的洋厘，并在不同金融机构之间开展清算业务。在 19 世纪和 20 世纪，钱庄一直是一支强大的力量。

票号，即汇兑庄，起源于 19 世纪 20 年代的山西省，目的是在无须转移实体货币的前提下，在全国范围内转移大量资金。商人可以将铜币或白银存入某一票号分号，并收到一张单据。他带着那张单据来到国内另一个城市，交给另一个分号即可拿到钱。与钱庄一样，票号一般由几个人合伙组成，他们对票号的事务也负有无限责任。到 19 世纪下半叶，票号分号在长距离商业交易和政府税收的汇兑中发挥了关键作用。[42] 票号的鼎盛时期并没有持续多久。19 世纪末，清朝鼓励建立以欧洲金融公司普遍采用的有限责任原则经营的本地银行，票号的影响力逐渐下降。

外资银行，例如 1865 年成立的香港上海汇丰银行（HSBC），在当时的中国还是新鲜事物。[43] 这些公司在 19 世纪 90 年代之前以英资为主，可以发行自己的钞票，进行流通，并开展兑换业务；它们屹立于国际贸易融资的中心。通过兑换上海规元，银行出售以英镑计价、可在伦敦用于支付的电汇或即期汇票。银行也可进行相反的交易，买入以英镑计价的汇票，卖出上海规元。

两个金本位国家之间外汇交易受两国货币含金量的制约，汇率仅在两国货币的黄金输出点周围小幅波动。与之不同的是，上海规元和英镑或美元之间没有固定的汇率，而是随着银价的变动而不断变化。上海规元白银的含量比伦敦市场上买卖的标准盎司白银更高，加之熔化银条、铸成银锭也有成本，因此，原则上 1 上海规元应该与 1.175 盎司伦敦市场白银平价。白银同样也有运输和保险成本，因此理论上的平价应该略高于 1.175。

例如，1 盎司白银在伦敦的交易价格是 25 便士，则理论上的流入点（基于对保险、运费和利息的假设）为 1.194 × 25 便士，即 29.85 便士。如果因为某种原因（主要是上海外汇与白银的供需关系），白银在上海的卖出价格高于 29.85 便士 / 两，那么卖出白银即可获利。比如，在远期交易的模式下，一个银行家在上海以 31 便士 / 两的价格卖出上海规元，他用得来的资金在伦敦购入白银并运至上海进行交割即可获利。也就是说，银行家在上海以 31000 便士卖出白银，以 29850 便士的成本在伦敦买入白银并运往中国。[44] 这样的交易在市场上不断重复，理论上会使套利空间消失，让汇率回到理论平价水平。如上例所述，高于理论平价的汇率会导致白银流入中国，而低于理论平价的汇率会导致白银流出中国。

这里的关键点在于，外汇和白银的供求关系可能导致外汇理论平价与其实际市场价格脱节。正如著名的中国外汇观察家耿爱德（Eduard Kann）所强调的，"我们必须清楚地认识到，上海的外汇业务是在汇率大幅、频繁的波动中进行的"。[45]中国外汇交易的这一特点在 20 世纪 20 年代末至 30 年代初显得尤为重要。

外资银行设有两个独有的职位。他们一般雇一名中国人作为"看银师"。此人熟悉中国复杂的金融环境，保证银行不会收到虚假或劣质的白银。银行还依靠"买办"在中国金融机构间进行联络。买办往往在外资银行安排贷款，通过钱庄将这些资金借给从事进出口业务的中国商人。[46]买办还为钱庄在外资银行的贷款进行担保。如果钱庄未能偿还贷款，买办就必须代为还款。这个职位重要而敏感，容易遭到指责。但也有例子表明，买办和外国银行家之间能建立长久的关系，能够经受住争议与经济衰退的考验。[47]

与其简单地断定外资银行控制和剥削了中国的金融机构，不如看看不同金融机构之间的人际与信贷联系是如何形成互利关系的。买办因为经济利益与外资银行合作；外商并不强求本地钱庄向其贷款；上海的外资银行常在本地钱庄开有账户，用于清算业务。然而（这一点至关重要），这些联系微妙且不稳定。政治和经济方面的顾虑能够将这些不同的金融机构分割开来，这一情况也的确发生了。

白银产品的制造和评估由两个重要的机构负责：银炉/炉房和公估局。银炉负责熔化白银并铸成银锭。清政府设有银炉，其将以白银征收的税款铸成标准的银锭，再存入国库。此外，还有私人银炉，负责熔化改制白银。公估局的设立旨在规范各银炉的产品，确保不存在缺斤少两的行为。钱庄的银行家通常在公估局的设立中发挥作用，因为他们是外资银行和中国商人之间的重要中介。例如，1850 年成立的上海公估局即为私人所有。在割裂的货币体系中，银炉希望在产品中掺假，而金融体系中的其他参与者则希望杜绝这种情况的发生。这样的

19

环境使银锭制造与鉴定的职责分离。[48]

随着论述的展开，这些不同的金融机构与中介机构之间的冲突会变得愈发明显。上海本地的银行家、汇丰银行的高管，以及新成立的有限责任银行中的中国金融人士对白银在中国货币体系中的地位，以及币制改革的速度、范围和顺序并未达成一致。每一类机构在中国的金融格局中都扮演着不同的角色，以不同的方式从银价波动中获取利益或受到损失，并与 19 世纪和 20 世纪的中国各届政府保持复杂多变的联系。

清朝的货币制度是通过国家提供的铜币、市场提供的白银，以及金融机构提供的支付服务和信贷来发挥作用的。值得注意的是，清朝没有中央银行，政府不铸造银元，也不印制纸币，因此对货币供给的控制能力不强。正如经济学家陈昭南所言，如果清朝可以放弃从印制法定货币中获得的铸币税，那他们也同样可以放弃从铸造银币中获得的铸币税。[49]此处我们重申引言中的一个观点，在人类历史的大部分时间里，这种类型的货币体系——包括外币在内的不同类型货币同时流通，且政府也未垄断货币供给——是非常正常的。[50]追溯到明朝初期，铜银复本位制是中国金融体系的基础，并且随着经济一同发展。尽管一些观察家指出了这些制度的缺陷，但这些制度仍在市场上持续施行，并在许多方面发挥作用。

然而，在 19 世纪末，特别是鸦片战争和太平天国运动后，一些清朝官员对这一制度的根基提出了疑问。以前行之有效的办法现在已经不适合了。晚清洋务运动的倡导者希望朝廷在经济中发挥更积极的作用：建立银行，鼓励贸易，通过税收制度获取更多的国家财富，并改变货币制度。他们希望这些努力能够巩固清朝的统治，加强其合法性，使中国繁荣富强。然而，本章所描述的清朝货币体系，包括各类货币循环和两制记账单位，结构松散，带来了政治和制度上的挑战，随着时间的推移，这种挑战只会越来越大。简而言之，中国几百年来都未能实行的中央集权的货币标准，怎么可能在一夜之间就得以落实？

最重要的是，清朝的政治家并不是唯一考虑这些问题的人，世界上许多人士都对清朝币制改革问题非常感兴趣。商人希望统一的货币能够方便他们的生活，提高其商品销量；记者和学者就理论和实践问题展开争论；外交官、总统和首相的目标是让自己的国家在清朝金融改革中发挥排他的主导作用。在外强侵略、世界货币体系不断变化、银价持续波动的背景下，清朝官员和学者希望在维护主权的同时统一货币体系。这并不是一件容易的事。

19 世纪 70 年代和 80 年代以黄金计价的白银价格开始下跌，导致在世界范围内发生货币动荡，世界各国对这一变化做出了不同反应。清朝在政治分权的背景下尝试实施币制改革并首次自行铸造了银币。接下来的两章将通过分析上述事件来介绍国内外的情况。到了 19 世纪 70 年代中期，白银在世界货币体系中的作用和未来的角色尚不确定。当时的观察家认为银价的下跌与白银在美国的产出有关。英国议会成立了一个委员会，负责调查最近白银价格的快速下跌，并将白银贬值的"最突出的原因"归于美国西部发现的新矿含银量大。[51] 带着这样的判断，我们的故事将从美国开始。南北战争后，政策制定者思索着美国的货币体系应如何改变。在他们脑海中还有中国以及中国的货币体系。

2
白银衰落的开始：美国贸易银元的
全球流通，1873~1887

1870~1880 年是国际货币体系发生巨大变化的十年。19
世纪的大部分时间里，白银相对于黄金的价格长期稳定在一
个较小的区间内，但在这十年间开始下跌。由于美国西部的矿
区增加了白银的产量，加之德意志、法国和美国放弃金银复本
位制并改用金本位制，这些国家对白银的需求出现下降。银行
家、商人和政治家对银价是暂时性还是永久性地下跌争论不
休。英国和美国政府成立了特别委员会来研究这一问题。英国
委员会的一位受访者，著名的《经济学人》编辑沃尔特·白芝
浩（Walter Bagehot）认为："目前的问题不是找到白银，而
是找到白银的用途。"[1]

为了实现这一目标，美国在这场动荡中通过了一项法案，
即 1873 年的《铸币法案》（Coinage Act），这一法案创造了
美国贸易银元，为美国的白银找到用武之地，并与西班牙和墨
西哥的银元竞争，试图取而代之，成为中国商人的首选钱币。
这一银元也是美国的法定货币，面额最高为 5 美元。然而，到
了 1876 年夏天，硬币中的白银价值已经低于其 1 美元的面值。
在当时，一个人可以把价值不足 1 美元的白银拿到造币厂，支
付铸币费，铸成一枚作为法定货币的 1 美元银元并赚取利润。
国会随后剥夺了这些银元作为法定货币的地位，但这之后，它
们在美国依然广泛流通了若干年。[2] 1873 年《铸币法案》的批
评者认为，该法案通过取消银元硬币法定货币地位，偷偷地、

有目的性地终结了美国的金银复本位制，从而使美国走上了金本位制的道路。在19世纪余下的时间里，以及在后世的学术研究中，政治家、历史学家、经济学家和政治学家都在争论这项法案是不是一种政治或经济"犯罪"。[3]

本章对该法案是不是一种犯罪不持任何立场，而是以贸易银元的产生与流通为例，为世界历史上的白银时代为何以及如何在19世纪70年代至20世纪30年代结束引出第一条重要线索：在银价下跌的背景下，各国竞相影响中国货币体系。在19世纪的大部分时间里，世界范围内的金银复本位制非常稳定，但19世纪中叶发生的一些事件对其造成了破坏，包括康斯托克矿区矿山的发现、南北战争后美国的货币辩论以及普法战争的余波。贸易银元就是在这样前途未卜的世界货币体系中诞生的。

我们会在接下来的叙述中介绍以下和贸易银元相关的主题。首先，贸易银元的支持者希望减小英国在中国贸易中的金融作用，并希望在亚洲建立一个更广泛的美国金融架构，但在这个过程中，一种用于出口的银元即可满足这些需求。1900年后，当英美两国在东亚的影响力竞争加剧时，美国政策中的这一部分将变得尤为重要。其次，贸易银元的倡导者对该币在亚洲的接受程度过于乐观，并认为美国或任何其他国家都能够轻易地影响中国的币制改革。再次，1876年后，银价未来走向的不确定性在由美国立法者组成的新兴白银集团内部引发了争议，争议的焦点在于什么才是支撑银价的最好方法，以及在经济和政治上恢复金银复本位制是否可能、可行。这些争议在20世纪变得更为巨大，而且往往都与中国有关。最后，贸易银元的产生和流通展现了在不断变化的全球货币体系中，在一个中国参与但无法控制的白银市场内，中国不同时期政府的国家建构活动是如何进行的。

全球双金属体系与美国

18 世纪的美国和世界上许多国家一样，采用了以银和金为基础的双金属货币体系。1792 年《铸币法案》规定，1 美元硬币含 $371\frac{1}{4}$ 格令白银或 416 格令含合金的标准白银。法案规定金银比价为 1：15，并规定铸币免费：金条或银条可以交由政府铸币，除少量铸币成本费外不收取其他费用。[4]除了 1 美元硬币，法案还创设了面值为 50 美分、25 美分、10 美分和 5 美分的银元，均含有与其面值对应的白银。例如，两枚 50 美分硬币或 10 枚 10 美分硬币共含有 $371\frac{1}{4}$ 格令白银。而金币的面值更大——$\frac{1}{4}$ 鹰金币、$\frac{1}{2}$ 鹰金币和 1 鹰金币，分别价值 2.5 美元、5 美元和 10 美元。不存在 1 美元的金币。铸币标准的设定流程参考了传奇的"八里尔"西班牙银元的测定结果。西班牙银元在美国、中国和世界其他地区广为流通。值得注意的是，测定的对象并非直接来自造币厂，而是已在流通中的银元。银元在使用过程中逐渐磨损，导致其重量比大多数刚出厂的西班牙银元要轻。因此，美国银元的重量略轻于西班牙银元。[5]虽然 1792 年《铸币法案》建立了美国的货币体系，但外国货币，尤其是西班牙银元，在美国仍然是法定货币。

1792 年法定的铸币比例为 1：15，这几乎完全反映了当时世界市场上的金银比价。然而，在 18 世纪余下的日子里，这个比例变为约 1：15.65。美国铸币比例与世界市场比例之间的差异低估了黄金价值而高估了白银价值。[6]对白银价值的高估使墨西哥和西班牙银元流入美国。虽然西班牙银元的含银量略高于美国银元的平均含银量，但在西印度群岛，这两种银币的交易比例为 1：1。商人可以把美国银元在国外兑换成西班牙银元，再将这些西班牙银元重铸成比原先更多的美国银元。为了制止这种做法，托马斯·杰斐逊（Thomas Jefferson）命令造币厂停止铸造银元。在接下来的 30 年里，美国银元"几乎无人知晓"，而西班牙和墨西哥的银元却在美国继续流通。[7]事实上，一些历史学家认为，外国银元的涌入为美国提供了对华贸易所需的货币。[8]

随后在 1834 年，国会通过制定 1∶16 的铸币比例，使黄金相对于市场价格被高估，从而吸引更多的黄金流入国内。这并不是一个孤立的决定。有关黄金和白银价值的讨论与杰克逊时代政治经济中更广泛的问题密切相关，包括金属钱币的作用、纸币，以及美国第二银行（Second Bank of the United States）。有些人希望通过增加金币的流通量来削弱美国第二银行发行的银行券的作用，使其没有继续存在的理由。[9]美国东部的商业利益集团希望增加黄金的流通量，南部的金矿商也是如此。1834 年《铸币法案》颁布后，黄金流入国内，美国第二银行的经营许可未获续期。1837 年《铸币法案》随后调整了铸币比例，但仍然高估了黄金的价值。[10]

黄金的大量发现很快就给美国的货币体系带来了问题。19世纪 40 年代末加利福尼亚淘金热和 19 世纪 50 年代初发现的澳大利亚金矿使黄金产量增长，导致黄金相对白银价值下跌。虽然 1851 年黄金的市场价格降到了 1∶15.45，但铸币比例仍为 1∶16。现在，两枚 50 美分的银元等值于 1.03 美元的黄金。因此没有理由用价值超过 1 美元的银币来偿还 1 美元的债务。人们囤积银币，"出口获利成了决定性的力量"。[11] 1850年，美国出口白银 200 万美元，但在 1851 年，这个数字猛增到 2300 万美元。[12]沃尔特·白芝浩将 19 世纪 40 年代黄金产量的上升与 19 世纪六七十年代白银产量的上升相比较，强调了在加州发现金矿的有利之处。他写道："比起贸易与交易欠发达的国家，商业发达的国家需要一种更有价值的交换媒介来实现大宗物品的交换。"[13] 19 世纪 40 年代，由于世界上黄金数量有限，"商业大国不可能采用这种最理想的货币"。[14] 当然，白芝浩隐晦地在此点出了后世对金本位制的一种批评：货币供应扩张依赖的是一种一次性发现的金属。

在加利福尼亚和澳大利亚发现的黄金并没有导致全世界立即转向金本位制。虽然当时市场上黄金十分充足，但是金银比价仍然像 19 世纪的大部分时间一样保持在 1∶15.5 左右。这个比例直到 19 世纪 70 年代初才有所改变。在大量发现黄金之后，在使金银复本位制于全球范围内得以持续运作的国家中，最重要的不是美国，而是法国。在经历了 18 世纪末的革命动荡与以土地担保的指券（assignats）计划的失败之后，法国于 1803 年创立了金银复本位制。[15] 金银复本位制允许人们用白银或黄金进行支付，在这种情况下人们自然会使用价格较低的货币。金银复本位制的这一特点增加了人们对黄金或白银的需求，并随着时间的推移消除了市场价格和铸币比例之间的巨大差价。经济学家马克·弗兰德罗解释道，法国之所以成为"国际货币体系的稳定器"，是因为它大约持有"金银复本位集团总货币存量的 9/10"。[16] 1850 年，当加利福尼亚矿区的黄金流入世界市场时，法国持有价值 23 亿法郎的白银，而新发现的黄金产量约值 3.6 亿法郎。[17] 黄金的发现固然重要，但还不足以颠覆金银复本位制。居于这一关键地位的法国在 19 世纪 70 年代从金银复本位制向金本位制转换的过程中发挥了关键作用。

25　　虽然法国维持了世界范围内的双金属制，但由于市场比例和法定比例之间的差距，各国的情况各有不同。在加利福尼亚发现黄金后，19 世纪 50 年代初的美国出现了银荒。之前我们提到，两枚 50 美分的硬币或 10 枚 10 美分的硬币相当于 $371\frac{1}{4}$ 格令白银，这些都是面值与重量相当的银币。但市场上不断变化的金银比价意味着这些小面值的银元中所含的白银更为值钱，因此这些银元便退出流通。如果没有足够的小面额银元，贸易与交换很难正常进行。小面额银元的匮乏导致了"非常事件"的发生，比如人们纷纷前往纽约市的邮局购买大量的邮票，通过找零换取小面额银元。[18] 如何解决这一问题已迫在眉睫。

立法者旋即对是否要降低面值为 1 美元以下银元的含银量展开了辩论，比如，让两枚 50 美分硬币中的含银量不再等于 $371\frac{1}{4}$ 格令。这种改变将消除人们从流通中囤积小面额银元的动机。有些人认为，拟议的修改不过是让货币贬值。未来的总统、时任国会议员安德鲁·约翰逊（Andrew Johnson）正是如此判断的。他认为拟议中提出的银元辅币"纯粹是一个诡计"。约翰逊指责称，该法案的支持者认为其发现了"点金石"，但事实上却开辟了一条继续行骗的道路。[19] 正如历史学家 D.A. 马丁（D.A. Martin）写的那样，对于要求减少小面额银元含银量的计划，很多反对意见来自像约翰逊这样的议员"对金属的偏爱"。[20]

19 世纪 50 年代初，立法者在以下问题上出现了一些分歧：是否要降低辅币的含银量？要降低多少？银元作为法定货币是否应有面额限制？是否应该降低面额为 1 美元银元本身的含银量，还是只改变面额小于 1 美元的银元？随着这些争论的持续，银荒变得更加严重。尽管约翰逊等人坚持等重货币神圣不可侵犯，强烈反对新法案，但 1853 年 2 月，众议院还是以 94 票比 69 票的表决结果通过了 1853 年《铸币法案》。法案规定辅币的面值比其白银价值高出 7% 左右，这些信托机构发行的法定货币面额最高为 5 美元。1 美元银元未受到影响，仍相当于 $371\frac{1}{4}$ 格令，但是，这些银元在一段时间内依旧没有流通。这项法案使美国在事实上实行了带有银制辅币的金本位制。19 世纪 50 年代后期，国会采取了重要措施，规定外国银元，特别是西班牙和墨西哥的银元，不再是法定货币。

19世纪50年代，墨西哥银元在美国退出流通，但在中国却成为流通货币。亨利·林德曼（Henry Linderman）在职业生涯之初是一名医生，随后成为美国费城造币厂（Philadelphia Mint）的总办事员和厂长。他观察到，在美国不流通的标准美国银元在中国"需要折价才被接受"，因为"它虽然与西班牙银元或墨西哥银元的成色相同，但重量却轻了1%左右"。他总结说，这种情况"似乎让人们失去了继续铸造这种银币的最后动力"。[21] 无论是在国内贸易中还是在国际贸易中，标准美国银元看起来都没有什么前途。

摇摇欲坠的金银复本位制与贸易银元的诞生

在19世纪的大部分时间里，全球稳定的金银复本位制使金银比价保持在一个较小的区间内，但它在19世纪六七十年代面临了一些压力。首先，美国发现了丰富的白银矿藏，增加了白银的供给。其次，在美国内战后，政治家、商人、银行家和公众都在努力恢复金属货币的支付，并明确其标准。最后，1870~1871年普法战争后，德意志决定采用金本位制，法国也紧随其后。正如历史学家约翰·克拉帕姆爵士（Sir John Clapham）所总结的那样，1866~1873年的经济和货币变化是"19世纪后期历史赖以转动的巨大铰链"。[22] 到了1880年，"大多数工业化国家都转向了金本位制"。[23] 正如沃尔特·白芝浩所说，问题不是如何找到白银，而是如何找到白银的用途。许多美国人把目光投向中国，将其看作白银库存的出路。

1859年美国在内华达山脉东侧发现了巨大银矿。其中最著名的康斯托克矿区，创造了类似于十年前加州发现黄金时的盛况。19世纪60年代初期是一个繁荣的年代，许多人涌入弗吉尼亚城这个矿业城市。然而，到了60年代中期，也就是内华达州建立后不久，一些采矿业人士认为康斯托克矿区的白银已经耗尽。到了1870年，矿工们发现了一条新的矿脉——王冠岬（Crowne Point），康斯托克矿区在19世纪70年代初迎来了最富饶的时光。在皮奥奇（Pioche）镇和尤里卡（Eureka）镇也发现了其他矿脉，这意味着内华达州仍然是一个主要的银矿产地。[24] 然而在这一时期，银元仍未在美国大部分地区流通。和之前的许多年一样，白银作为金属比作为硬币更具价值。美国西部发现的白银也没有立即缩小世界市场与美国造币厂金银比价间的差距。

就在康斯托克矿区投产时，内战开始了。联邦政府的财政状况岌岌可危，财政部"仅有300万美元的结余，而总负债却有近6500万美元"。[25] 之后在1873年《铸币法案》中发挥了重要作用的俄亥俄州参议员约翰·谢尔曼（John Sherman）写道，主要的问题"不是我们能否召集士兵，而是我们能否筹集到钱"来打仗。[26] 联邦政府最后通过税收、债务和纸币［绿币（greenback）和国家银行支票］的综合手段为战争提供资金。各银行在1861年12月暂停了金属钱币的支付。不久之后，第一部《法定货币法案》（Legal Tender Act）授权发行纸币。纸币无法兑换金银，但所有类型的私有债务和税款都必须接受纸币作为支付方式。随后又有两部《法定货币法案》提升了政府可发行纸币的总额。[27] 之后在1863年和1864年制定的几部银行法案建立了联邦特许银行，并对没有加入新的国家银行体系的州银行票据征税。[28] 战争的需要拓宽了政府调控经济的范围。

南北战争期间，黄金相对绿币的价格有所波动。1862年，用100美元的绿币可以购得100美元的黄金，而到1864年，用203美元的绿币才能购买同样数量的黄金。[29] 美国相对外币的货

27

币价值发生了变动，战争期间形成的黄金溢价实际上表示的是美元对英镑的汇率，所有决定货币价值的力量都在国际汇兑中对其施加影响。[30] 心理因素也很重要。联邦政府胜利时，绿币就会对黄金升值；失败时，绿币就会走弱。无论在哪种情况下，每个人持有以绿币计价的资产的意愿都会发生变化。或许是由于美元价格的波动，一些观察家认为金本位制是"一种合法但被暂时废止的主权"。[31] 事实上，美国政府继续以黄金为基础支付利息，关税仍以黄金支付，西海岸的大部分货币体系仍以金属货币本位制为基础。[32] 尽管黄金不再被用于日常支付，但无论是在流通中还是在政策制定者的规划中，黄金都没有完全消失。

随着南北战争的结束，绿币的作用成为美国政治经济的关键问题之一，要么让绿币像以前一样流通，要么慢慢减少绿币的数量，让绿币"和黄金一样值钱"。[33] 1865~1869 年担任财政部长的休·麦卡洛（Hugh McCullough）在其他共和党人的支持下，领导了货币紧缩、恢复货币可兑换的运动。[34] 战争的结束意味着一场战时必需的试验落下帷幕。然而，来自中西部各州的立法者支持绿币继续流通，并在可能的情况下扩大流通。对他们而言，经济紧缩意味着通货紧缩和深陷困境。1864年 1 月，市面上流通的绿币总量已达到 4.49 亿美元。当麦卡洛计划开始后，流通量在 1867 年底下降到 3.56 亿美元。由于中西部许多人士认为在战时繁荣之后的经济增长放缓时期，纸币有利于通货膨胀，因此这项计划也在政治上掀起了波澜。[35]

在南北战争后的几年里，币制改革不仅是一个国内问题，也是一个突出的国际问题。1867 年万国博览会期间，来自 20 多个国家的代表在巴黎召开了国际货币会议（International Monetary Conference）。代表们讨论了建立全球性货币标准的优点，研究了这种标准应以黄金、白银还是金银双金属为基础，以及实施方面的具体问题。当时，只有英国和葡萄牙采用金本位制。法国、意大利、西班牙实行的是金银复本位制，并在两年前成立了拉丁货币联盟（Latin Monetary Union），共同接受其他国家的钱币。德意志各邦、奥地利和斯堪的纳维亚半岛采用银本位制。作为世界白银市场中最重要的参与者之一，清政府却没有收到邀请，也没有参加会议。会议建议国际货币单位以金本位制为基础，1英镑相当于5美元或25法国法郎，但这个计划遭到了强烈反对。一些观察家认为，这个计划对各国主权触及太深，或造成对主权的践踏；法国、英国和美国政府都反对这个想法。这个乌托邦式的乐观建议最终没有得到实施。[36]

1870年的普法战争及其所带来的财政问题粉碎了1867年会议可能遗留的关于货币合作的想象。德意志各邦与普鲁士一起参加了对抗法国的战争，这场战争对巩固德意志民族国家起到了关键作用。德意志在几次战役中快速获胜，于1871年5月结束战争。法国向其割让了重要的领土，并支付了50亿法郎的巨额赔款，这相当于法国国民生产总值的1/3。[37]赔款最终为德意志向金本位制转变提供了资金，但战后德意志的货币政策面临诸多困境，是否转向金本位制还远未确定。首先，它必须统一德意志帝国各邦采用的不同货币制度。德意志南部各邦对于加入普鲁士领导的币制改革尤为犹豫。其次，政治家、商人和银行家正对采用银本位制、金本位制还是金银复本位制的问题展开争论。在普法战争之前，大部分独立的德意志邦都采用了某种形式的银本位制。然而由于与英国的贸易不断增长，商人和贸易商都主张采用金本位制。一些德意志金融机构，特别是普鲁士银行，担心德意志将不得不与伦敦争夺黄金，国内的货币市场会因此变得不稳定，还担心在经济衰退时利率会上升。尽管有这些忧虑，但是1871年12月德意志还是通过了一项关于创立金本位制货币的法案。[38]

币制改革不可能只是简单地在世界市场上抛售大量白银，

29

然后突然"一觉醒来就变成了金本位制"。[39] 1871~1873 年，德意志准备通过铸造金币改变其货币体系，并寻找有利时机开始出售白银。白银的主要购买国是法国，因为在 19 世纪的大部分时间里，法国长期是世界金银复本位制的中心。但法国很快限制了每天铸币的数量；它并不想帮助德意志走向金本位制。不久之后，法国面临一个矛盾的局面，因为它不能在限制白银购买和铸币量的同时承诺实行金银复本位制。[40] 不久，法国硬币不再按面值取用，1876 年该国暂停出售白银；德意志和法国在那时都采用了金本位制。德意志和法国采用金本位制并不是预设的，也不是必然的，而是非常慎重的政策选择的结果，与经济和外交都有关系。[41]

欧洲正在进行的币制改革影响了 19 世纪 70 年代初美国的争论，这些改革也是导致贸易银元产生的因素之一。当时，银元已经退出流通几十年了，在美国的地位并不受到关注。俄亥俄州参议员约翰·谢尔曼在其 19 世纪末的回忆录中写道，银元在南北战争后的时期是"一种不知名的硬币"。尽管他长期活跃在"商界，见识过不同种类的货币，但是并不记得有哪次见到了美国银元"。[42] 白银似乎前途渺茫。负责费城造币厂的官员詹姆斯·波洛克（James Pollock）在 1872 年末给通信员写道，"命运之轮"似乎正在转动：白银产量增加，而白银的需求量将随着德意志采用金本位制而下降。[43] 白银已经多年不在国内流通，其在世界货币体系中的作用受到质疑，正是在这种背景下，出现了有关专门为出口铸造硬币的讨论。

19 世纪 60 年代末，货币监理专员约翰·杰伊·诺克斯（John Jay Knox）巡视美国的造币厂后，首次提出了铸造贸易银元供对华贸易使用的建议。他的任务是视察各造币厂的设施，并起草一份改革铸币业务组织结构的法案。回到首都后，诺克斯提交了一份报告，该报告成为 1873 年《铸币法案》的基础。在一系列关于行政事务的建议中，埋藏着一项关于减轻标准银元重量的建议。当诺克斯将法案草案分发到各地时，一系列评论家，主要是造币厂官员和其他铸币专家，认为应该彻底取消多年未在国内流通的标准美国银元。

　　另一些人则呼吁创造一种用于出口的商业银元。1867~1869年，时任费城造币厂厂长的亨利·林德曼是这一提案的重要倡导者。在费城任期满后，他被任命为美国驻太平洋沿岸专员。与旧金山造币厂（San Francisco Mint）的官员、白银生产商和商业领袖的交流成为激发他思想的动力。他在评论法案草案时指出，目前的银元"没有任何实际用途"，应予以取消，因为银元的金属价值已高于其面值。[44] 银元成为"一种传统，而非一种货币"。[45] 但创造用于对华贸易的银元是有市场的。

　　林德曼的建议源于他对当时和未来世界货币体系变化的理解。鉴于德意志和法国货币制度的变化以及白银产量的增加，他预见到"所有商业国家必将逐步采用金本位制，并随之使白银退出货币领域"。[46] 考虑到这一情况的发展，林德曼认为，美国"真正的政策"应该是"在中国为其银条找到一个市场；而要做到这一点，就必须把银条变成一种中国认可的形式"。[47] 林德曼观察到中国商人更喜欢用墨西哥银元来结算，他强调，在伦敦和旧金山的金银市场上，这些钱币相对于美国银元有8%的溢价，尽管墨西哥银元的金属价值并不值得如此加价。[48] 贸易专用钱币的诞生解决了几个迫切的问题：首先，它为增加的白银产量提供了一个出路；同时，也减轻了商人在对华贸易中需要为墨西哥银元支付溢价的负担。林德曼提议创立一种出口银元，重量为420格令，成色为9份白银和1份合金，即含银量为378格令，其含银量高于墨西哥银元。[49]

　　美国驻香港领事乔治·贝利（George Bailey）的一份报告也推动了贸易银元的产生，并凸显了美英两国在亚洲正在萌芽的金融竞争意识。贝利失望道："旧金山、上海和香港，在太平洋沿岸隔海相望，但三者之间横跨世界的付款行为最后却发生在伦巴第街（Lombard Street）①。"[50] 因此，"伦敦正在从美国和亚洲之间的巨额资金交易中坐享巨额收益"。[51] 在这里，他指的是美国商人向英国而不是美国的金融机构开具汇票的做法。沃尔特·白芝浩解释道，伦敦在国际贸易中具有"绝对的先发优势"，因为"我们能够用商品结算任何债务，在这方面做得比任何国家都好"。[52] 白芝浩写道，英国为美国"充当了大规模的产品经纪人"。[53]

这种制度不仅方便，也巩固了伦敦在全球贸易中的地位。事实上，美国的银行并没有提供与英国类型相同的贸易融资，贝利希望看到美国在东亚建立一个更广泛的金融架构。内战期间通过的《国家银行法》（*National Banking Act*）建立了联邦授予特许权的国家银行，这些银行是单一银行，不允许设立分支机构；各州授予特许权而成立的银行不属于国家银行体系，允许其设立分支机构，但只能设立在其注册地所在州。贝利认识到美国在亚洲的银行设施不会在一夜之间出现，他支持创造一种"与墨西哥银元具有相同内在价值"的贸易银元，并"尽可能地模仿墨西哥银元"。[54] 贝利和林德曼一样，相信美国会"在东方为其钱币找到一个广阔的市场"。[55]

正如其他法案一样，1873 年《铸币法案》的立法道路迂回曲折、纠结反复。1870 年，一项改变造币厂管理方式并修改国家币种的法案首次提交给国会。该法案中的货币列表并不包括之前铸币法案中的标准银元，但包括用于出口的贸易银元。参议院于 1871 年通过了这一法案，但众议院并未立即着手讨论这一问题。后来众议院于 1872 年 5 月以 110 票比 13 票

---

① 伦巴第街是伦敦市的一条著名街道，自中世纪以来就是银行业和保险业的中心。

的结果通过了一项法案，其中包括一项关于 384 格令标准银元（即含有 347.22 格令精制银，低于标准银元重量）的规定，但该法案没有提及贸易银元。它还规定 384 格令的银元成为法定货币，其面额不超过 5 美元。[56] 之后参议院在 1872 年 12 月对这一法案展开了辩论，并放弃了有关 384 格令银元的提案，改为支持用于出口的银元。

接下来发生的事情引发了很大的争议。当年 12 月，财政部长乔治·布特维尔（George Boutwell）、林德曼与参议员谢尔曼一同参加了参议院财政委员会的一场闭门会议。他们敦促设立一种出口货币，重 420 格令，成色为 90%，含 378 格令精制银。这一含银量比先前标准银元还多。同样，考虑到当时的银价，人们认为贸易银元在美国的流通量不会很大，因为根据造币厂与市场的金银比价，贸易银元所含的白银价值超过了 1 美元金币。而且，该提议中的贸易银元以绿币计价的价格比以黄金计价的价格还要高。法案在委员会审议后加入了有关贸易银元的条款，规定贸易银元将成为面值不超过 5 美元的法定货币，但法案未包含任何与标准银元相关的条款。修改后的法案没有印发，也没有大声宣读，只是在 1873 年 2 月 6 日悄无声息地通过了。几天后，格兰特总统签署了该法案。[57] 这一法案与后来规定在 1879 年恢复货币可兑换的另一项法案一起，以法律的形式确立了金本位制。

在"1873 年大恐慌"（Panic of 1873）和 19 世纪末通货紧缩的背景下，经济正陷入困境。此时通过的这个法案被称为"1873 年的罪行"（Crime of 1873）。批评者指责该法案"蓄意打压银元"。[58] 有些人认为这是东部金融利益集团的阴谋，他们想在欧洲的非货币化白银涌入美国之前，将美国置于金本位制之中。在 19 世纪末，对那些希望美国恢复金银复本位制的人而言，这项法案吹响了其团结的号角。他们认为，如果给予白银在货币体系中应有的地位，货币供应量和价格就会上升，从而减轻商品生产者的负担。

争论的一个重要方面是，那些起草、倡导并最终批准该法案的人是否预先知道银价即将下跌，是否存在腐败，或只是出于无知而投票。但同样重要的是，银元已经有几十年没有在国内流通了，而取消银元的法案只是将现实情况通过法案的形式体现出来。即使是来自西部产银州的大多数参议员，包括内华达州参议员威廉·斯图亚特（William Stewart），也对该法案投了赞成票。[59] 很少有人能够预料到，在未来几年内，以黄金计价的白银价格会出现如此迅猛的下跌。[60]

与后来对该法案的愤怒相比，1873 年，许多人对贸易银元所呈现的种种可能性表示乐观。《旧金山公报》（*San Francisco Bulletin*）报道称，"墨西哥人最近在其银元上铸造了新的图案，让中国人起了一点疑心"，如果墨西哥银元"能被内在价值较高的新美元取代，我们即可处于更有利的位置"。[61] 当时林德曼已掌管美国所有造币厂，常驻华盛顿特区。他于 1873 年 6 月 24 日给费城造币厂厂长詹姆斯·波洛克发去电报问道："你们什么时候开始铸造贸易银元？墨西哥国会已经恢复了 1867 年之前的银元（设计）了。我们的银元发行一刻也不能耽误！"[62] 几天后，林德曼强调，"非常重要的是，它（贸易银元）的平均成色需要达到 0.900，任何一枚硬币的成色都不能低于 0.899"，因为它必将被国外商人仔细掂量。[63] 美国必须抓住这个机会。

贸易银元在中国的流通

贸易银元在中国将大获成功的豪言壮语与实际情况并不相符。美国的观察家高估了该银元进入市场流通的速度以及在中国的接受程度。他们相信，美国的利益（即寻找白银的出路）

和他们所认为的中国最大利益（即拥有一种可以成为货币体系重要组成部分的纯正钱币）是一致的。在之后的叙述中，我们会看到许多外国人认为影响中国的币制改革轻而易举。现实却大不相同。

许多早期的报道称，贸易银元在中国港口十分受欢迎。《费城北美报》（*Philadelphia North American*）总结道："贸易银元的重要性怎么强调都不为过"，"我们精心设立的这种银质贸易银元，其重量和成色将成为世界各个贸易国家公认的商业价值标准。美国因此在东方的商业中占据了主导地位"。[64] 美国造币厂官员进一步指出，鉴于近期生产的墨西哥钱币出现了"令人意外的疏忽"，贸易银元出现的时机恰到好处。[65] 1874年5月，《旧金山公报》宣称贸易银元"成为众人哄抢的香饽饽"。[66] 一年后，该报断言，这种钱币"取得了一系列标志性的胜利"，"在东方的货币体系中占据了坚不可摧的地位"。[67] 尽管英国试图将贸易银元挡在中国香港之外，但是"该市的居民效仿他们在广州、福州及其他城市的同胞，使用了贸易银元"。[68] 贸易银元似乎已经取代墨西哥银元成为中国商人的首选货币。

世界各地的反应也给这种新货币贴上了成功的标签。事实上，一些国家开始讨论是否也应该制造自己的银币，用于与亚洲的贸易。《经济学人》写道，"发行一种仅供出口的硬币是一种美国人的发明（也是一种特色）"。[69] 几年后，该杂志建议英国政府创造一种类似的硬币，因为这种做法将是"有利的"，并为"我们的印度白银开辟一条新的出路"。[70] 刚刚统一的德意志尚未铸造银币供国内使用，但也提议铸造自己的商业银币用于出口。[71] 法国决定铸造一种与美国硬币拥有同等成色和重量的银币。[72]

来自汇丰银行的银行家总结说，"在国内那些了解该货币真实价值的地方，人们都在热切地期待着"美国银元。[73] 他们的报告指出，在中国南方以及更广泛的东南亚地区，这种货币是按数量而不是按重量计算的。贸易银元是"我们在这里见过的最好的银元，我们毫不怀疑它所保持的标准和成色。它会变得愈发流行，而且，尽管中国北方更抵触创新，但是我们毫不怀疑贸易银元会在那边打开一片市场"。[74] 这样看起来，贸易银元的未来一片光明。

尽管国内外对这种货币热情高涨，但是美国驻中国领事发来的电报却透露出更为严峻的挑战。驻上海的总领事、前国务卿威廉·西华德（William Seward）的儿子乔治·西华德（George Seward），收集了关于贸易银元的现状和未来前景的报告。结果并不乐观。西华德怀疑这种银元是否能"进入普遍或广泛的流通领域"。[75] 在中国北方，美国领事和商人观察到贸易银元没有广泛流通，并将其失败归咎于当地根深蒂固的习惯和利益。在距离北京很近的北方港口城市天津，美国领事在1878年报告，"在这个港口，人们并不将贸易银元当作一种流通媒介"。[76] 他写道，众所周知，在中国的内陆地区，除了铜钱和银锭之外，没有任何东西可以用于进行商业结算。"这个港口的大多数交易也遵循这一准则。"[77] 贸易银元在中国北方没有流通，其他银元亦然。

其他重要商业港口的情况也没有太多区别。在上海，当地的外国商会告诉西华德，这种货币"进口数量不多，且一直未被认可，一直被全额拒收"。[78] 在上海以南的通商港口宁波，当地造假者制作的墨西哥银元以假乱真，导致贸易银元没有市场。领事对此表示遗憾。他怀疑是否有任何钱币，特别是贸易银元，能在城市里立足，因为钱庄里的本地银行家可以有效地控制汇率，而"残缺"和"使用困难"的货币能让他们"从那些无知的人那里得到好处"。[79] 来自中国内陆重要城市汉口的报告也同样悲观。在询问了该市的商人和银行家后，领事怀疑"在汉口是否曾出现过美国的贸易银元"。[80] 即使这些钱币真的在汉口出现过，汉口市的买办（即受雇于洋行作为中间人的中国公民）也很确定地告诉他，这些钱币会被熔化成银条，因为它们的含银量比墨西哥银元高。在如此黯淡的前景下，他"不建议在这个特殊时刻采取任何官方行动来创造或增加对其（贸易银元）的需求"。[81] 越来越多的证据表明，最初关于贸易银元流通的报告言过其实了。

中国南方的情况比较乐观，但情况也参差不齐。由于长期的国际贸易联系，银元在中国南方和东南地区的流通范围更广。贸易银元一般通过中国香港流入，并在贸易过程中北上。在福建省的港口城市福州，美国领事报告说，尽管这种货币最初需要以相对于墨西哥银元2%的折价率折价才为人们所接受，但它尚在流通。领事建议，如果可以采取某种形式的官方行动，用法律形式确立贸易银元和墨西哥银元之间的关系，贸易银元的流通量将显著增加。在福州以南的厦门，"虽然不像墨西哥（银元）那样广泛"，但贸易银元在交易中占有稳固的地位。[82]

贸易银元在中国南方的流通还出现了另一个问题：中国的验钞师在钱币上打上"印记"，以认证其重量和成色。他们在钱币上留下特殊的个人印戳（通常是一个汉字）。这是一种表明真伪的标志，但也改变了钱币的外观、重量和成色。反复的打孔产生了驻福州领事所说的"残缺"钱币，破坏了钱币的原始设计。[83] 印戳也增加了每枚钱币中白银重量慢慢减少的可能性。该领事建议尝试影响香港和广东的官员，让其禁止这种做法。同样，驻厦门领事坚持认为，与领事馆的业务必须用"干净的"，也即未被打上印戳的贸易银元来开展。[84] 他还指出，这种钱币之所以没有在通商港口和内陆地区实现更为持续的流

35

通，其中一个原因在于"有支付能力的人会无限倾向于采购和使用最劣质的那种可流通银元"。[85]

作为一种货币，贸易银元太重且成色太好，不受债权人欢迎，而其他人很可能一味囤积或将其熔化。简而言之，贸易银元在中国的流通是不稳定的；其使用情况也从未与美国所谓成功的豪言壮语相符，而且这一货币的支持者把中国接受贸易银元想得太容易了。随着19世纪和20世纪外国对中国货币体系影响力争夺的加剧，美国人和其他外国观察家会像贸易银元的倡导者一样，辩称改革中国货币体系只是小菜一碟。

银价暴跌与贸易银元的命运

1873~1876年，正当贸易银元在中国艰难进入流通领域之时，白银和黄金的比价发生了巨大的变化。银价的下跌让全世界的立法者、商人和银行家感到十分困惑，毕竟银价在19世纪的前75年里一直非常稳定。白银市场的波动在全世界，特别是在美国和墨西哥等重要的白银产地引发了担忧。此外，银价的下跌促使人们把价值不足1美元的白银拿到造币厂，换取1美元的贸易银元，以此获利。如何处理在美国流通的贸易银元成为一个难题，这也揭示了新兴的白银集团内部政治家之间的分歧，即应当努力回归金银复本位制还是向白银生产者发放某种补贴。这些争论一直持续到20世纪，并在之后对中国产生了重要影响。

1876年3月，英国议会一个特别召集的委员会认为，银价下跌与多个事件有关，尤其是内华达州发现丰富矿藏，以及1871年德意志决定放弃金银复本位制而改用金本位制。报告还提及斯堪的纳维亚国家向金本位制转换的重要性、由金银复本位制国家（法国、比利时、意大利、瑞士和希腊）组成的拉丁货币联盟的终结，以及出口到印度的白银需求减少。[86] 经济学家马克·弗兰德罗强调了法国决定限制白银铸币量的重要性，他认为和过去几十年一样，法国仍有能力在金银复本位制集团中扮演最后套利者的角色，但法国并不希望这样做，因为这样只会帮助德意志向金本位制转型。[87]

除了争论银价下跌的原因之外，人们还在思考与之相关的另一个问题，即银价是永久性还是暂时性地下跌。沃尔特·白芝浩认为，关于白银市场上到底发生了什么，大多数分析都是与事实脱节的。他相信问题会自己得到解决，当时市场"混乱的原因不是大量供给，而是过度忧虑"。[88] 由于白银在欧洲和美国比较便宜，"越来越多的白银在购买后被运往更为值钱的国家"，即中国和印度。"凡是以白银作为货币的地方，以白银计价的商品价格都会慢慢上涨，"白芝浩认为，"在这个过程中，就需要大量的白银。"[89] 他呼吁大家要有耐心，但没有多少人愿意听从他的意见。银价下跌让人"没了脾气"。[90]

银价下跌的速度尤其令人担忧。1876 年上半年，其价格比 1875 年的平均价格下跌了 16%。[91] 由于银价长期以来非常稳定，突然的下跌让多数人都猝不及防。在这场动荡中，对白银未来价格的预期先是保持稳定，但随后又出现了波动，因为投资者要求有更高的溢价才肯继续持有以白银计价的证券。例如，1858 年，在印度的英属政府由东印度公司控制转为王室控制，随后发行了以白银和黄金计价的证券。当时，印度的货币仍然是银卢比，而英国则采用了金本位制。英属印度的白银和黄金证券都位列伦敦每日证券和股票列表（London Daily Stock and Share List）的"英国股票"（British Stock）中，由于这些证券得到英国政府支持，违约风险可以忽略不计。黄金证券的交易市场更为活跃，因此这种证券的流动性更强，但两种证券主要的区别在于投资者是以白银还是黄金收取利息。

37

马克·弗兰德罗和基姆·奥斯特林克（Kim Oosterlinck）指出，1864~1874 年，投资者并没有要求以白银计价的证券大额溢价。从 1875 年起，白银证券和黄金证券之间的价差增加，但并非单调上涨。事实上，在 1880 年和 1882 年，持有以白银计价的证券所需的溢价有所下降。[92]

这里必须强调两点。首先，在 19 世纪 70 年代初，对白银未来走向的预期尚不确定。其次，对未来银价的预期虽然的确发生了变化，但是这种变化并不是永久性的。我们现在回望白银历史价格图表，很容易将 19 世纪 70 年代定为巨大变革关键的起点，但是在 1875 年，甚至在 1882 年，这种变革的趋势一点都不明显。我们必须记住这一点，因为随着叙述的展开，许多人根据他们对银价短期和长期走向的理解，对中国的币制改革提出了建议。

随着银价的下跌，墨西哥感受到了强烈的危机感，因为白银是一种关键资源，而墨西哥银元是其重要的出口产品。19 世纪 70 年代中期银价下跌时，正值法国统治时期结束后的首任总统贝尼托·华雷斯（Benito Juarez）任期结束，波菲利奥·迪亚斯（Profirio Díaz）开始执政。银价下跌让墨西哥本已令人担忧的经济趋势雪上加霜，在国内引发了危机并威胁到国家的根基。《每日联邦党人》（Daily Federalist）的一篇文章指出，"比革命更可怕的事情占据了墨西哥人的注意力"。由于墨西哥农业和工业产品的价值不足以支付必需的进口货物，"所有人都知道，矿山是维持与海外港口进行商业来往的动力"。但银价下跌使矿场无利可图，矿场可能不得不关闭。文章最后说，墨西哥的未来或将"黯淡至极"。[93] 正如我们将在后续章节中看到的，银价的波动继续影响着墨西哥的政治经济，并将其与中国和美国联系起来。

由于贸易银元在美国是面值不超过 5 美元的法定货币，银价下跌也对美国贸易银元的流通产生了重要影响。在 1876 年夏天之前，贸易银元的金属价值高于其 1 美元的面值。当银价下跌时，一个人可以把价值 97 美分或 96 美分的白银拿到造币厂，支付金属价值 0.5% 的铸币费，得到一枚价值 1 美元的法定货币——贸易银元。这是一种简单而无风险的获利方式，而且随着银价下跌，获利机会也在扩大。官员们认为，铸造硬币的利润——即所谓的铸币税——需要留给政府，而不是为私人所有。1876 年 7 月，国会取消了这种硬币的法定货币地位，要求在造币厂将银币制成贸易银元之前提供出口证明，还规定邮局等政府机构不再接收这种货币。然而，这项规定并没有结束贸易银元在美国的流通。

懂得金融和消息灵通的人士比大多数普通人更了解贸易银元的真实价值，并善于利用这种知识获利。企业和金银交易商明知贸易银元不是法定货币，而且其价值远远低于其面值，却将其作为 1 美元使用。贸易银元很快就成了穷人的钱币。1878年 2 月还有数以百万计的贸易银元在流通，一位神职人员写信给《费城北美报》说，他的一位教区成员告诉他，一工厂主最近折价购入了贸易银元，并将其作为 1 美元向工人支付了总计500 美元的工资。教士估计工厂主通过这种伎俩省下了 100 美元，但终究会有人"承担这一差价，很可能是拿到这一大笔银元的穷人"。[94] 像这样的事情在全国各地屡见不鲜。路易斯维尔的一个面包师写道，他收到了"大量"贸易银元，并想问美国造币厂（U.S. Mint）厂长它们到底值多少钱，而特拉华州的一个篮子制造商指出，他听说贸易银元 1 美元值"96 美分或97 美分"，希望得到澄清。[95] 芝加哥的一家报纸敦促读者"坚持使用贸易银元"，因为越来越大的公众压力必将迫使国会通过一项法律，允许美国人按 1∶1 的比例将他们的银元兑换成法定货币。[96] 耐心会得到回报。

　　然而，国会在 19 世纪 70 年代末和 80 年代初没有采取任何行动；事实上，国会通过的立法对那些持有贸易银元的人又是一个打击，并展现了那些白银价格支持者不断变化的算计。白银集团的一些人希望恢复金银复本位制，并要求美国造币厂同意按 19 世纪 30 年代的金银比价购买白银：他们认为，这样的政策将提高银价及总体价格水平。[97] 新兴的白银集团中的其他人不同意这一战略，并不顾拉瑟福德·伯查德·海斯（Rutherford B. Hayes）总统的否决，通过了 1878 年《布兰德－艾利森法案》（*Bland-Allison Act*）。该法案要求财政部每月强制购买白银，其中部分可由政府铸币并持有。金银复本位制支持者认为，该法案改革的力度不够大。金本位制拥护者也将该法案视作一种威胁，因为它或将推迟原定于 1879 年开始恢复的货币支付。

　　在《布兰德－艾利森法案》通过后，很快就出现了另一个问题。该法案授权的硬币含 412.5 格令的银和合金，与 19 世纪 30 年代和 40 年代的标准银元所含的白银量相同。该法案规定铸造的银元将成为完全的法定货币。[98] 贸易银元含 420 格令银和合金。因此，已经停止作为货币使用的贸易银元比新的法定货币含银量更高。《圣路易斯环球民主报》（*St. Louis Globe Democrat*）采访了一位银行家，他的观点体现了当时混乱的钱币形势。他认为"可笑的是，当价值比贸易银元少两美分的法定货币在各地被当作 1 美元使用时，贸易银元的价值却跌至 90 美分或 95 美分"。[99] 那些持有贸易银元的人看不到任何解脱的希望（见图 1）。

　　美国造币厂厂长霍雷肖·伯查德（Horatio Burchard）在 1883 年向国会提交的年度报告中指出，有 500 万美元到 700 万美元的贸易银元在国内流通，"落入了那些最不能承受贬值之人的手中"，主要集中在"分布于宾夕法尼亚州和邻近各州

THE UNFORTUNATE TRADE-DOLLAR.

图 1 不幸的贸易银元

图片来源："The Unfortunate Trade Dollar," *Frank Leslie's Illustrated Newspaper*, February 23,1878,169。

以及纽约附近的采矿和制造业地区，并用于支付给工人和劳动者"。[100]伯查德认为，政府虽然没有采取行动的"法律责任"，但是以某种方式赎回这些钱币"是一种正义的行为"。[101]切斯特·阿瑟（Chester Arthur）总统称贸易银元的流通是钱币制度中的"干扰因素"，并要求国会通过一项补救措施。[102]他的呼吁并没有带来行动。

尽管民众和总统不断呼吁，加上大量提案涌入国会，但是立法者直到 1887 年才就解决方案达成一致。这一迟迟未能采取行动的局面在一定程度上可以归因于贸易银元的流通。伯查德厂长指出，"如果不是担心出口的大量贸易银元会被退回国内"，拟定一些赎回计划是很容易的。[103] 他认为这种担心是没有根据的。他自己的调查"令他感到满意，因为运往中国的贸易银元已经进入熔炉，变成了银锭或消失在该国的内陆地区"。[104] 不过，在之后四年中，美国仍在担忧会有大量贸易银元从中国回流至美国。

令国会推迟行动的第二个重要因素是白银集团不断变化的政治考量。西部各州的矿主和商人以及代表他们的议员原本都赞成贸易银元。但到了 19 世纪 80 年代，他们普遍不支持赎回钱币。当钱币委员会（Committee on Coinage）在 1884 年提出赎回贸易银元的法案时，密苏里州的众议员理查德·布兰德（Richard Bland），也就是《布兰德－艾利森法案》的推动者之一，对该计划提出了反对。在提出的法案中，财政部为了赎回贸易银元而购买的白银将算作《布兰德－艾利森法案》规定的每月强制性购买配额的一部分。被迫吸纳贸易银元后，财政部将在 4~12 个月内无法购买新生产的白银。布兰德想了解，"那些支持白银的人希望这样吗？现在任何导致世界市场银价下跌的事情都可能，而且很可能会导致白银的最终覆灭。人们会把银价下跌视为白银不再是贵金属的标志，并以此要求完全停止银元的铸造"。[105] 关于赎回贸易银元的争论预示了后面几章中出现的一个重要主题：白银集团内部的分歧。一些人主张恢复金银复本位制，而另一些人则认为让白银生产者获得一种事实上的补贴已经足够。他们对什么是支持银价的最佳方式存在分歧。这种分歧将在 19 世纪余下的时间里发酵，并随着美国在 20 世纪成为经济和金融强国而产生全球性的影响。

尽管布兰德等人持反对意见，但是国会最终还是在 1887 年通过了赎回贸易银元的法案。该法案规定，任何人如果持有未印戳的贸易银元，即上面没有印上中文字符的银元，均可在 6 个月内向财政部用贸易银元换取标准的 1 美元硬币或辅币。在 1873 年《铸币法案》通过后的 14 年里，美国的造币厂共铸造了 3500 万美元贸易银元，其中有 2700 万美元出口海外。[106] 财政部最终赎回了按面值算近 800 万美元的银元，其中包括来自中国的近 200 万美元未印戳银元。[107] 美国不再拥有一种全球流通的硬币，但它并未放弃影响世界白银市场和中国货币体系。

本章介绍了世界历史上白银时代在 19 世纪 70 年代到 20 世纪 30 年代结束的第一个原因，即在银价下跌的背景下，外国列强竞相影响中国的币制改革。本章还强调了一些重要的主题，我们将在以后不同的背景下再次提及。首先，当时伦敦是世界上最重要的金融中心，贸易银元是美国希望反击英国在世界贸易中关键角色的一种方式。19 世纪末 20 世纪初，美国的银行家、商人和官员越来越反对国家对伦巴第街的依赖，反对以佣金的形式向英国银行家"进贡"。随着叙述的展开，美国希望成为世界（尤其是东亚）的主要金融力量。在美国试图将中国货币与美元挂钩的同时，英国以及后来的日本也试图将中国货币与英镑和日元捆绑在一起。这样便形成了对中国货币体系的影响力及控制权的竞争。

其次，贸易银元的倡导者高估了影响中国币制改革的简单程度。他们还认为，中美两国的利益是完全契合的：美国商人不必为墨西哥银元支付溢价，康斯托克矿区的大量白银产出将打通一条出路，而中国也将从贸易银元的流通中受益。当然，在 19 世纪 70 年代，人们很容易持有这种观点，因为当时贸易银元的倡导者与清朝官员甚至中国商人之间几乎没有互动。尽管中国官员与国外的接触在之后变得密切许多，但是同样的模式——将所谓的中国最佳利益与外国最佳利益混为一谈——在后面的章节中仍会非常明显。

再次，我们需要记住，在 19 世纪 70 年代和 80 年代，观察家对白银的未来价格看法不一。沃尔特·白芝浩认为银价会在正常的贸易过程中反弹，并认为"如果我们不干涉白银市场，新的巨大需求最终会缓解其压力"。[108] 同样，19 世纪 70 年代初，投资者在购买以白银计价的证券时并没有要求大幅溢价。在 19 世纪 70 年代后半期，白银证券的溢价有所上升，但也未到天文数字。在接下来的章节中，我们将看到中国的观察家在银价的未来走向以及低银价对中国的利弊问题上的分歧。个人对中国应该如何改变其货币体系的观点，往往源自他们如何看待白银市场的现状和未来，以及他们如何认识白银与中国债务（通常以黄金计价）的关系。

在了解了当时的世界背景后，我们现在将叙述的重点转向中国。在美国国会最终于 1887 年通过法案，授权赎回贸易银元的同时，清朝官员开始讨论是否应该进口外国机器并开始制造银币，摆脱对外国银元的依赖。他们希望这样的政策改变能将外国银元逐出流通领域，帮助清朝保护其经济利权。这是一个雄心勃勃的目标，但事实证明这很难实现。

3
省级银币与四分五裂的中国货币体系，1887~1900

19 世纪末，在经历了鸦片战争的战败以及太平天国运动之后，清朝官员发起了洋务运动，开始翻译外文、引进外国机器、培养和训练技术工人。他们兴建工厂，建造兵工厂以制造武器，成立航运公司以促进商业发展，并把年幼的男孩送到海外留学，希望他们成年后能带着新的技能和知识回国。这一运动的目的是在保留国学的基础上，利用西方的科学技术作为巩固清王朝的手段。洋务运动的关键人物往往是省级官员，他们不是革命者，而是改革者。

铸造银币是洋务运动的一个重要方面。正如我们所看到的，银价在 19 世纪 70 年代到 80 年代大幅下跌。沃尔特·白芝浩等观察家认为，这种金属自然会到其价格最高的地方去，也就是中国。从某种意义上来说，他是正确的。历史学家林满红表示："尽管 1808~1850 年中国白银外流了 3.84 亿美元，但是 1856~1886 年有 6.91 亿墨西哥银元流入中国。"林满红进一步强调，这些银元的流动在 19 世纪下半叶为朝廷提供了支持，缓解了银铜比例的紧张，并为政府带来了更多收入。[1] 然而，正如本章所表明的，用更多的收入来支撑王朝并不等于为建立统一的国家货币体系创造有利条件。统一的国家货币体系是晚清士大夫的新目标。在 19 世纪 80 年代，许多清朝官员认为外国银元的涌入不是一种积极的事态，而是消极的发展，必须予以反对，因为它代表着对清朝经济利权的侵犯。

对清朝官员而言，保护这些利权的方法之一是进口外国机器，铸造本朝自己的银币。从1887年到19世纪90年代中期，各省官员开始铸造银币，防止外国银元的流通，缓解铜钱的短缺。清朝中央政府一开始对这些发展持鼓励态度。新技术，特别是以蒸汽为动力的造币设备，能够生产大量高质量、难以伪造的钱币，而且成本并非高得无法承担。[2]但是，一个基本的两难境地不久后就造成了问题：各省的造币厂减少了对外国银元的依赖，但这些铸币设施的扩张产生了大量重量和成色各不相同的货币。

1895年清政府在甲午战争中战败，标志着洋务运动失败。此后，中国的一些人士认为有必要触及清政府统治的政治、经济、教育、军事基础，进行更具实质性的改革。在这种思想环境中，为了集中铸币，1899年朝廷关闭除两个省的造币厂以外的所有造币厂。这一命令遭到了掌权的省级官员的强烈反对，他们希望自己控制下的造币厂能够继续运作，进行生产。一些省级官员的辩驳取得了成功。到1900年，这些造币厂仍然在运转。集中铸币的命令并不奏效。

晚清的一个"悖论"在于，"成功的国家建构是在部分政治分权的背景下进行的"。[3]洋务运动的许多具体政策是由各省官员在交通、武器和工业方面实施的，这些行动最终增强了清朝的实力，并导致了历史学家斯蒂芬·哈尔西所称的军事财政国家的建立：财政收入增长并用于保护清朝。虽然洋务运动强调的是清朝更宏观的目标，但实施起来也可能与这些目标背道而驰。19世纪80年代和90年代的币制改革就是如此。各省生产银币是为了将外国银元赶出流通领域，缓解钱币短缺，改革货币体系，但它使清朝的货币体系愈加分裂。

在上一章，我们探讨了在全球白银市场发生重大变化的情况下，外国争夺对清朝货币体系的影响力这一主题，本章则将介绍和分析在政治分权的背景下，中国国内对如何改革钱币和货币体系，以及白银在这一过程中的作用所持的不同看法。本章通过关注铸币的思想和经济动力，以及造币厂的管理问题，探讨了各省官员的权力与清朝中央政府权力之间的紧张关系。这种紧张关系制约了清朝及之后政权的币制改革和国家建构活动。

45

省级银元的铸造与流通

以下因素影响了 19 世纪 70 年代和 80 年代关于币制改革的讨论。首先，从 19 世纪 60 年代到 80 年代，银贱而铜贵，这与第 1 章所讨论的 19 世纪上半叶的趋势不同，导致了钱荒，即铜币的短缺。在进价可以让铸造传统铜币赢利的前提下，保障铜的供应变得愈发困难。18 世纪，云南省丰富的铜矿资源为制造铜币提供了丰富的原料。由于采矿相关的法律以及西南地区回民起义等各种原因，云南的铜开采量出现下降。[4] 到了 19 世纪 80 年代，以白银计价的铜价自清初以来上涨了 5~6 倍，这也是导致铜币生产无利可图的重要因素。[5] 由于铜在许多技术上的应用，世界市场上铜价也随之上涨。将铜币熔化后运往国外变得有利可图。这种行为加剧了钱荒，招致了清朝官员的批评，他们指责将铜卖给外国商人再由其运往海外是一种“无赖”的行为。[6]

洋务运动的大潮流和某些人物的亲身经历也引发了人们对币制改革的关注。洋务运动的一个重要特点是建立制造局作为实验、训练和翻译的中心。由于制造局经常雇一些外国人，这一机构便成为传播知识的渠道。例如，1875 年，上海江南制造局出版了一本关于西方铸币技术的译著《铸钱工艺》，介绍了国外使用的各种钱币制度，展示了英国皇家造币厂（Royal

Mint）的平面图，并提供了铸币机械的图解。[7] 从最简单的层面上看，决定翻译与出版这部书揭示了技术、铸币和现代化之间的密切联系。同样，先后在山东制造局和欧洲工作，随后在江南制造局任职的翻译家钟天纬也强调了币制改革的重要性。钟天纬根据自己的游历和经验，在 19 世纪 80 年代初呈给两广总督一份建议，将币制改革列为有助于国家商业和工业基础设施建设的十大建议之一。他认为，外国银元的流行使外国商人获得了不正当的权利和利润，特别是由于这些银元的交易价格往往高于其所含白银的价值。[8]

关于币制改革的另一个重要声音来自商人郑观应。原籍广东的他在童试落榜后成了一家英国贸易公司的雇员，随后经商数十年，不过他从未到过西方。[9] 他用这段经历写成了两部书，对清朝改革提出了许多切实可行的建议。在 1880 年出版的《易言》中，他在其中一章概述了中国因为自己不生产银币而遭受的损失。他还提出了更为明确的民族主义主张，认为每个国家都应该有自己的钱币，不应该使用其他国家的钱币。他颇具预见性地警告称，如果清朝真的要生产自己的银币，那么铸造银币必须由户部专门管辖，不应允许各个省份自行铸造银币。[10] 他在《盛世危言》中用更强烈的语气强调了这一主题，他写道，用洋钱违反了"正名"的规则。[11] 郑观应在此借鉴了《论语》的思路，提出了一个非常现代的论点：每个国家都应该只使用自己的货币。

清朝官场内部的官员也起草了关于币制改革的具体方案，并寻找先例。1883 年，监察御史陈启泰建议铸造五种面值的银币。重要的是，流通后朝廷即可要求用这种银币缴纳税款，银币的市场价格便会上涨。外币会停止流通，即使还在流通，政府也可处罚仍在使用外币的人。[12] 同年晚些时候，翰林院官员龙湛霖也对这些观点表示赞同，并为铸造银币寻找历史先

46

例。他认为，外国银币的流行与否并不与银币的成色有关（一般不超过 90%），而是与银币的铸造质量有关。据估计，每年流入中国的外国银币有 1000 万枚，而龙湛霖认为，外国商人在其中赚取了 100 万美元的利润，因为银币的交易价格超出了其内在价值。在查阅清朝典章时，他从治理西藏的经验和省级官员林则徐在 19 世纪 30 年代尝试铸造银币的经验中，发现铸造银币早有先例。[13] 到了 19 世纪 80 年代末，京城和全国其他地区的现钱短缺情况并未改善，慈禧太后指示各省使用蒸汽机械铸造现钱，并将生产的部分现钱转运进京。[14] 叱咤清朝二十余载的慈禧在其子同治皇帝即位后开始垂帘听政；1875 年同治皇帝去世后没有留下子嗣，她选择了年仅四岁的侄子作为清朝新的统治者。虽然光绪皇帝在 1887 年 16 岁时已经成年，但宫中大权仍然掌握在慈禧手中。慈禧关于铸币的指令并不具有革命性，可以在当时清朝的政治经济框架内得到解释，即各省政府在本地供给货币，京城中央政府为京城周边地区供给货币。[15]

使用蒸汽动力设备生产铜钱的过程出现了两个相关的问题：一是这样做仍然无法赢利，二是在钱币中间打孔的技术难关难以攻克。清末要员、洋务运动的主要代表人物李鸿章指出，使用机器生产 1000 文铜钱，要花费 2237 文铜钱。因为机器既要铸币，又要在中间打孔，所以要经常修理。此外，机器铸币所使用的铜必须比翻砂法使用的铜更纯。使用旧的铸造方法虽然无利可图，但与机器铸造相比，成本要小得多。[16] 这些看似微不足道的技术挑战却成了重大的障碍。

在这些经济和政治趋势下，1887 年，时任两广总督的张之洞要求进口机器，建立造币厂，在省会广州开始生产银元和小面额银币。张之洞最初是作为一个学者而非管理者为人所知的，但他最终成为晚清政治中最重要的人物之一。他出生于

1837 年，很快就通过了科举考试，在 1863 年考中进士，在殿试的所有考生中排名第三。此后，他在清朝政府中担任过多个学术职务。[17] 1881 年，张之洞任山西巡抚，开始管理一省事务；他对与俄国沙皇签订割让西北地区领土条约一事提出严厉批评，并因此闻名。张之洞在清朝官员中颇具影响力。他敦促对法国在越南的侵犯行为采取强硬态度，甚至率军参加了 1883~1885 年的中法战争。1884 年，张之洞出任两广总督。广东靠近香港，是重要的贸易地区。因此与中国内陆地区不同，广东有大量的外国银元在流通。

张之洞观察到，由于外国银元在中国流通，其他国家得到了铸币税的收益。而对清朝来说，外国银元的流通形成了一个"漏卮"，张之洞用它比喻杯中漏酒，暗示经济利权的丧失。在这里，他借鉴了 19 世纪 30 年代货币思想家王鎏的用词。王鎏也使用过这个比喻，但张之洞对其稍做更改，形容了不同的问题。王鎏用这个词形容的是道光萧条时期白银流出中国，银铜比价飙升的问题，而张之洞则用它形容外国银币流入中国，且交易价格高于其所含白银的价值的问题。张之洞还指出，广东流通的外国银元已经破损不堪。基于这些原因，反对外国银元的流通势在必行。张之洞最初提议要使广东银币略重于其他流通的银元。他还认为银币的正面应该用汉文和满文书写铸造年代；背面应该有一条蟠龙，周围用中英文写明银币产地和重量。

关于清朝应开始铸造银币的原因，张之洞也提出了两个概念性观点。首先，他认为，铸造银币的利润可以用来补贴铜币的生产，而铸造铜币是清朝省级官员的传统职责之一。其次，张之洞使用了"自强"一词将银币与洋务运动（自强运动）的其他方面联系起来。对张之洞而言，币制改革是洋务运动的一部分。[18] 在提到漏卮、经济利权、防止外国银元流通等概念时，张之洞相信拟发行的银币将是"国家货币的先驱"。[19] 这一建议标志着张之洞对币制改革的首次探索。随着他成为晚清最有权力和影响力的官员之一，他在之后还将密切参与对币制改革问题的探讨。

针对张之洞的想法，篇幅最长的回应来自户部要员阎敬铭，他阐述了几点担忧。首先，由于中国没有大量的白银储备，大部分铸币材料必须从国外购买。他担心材料的价格会随着时间的推移而上涨，从长远来看，该业务将难以赢利。换言之，白银市场目前的状况可能并不持久。其次，他提出了一个在清代官场中常见的担忧，即造币厂的工人会利用自己所掌握的生产实践知识实现不法目的，与不良人士联手伪造银币。再次，由于银币含银量和成色要求高，且要有精准的设计和字样，制造成本也会相应提高，各省在生产上可能会入不敷出，且尚不清楚如何弥补亏损。最后，阎敬铭指出，在中国流通的银币的成色在持续降低。他警告，如果清朝为了追求利润而走上类似的道路，拟发行的银币就不会流通。[20] 尽管有这样的顾虑，但是他并没有阻挠提案，而是强调要选择对的人来执行政策，防止权力滥用。[21]

张之洞的计划一经批准，他便选定了厂址，并与一家英国公司签订合同，购买机器铸造银币和铜币。[22] 最终，新成立的广东钱局拥有 90 余台铸币机，成为世界上最大的造币厂。相比之下，英国皇家造币厂只有 16 台铸币机，而美国费城造币厂只有 10 台。[23] 在试铸后，张之洞将样品呈送皇上检查和批准；他也回应了阎敬铭的一些顾虑。首先，关于是否有足够的白银可供铸币的问题，张之洞报告说，汇丰银行已经同意向造币厂出售白银。如果汇丰银行没有足够的白银，造币厂还可以从其他西方银行购买。其次，关于造币厂工人行为不端和银币掺假的问题，张之洞认为，只需管理得当即可防止这种情况

49

的发生。张之洞向朝廷保证，民众的造假行为很容易就能被识破。再次，他也不认为造币厂会亏损，因为小面额硬币的成色并不高，这为征收铸币税提供了充分的机会。最后，在最初生产银币时，他发现重量较重的银币会被熔化，铸成其他货币以获利，于是张之洞降低了拟发行银币的重量，使其与外国银元的重量一致。[24] 他坚定地认为，潜在的问题并非无法克服。

1890 年，广东钱局正式投产，收获了来自国外的好评并实现了盈利，然而利润却不是来自银币的生产。1892 年，《北华捷报》的一篇文章对造币厂的总体效率做出了评论，指出造币厂每天能生产 10 万枚银币。报道还称，1890 年 5 月至 1891 年 12 月，该厂只生产了 4.4 万枚银币，大部分利润来自生产辅币。五角硬币的成色为 0.860，低于这个面额的成色为 0.820。[25] 但是，不止一位观察家怀疑 "这些不可靠的钱币（即银币）是否能在中国成功地取代墨西哥银元"，尽管当时显而易见的是，"小小的银币现在已被中国人欣然接受，代替贬值了的'铜币'"。[26] 这些小面额银币在中国沿海省份的需求量特别大。小面额银币，特别是 2 角硬币的产量在整个 19 世纪 90 年代保持稳定，超过了银元的产量，这与铜币持续短缺造成的小面额银币需求上升有关（见表 2）。[27]

广东钱局和省造银币是洋务运动的重要标志。1890 年底，《北华捷报》刊登了格致书院举办的币制改革主题写作竞赛的一等奖论文，写作题目为："中国是否应该铸造自己的金银币？是否能自由流通？是否对国家有利？"[28] 获奖论文认为，中国必须开始铸造银币，防止外币流通带来的损失。该学生认为，中国人 "喜欢外币……是因为中国还没有自己的钱币"。这一点很有意思，因为它表明了对铜币不屑一顾的态度。有些人对清朝铸造银币一事提出反对意见，包括认为货币易于造假、铸币官的贪得无厌会使这件事遭到灭顶之灾、在现实中会遇到困

表 2　1890~1899 年广东钱局银币产量

单位：枚

面额	1890~1892 年	1893 年	1894 年	1895 年	1896 年	1897 年	1898 年	1899 年
1 元	43933	14500	232672	331750	1233000	437000	570000	217000
5 角	17847	45100	52490		99000			
2 角	5667381	13923900	21807680	29055900	14743000	22537000	30989000	36566000
1 角	16098579	14216400	12494840	14159660	21538000	8651000	7721000	3241000
1 分	1158945	127100			164000			

资料来源：何汉威：《从银贱钱荒到铜元泛滥——清末新货币的发行及其影响》，《"中央研究院"历史语言研究所集刊》第 62 本第 3 分，1993 年 4 月，第 402 页。

难、效仿外国的做法会使中国失去威信等。获奖论文作者接着回应了这些意见，认为这些担心是短视的，只要将造币厂设施置于"精心挑选之人的指导和控制下"，就可以消除这些担心。这与张之洞的立场非常相似。在铸币体系实施后，铸币税将归清朝而不是外国商人所有。他强调，朝廷不会向民众收取额外的钱财——这正是清朝官员所担心的——而是通过提供更统一的兑换媒介来获取这笔费用。在此过程中，朝廷还会筛除"狡猾的投机者"，杜绝他们利用不同货币间的汇率进行赌博和对其进行操纵。[29] 值得注意的是，这篇文章的作者认为，统一清朝的钱币是一件容易的事情。但随着造币厂数量的增加，现实情况和他所预想的大不相同。

张之洞被任命为湖广总督后，对扩大省造银币的生产也起到了重要作用。[30] 他提议在湖北铸造银币，但提议的用词并没有与1887年的广州造币计划一样明显展现出新兴的经济民族主义色彩。相反，张之洞认为，由于湖北在全国经济地理中的独特地位，政府必须采取积极措施，通过铸造银币来增加流通中的货币量。武汉是由汉口、武昌、汉阳组成的大都市，是重要的内陆贸易港口，服务于中外商人。由于该地区在沿海与内陆地区之间的贸易中起着重要作用，因此货币需求量很大。当时，汉口一位清朝海关官员在报告中判断，"除非迅速采取措施满足日益增长的钱币需求，否则在不久的将来，将对公众造成极大的不便"。[31] 和其他大多数地方一样，该地区自19世纪60年代同治年间开始就没有铸造过铜币。为了解决钱币短缺的问题，之前的地方官员曾建议禁止出口钱币，这项政策很常见，但很难执行。[32]

张之洞从另一个角度出发，认为最好的解决办法是像他在两广总督任上所做的那样，从国外进口铸币机械铸造货币。广东钱局投产后，连周边省份的商人都采用了它的钱币。基于在广东取得的成功，张之洞强调，如果从广东钱局订购钱币再运到湖北，则成本过高，而建立一个造币厂的成本并不是个天文数字。这一论点在接下来的几年中颇为常见。张之洞估计，购买设备、建造工厂和支付其他费用需要 4 万多两银子。钱币本身将参照广东的钱币，只用"湖北"取代"广东"字样。张之洞最后强调，铸造银币能够缓解民众面临的困难，并有助于解决迫在眉睫的危机——流通中的钱币不足。[33] 在这之前，只有广州的造币厂在铸造银币。但不久之后，许多省份都会响应张之洞有关设立造币厂生产银币的观点，广州和湖北的造币厂因而被奉为典范。

19 世纪 90 年代中期，随着造币厂数量的增加，一场关于造币厂管理问题的重大争论就此展开。当清朝行政体系中最高级别的御用顾问团军机处命令南北两位总督李鸿章和刘坤一开设造币厂并生产银币时，军机处并没有明确规定这些设施应如何筹资和管理。[34] 与洋务运动中的许多其他企业一样，军机处允许造币厂由政府监督，但由商人经营（即所谓的"官督商办"）。商人也可以入股造币厂并有权获得部分利润。这一政策下的造币厂类似于其他官督商办体系下的企业。[35] 张之洞迅速对这一决定表示反对。他认为，每个国家都有自己的利权，随着各种外国银元在中国流通，清朝已经失去了一些经济利权，而建立官督商办体系下的造币厂代表这些利权受到了进一步侵蚀。

造币厂与工厂、航运公司不同，它与国家政权的关系更为密切。张之洞的观点在清朝官员中颇为典型，他坚持认为商人追求利润，不遵守规章制度。他还警告说，商人一定会试图与政府联合管理造币厂；刘坤一和李鸿章或许无须他们参与其中，也不会批准他们参与其中，但其他省级官员可能会这么做。[36] 造币厂的筹资和管理必须由官方控制。时任户部尚书的

53 　　翁同龢最终同意禁止商人参与筹资或经营造币厂。就在众人争论之时，东南沿海的福建省已然成立了官督商办体系下的造币厂。福建巡抚报告说，有一名孙姓商人申请在福建建造造币厂并获得批准。下令禁止这种安排后，福建省只好向商人租借设备，并找一个具备这方面知识的官员来经营造币厂。[37] 清朝一些官员认为商办造币厂存在的问题——质量不稳定、贬值压力、无视规章制度——在官办造币厂中依然存在，但张之洞等人认为，这些设施必须在官督商办体系之外进行管理。

　　在中日甲午战争战败后，清朝省造银币的规模大幅扩大。[38]在1895年4月签订的《马关条约》中，清朝承认朝鲜独立，将台湾割让给日本，并同意支付一大笔赔款。这笔赔款极大地帮助了日本在1897年向金本位制过渡。中国国内对该条约的反对声音很大。当时聚集在北京参加会试的考生上书光绪皇帝，反对签订条约。至关重要的是，在一些观察家看来，战争中的决定性失利表明洋务运动"中学为体，西学为用"的改革是不够的，必须进行更多触及清朝政权政治、经济基础的根本性改革。

　　战争后不久，江西道监察御史陈其璋重新提及了先前的观点，主张允许各省仿照广东、湖北的做法铸造银币。这样做可以富国强兵，改善民生。陈其璋指出，广东钱局成立以来，每年进口到中国的外币数量明显减少。这种改变收回了利权，并避免了漏卮效应。[39]他还强调，扩大银币的生产将消除腐败，因为收税的官员无法再以需要熔化碎银、铸成银锭（火耗）为由，迫使民众多交白银。[40]在清朝末期，关于货币标准的争论越来越多地与财税制度的变革联系起来。

54 　　1895年和1896年各省官员有关铸造银币、设立造币厂的信件展现了关于硬币生产成本和后勤工作的详细信息。比如北京周边的直隶地区，启动铸币的条件就优于其他地方，因为以前用来铸造铜币的一些机器可以在改造后用于铸造小面额银币，不过官员们仍需要购买一些机器，开设一家工厂的总费用达到了 10480 两银子。[41] 相反，并非所有地方在一开始都想自己铸造银币。东北的一位官员发现该省铜币紧缺，但出于成本考虑，他并不认为能够建立自己省的造币厂。他要求户部先将本省官员和士兵的俸禄和军饷送到湖北的造币厂去铸造，然后送往京城，再由黑龙江派代表去取币。[42] 每个省最初的禀赋、经历、经济条件都不一样，这就形成了在创立造币厂这一问题上的不同决定，也影响了造币厂的建设和管理。

无论在哪种情况下，各省的造币厂都不得不依靠从国外进口机械，新泽西州费拉库特机械公司（Ferracute Machinery Company）的故事展示了建立造币厂的诸多挑战，也表明了建立统一货币本位制的一些限制。1896 年，该公司与四川成都的官员签订合同，提供制造五种银币——5 分、10 分、2 角、5 角和 1 元的机器。造币厂全面投产后，每天可生产 15 万枚银币。成都造币厂也购买了生产铜币的机器，每天可以生产 25 万枚铜币。同样，当时在张之洞领导下的湖北武昌，也订购了最高日产 30 万枚铜币的机械。[43] 费拉库特机械公司提供了铸币机，设计了放置这些机器的厂房，并派技术顾问亨利·扬维尔（Henry Janvier）前往中国协助安装机器并培训操作工人。[44]

1898 年初春，扬维尔抵达上海，见到了担任翻译的美国贸易公司官员亨利·埃弗洛尔（Henry Everall），随即前往武昌安装铸币机。扬维尔抵达后发现并没有什么工作要做。设备已经安装完毕，当地工人不需要任何协助。扬维尔计划之后在从成都返回的途中于武昌停留，协助安装为铸币机提供动力的蒸汽机。但之后的行程并不那么顺利。

当扬维尔和埃弗洛尔抵达成都时，等待他们的是一系列重大挑战。扬维尔先是发现安置机器的厂房图纸长时间没有送达，当地的清朝官员"按照他们自己的想法建造了一座建筑，所以我必须根据它们的建筑重新排列所有的机器和轴线"。[45]当设备终于运抵时，扬维尔发现它已经锈迹斑斑。[46]该制造局的中方经理坚持认为，所有设备都不是全新的，而是二手的，扬维尔无论如何都无法说服他。刻有蟠龙的模具在运抵时也状况堪忧。扬维尔认为，如果需要订购新的模具，项目将推迟半年以上。这些模具引起了与制造局经理的进一步冲突，他认为扬维尔只是在为他的公司寻求额外的订单。[47]

在耽误了许久之后，机器和工人终于可以开始生产钱币了，但扬维尔担心最终的成品能否被中国官员接受（见图 2）。[48]"毫无疑问，一些钱币表面的凸起是由精致模具表面出现锈坑造成

图 2　1898 年成都安装到位的铸币机器

图片来源："Imperial Chinese mint Works, Chengdu, Sichuan Province, China," Henry Janvier Papers, Image Numeber 1987244_008_010_001, Hagley Museum and Library。

的。"⁴⁹ 出人意料的是，当地官员认可了这些钱币。埃弗洛尔报告说，官员用手指抚过硬币表面的一个小凸起后表示"这些额外的标记能很好地防止造假"。⁵⁰ 造币厂开始运作，但钱币最初并没有被当地商人接受，他们坚持使用"块状货币"，即银锭。⁵¹

56

扬维尔回到美国后，埃弗洛尔告诉他四川的最新情况。成都的造币厂"自我们离开后就关闭了，好像没有人知道他们何时会重新开始运作"。机器设备的状况"很糟糕"。⁵² 同时，清朝海关官员的报告指出，自 1898 年夏天造币厂建成以来，"什么也没有产出"，"目前没有任何迹象表明做成了什么"。⁵³ 我们在下文将看到，在 1899 年，成都造币厂并不是中国唯一一座设备闲置的造币厂。

省造银币起初是作为洋务运动的一项试验展开的。这一银币旨在提供一种流通媒介，缓解钱币短缺问题，防止外国银元因为银价下跌而扩大流通。每个地区开始铸币时的经济、技术和制度情况都不相同。试验在一些地区取得了成功，在另一些地区则一无所获。清朝中央政府在不久之后试图对各省的造币厂行使更多的权力。

百日维新后失败的中央集权尝试

清朝的钱币铸造活动长期依赖于中央和地方政府之间的微妙平衡。到了 19 世纪 90 年代末，造币厂的数量问题更加凸显。在 1898 年百日维新（戊戌变法）失败之后，中央政府在 1899 年试图限制各省造币厂的银币生产。当时清廷有足够的权威阻止部分造币厂继续经营，但因为一些省级官员能够通过游说成功地使其工厂继续运营，所以清朝中央政府的力量仍不足以落实真正的国家货币。在接下来的几十年里，中央和地方当局之间的紧张关系仍是影响中国币制改革的一个关键因素。

随着造币厂数量的增长，与之相关的问题也越来越多。到19世纪90年代末，中国各地流通着各种省造银币。外国媒体很快就注意到了新币的问题。《北华捷报》的一篇文章感叹道，各省银元"设计不同，重量不一，更别提所用银子的成色差异还很大"。[54] 相较于各省新铸造的银币，中外商人仍然更偏爱墨西哥银元。该报记者希望"在各地发行重量固定、用银统一的国家银币，并且能够在国内外贸易中很快流行起来"，结束各省的铸币竞赛。[55] 各省大量铸造银币的行动很可能会持续下去，"直到京城的中央政府能够有效控制各省的总督和巡抚，使其为了国家的利益而统一行动"。[56]

虽然地方官员很自然地宣称他们奉命照搬广东、湖北两地的造币厂生产标准，其生产的银币与两地的银币没有太大差别，但从政府内部的信件中可以感受到不同造币厂之间为了保持统一而遇到的各种难题。1898年夏天，安徽省巡抚将新造币厂的钱币样品送呈军机处审查。军机处认为这些样品有瑕疵。龙的设计不够细致，容易导致钱币造假。[57] 这些差异影响了各省银币的流通。例如，在南京，当地与湖北铸造的银币在兑换成铜币时无须折价，而来自广东、安徽、福建的银币却需要折价流通。此外，一省铸造的银币在本省境内可能也要折价流通，安徽银币就是如此。[58] 省造银币并未简化中国货币体系，反而让其变得更为复杂。

在1898年戊戌变法运动后不久，生产银币的各省造币厂便收到关停的旨意。那年春天，康有为及其学生梁启超与许多学者一起，恳请当时独立执政的光绪皇帝进行更深远的改革。康有为比梁启超年长15岁左右，两人都是广东人。在19世纪80年代和90年代初，康有为因其对儒家传统思想的诠释与主流观点不同而日益引人注目。康有为认为孔子主要是一个改革家，并借助这一观点来传播自己关于改变清朝统治结构的想法。1895 年，康、梁二人在北京参加会试时，率领一批考生上书皇帝，要求皇帝拒绝签订结束甲午战争的《马关条约》。此后，两人留在京城，主张进行更根本的改革。他们认为，洋务运动只吸纳西方技术而不改变中国制度和政治体系，行动不够彻底。与洋务运动中的许多人物一样，康、梁二人不是革命家，而是改革家。他们希望加强而非推翻清王朝的统治，尽管他们认为要实现这个目标，必须采取更多实质性的行动。

1898 年初，在康有为思想的影响下，加之对一些军机处大臣心怀不满，光绪皇帝提出了一项新的改革方案。该方案比之前 30 年间的任何方案都更能触及王朝的政治、经济、军事和教育根基。其中的一些措施旨在变革教育制度，建立西式学堂，开设农务学堂，筹设武备大学堂；另一些措施则涉及建立新的行政机构（如农工商总局）来监管经济。康有为和光绪皇帝还希望广开言路，拓宽上书渠道，促进信息和思想的流动。最重要的是，康有为主张仿照日本明治时期的做法，实行君主立宪制。

这些努力很快就遭到了官僚机构中保守人士的反对，特别是因为许多措施夺走了清朝权力最大的行政机构——军机处的权力。慈禧太后在官僚集团和新军要员袁世凯的支持下，于 1898 年 9 月架空光绪。直到 1908 年光绪皇帝去世，慈禧一直掌握大权，而光绪皇帝一直被幽禁在瀛台。慈禧还下令将前几个月向皇帝进谏的人逮捕处死，康有为、梁启超此时已逃亡海外，未被逮捕。[59]

关于货币制度的辩论在百日维新中占相对较小的一部分，但反映了维新派为加强中央集权做出的各方面努力，其影响从 1899 年关闭除两个省的造币厂以外的所有造币厂的命令中可见一斑。1898 年中，新任总理衙门章京刘庆汾撰写了一份关

58

于币制改革的提案。当时朝廷正在招录具有各种专业知识和经验的初级官员，刘庆汾因此进京并获得任命。[60]刘庆汾首先主张铸造铜币，其面值要大大高于所含金属的固有价值。这种方法在太平天国运动中尝试过，即所谓的大钱，但刘庆汾坚信这次会有所不同，因为用机器生产的钱币会比19世纪50年代铸造的钱币更难伪造。

基于省造银币在京城周围无法流通，且在铸造省之外也存在折价的现象，他还提出了一些改善省造银币流通的建议。刘庆汾强调，仅仅提倡使用这些钱币是不够的。如果要使银币流通无阻，政府就必须将税收和公共财政的计算单位从库平两变为银元，即元。他主张取消各种虚银两单位，这一争论在20世纪最初的几十年里会变得更加重要。刘庆汾还建议在京城建立一所使用蒸汽动力设备的造币厂。[61]这些依循百日维新精神提出的建议将使清朝财政管理结构产生重大变化。

一些知名人士对这些想法发表了意见。满人贵族、新成立的农工商总局的督办端方原则上同意刘庆汾的意见，但在细节上略有保留。[62]天津官员傅云龙根据他在国外的经验回应了刘庆汾的建议。他指出，其他国家通常在首都设立总铸币处，不允许货币权力分散到全国各地。他认为，在京城设立造币厂生产银币，不仅对首都有利，也有助于规范全国的法规。[63]在清朝最后几十年中扮演重要角色的贵族、时任总理衙门大臣的怡亲王奕劻否定了刘庆汾的建议。他不同意在京城设立造币厂的想法。奕劻认为各省造币厂已经过多，如果京城周边地区需要银币，只需向现有的造币厂订购即可。[64]

希望限制造币厂数量的这种主张在百日维新后的1899年被编入法律。当年6月，军机处下令，只有广东和湖北的省级造币厂可以继续运转，其余的必须关闭。由于造币厂生产的货币质量与成色不同，货币造成的不便已经超过了作为交换媒介或防止外国货币流通所带来的任何好处。其他省份可以在这两个造币厂下订单生产银币，但不得自行生产。[65]

　　然而，并非所有官员都认同这一命令，他们采用了多种理由来说服朝廷允许自己继续铸造银币。直隶总督裕禄强调了天津在商业活动中的重要性：天津是中国北方重要的商业中心，城市对货币的需求相当大。他认为，自从几年前开始铸造银币以来，人民已经接受了造币厂出产的银币。他坚持认为直隶的银币质量和成色与广东和湖北的银币相差无几。此外，他认为，天津对银币的需求量很大，而且还在不断增加。鉴于广东钱局现在需要为其他省份铸造银币，其产能或无法满足天津的需求。广东钱局目前每月生产 40 多万枚银币，尽管当时有 90 余台铸币机投入生产，但如需满足直隶的需求，仍需额外添置机器。裕禄认为这并不合算。他认为，如果这些开销再加上将白银从广州和湖北运到天津的运输和保险费用，军机处颁布的政策将使天津这个北方重要城市出现银币短缺问题。[66]

　　统管东部沿海各发达省份的两江总督刘坤一采取了另一种方式来论证他所控制的造币厂应该继续开放。首先，针对军机处提出的各省银币质量不一的问题，刘坤一强调，南京的造币厂聘请了一位外国专家来检测和监督银币的质量。他还认为，检验一枚银币的真正标准，不是看它是否规范，而是看它是否得到商人和市民的信任与使用。从这个标准来看，江南造币厂的银币是相当成功的。其次，刘坤一谈到了设立省造银币背后的初衷之一：减少外国银元的数量，防止利权的丧失。刘坤一推测，如果南京的造币厂继续闲置下去，该厂的产量不会被广东、湖北两地的造币厂吸收，而是会导致更多的外国银元流入，对大清的经济权益造成极大的损害。再次，刘坤一论述了银币的经济性问题。从 1897 年底开始铸币到 1898 年底，江南造币厂共生产了 500 多万枚银币，面额有大有小。扣除铸币相

60

关费用后，还剩下 14 万余两的利润，其中一部分用于偿还购买设备和建造厂房所需的贷款。由于铸币被叫停，刘坤一不知道剩下的贷款如何偿还。最后，刘坤一强调，为了补贴铜币的铸造，必须铸造银币。他指出，过去几年，购买 100 斤铜的价格从 20 多两银子涨到 30 多两银子，资本支出相当巨大，铸铜币已无利可图。然而在过去的一年里，铸造银币的利润贴补了铜币的铸造，正如张之洞所说的那样；因此铸造银币是履行这一职责的必要前提。[67]

在下令停止除广东和湖北以外的所有铸币活动两个月后，军机处发出了一系列新的命令。直隶、吉林、南京的造币厂可以重新开张运转，但其他的造币厂仍要继续关闭。[68] 军机处在推翻了此前关闭某些省级造币厂的决定之外，还批准了在北京建造造币厂的计划。[69] 朝廷并未从国外购买造币设备，而是要求浙江、安徽两省的省级官员将机器送往京城。[70] 1899 年底，一名湖北造币厂官员奉命来京协商拟建造币厂的相关事宜。他最后并未成行，取而代之的是，张之洞手下的官员呈上了一份报告，分析了在北京设立造币厂必须考虑的所有因素。[71] 这些官员指出，户部需要估计造币厂所铸钱币的需求量，并警告说，当地的钱庄很可能会抵制任何新的钱币，因为这触及他们业务的一个关键方面：通过在不同种类的钱币之间进行兑换来获取利润。不同金融机构的利益将继续成为影响中国币制改革的一个重要因素。

义和团运动打断了北京造币厂的建造计划。由于北京以南的山东省发生旱灾与饥荒，义和团的人数不断增加，并开始袭击外国传教士。随着运动的发展，清朝犹豫了。一些官员敦促镇压义和团，而另一些官员则建议利用义和团来驱逐外国势力。慈禧太后最终支持了后一种策略。随着外国军队侵入北京，清廷逃亡，义和团运动于 1900 年 8 月结束。[72] 北京的造币厂在这场危机中被毁。随后的庚子赔款对财政造成了冲击，并很快影响了关于中国货币体系改革的讨论走向。

　　1887~1900 年的各省铸币史反映了清朝政治经济的既定模式、兴起的经济民族主义言论、创造国家货币的愿望（未能实现）以及白银在其中的角色发生的转变。币制改革是洋务运动的一个重要方面，但往往被人们忽视。正如各省官员率先进口设备建立制造局和纺织厂一样，他们从国外购入机器来铸造银币和其他小面额的硬币。虽然历史学家斯蒂芬·哈尔西认为，清朝省级官员在这一时期采取多种措施加强了王朝和军事财政国家的建立，但币制改革并未和这些措施一样起到加强作用。[73]相反，中国的货币环境变得更加复杂，各省的银币与银锭、墨西哥银元和中国金融机构发行的纸币一起流通。随着造币厂数量的增加与产出质量的下降，清朝试图限制造币厂的数量，但一些有权势的省级官员能够展开游说，从而将本省的造币厂排除在禁令之外。因此，在 19 世纪末，清朝中央政府有能力关闭一些省级的造币厂，但不具备更综合的能力统一货币。中央和省级官员之间的紧张关系非但没有消失，反而在义和团运动之后与更宏观的世界经济发展一起影响了有关中国币制改革和国家建构的讨论。

　　目前为止的论述总结如下。1870 年后，世界货币体系经历了巨大变化，当时银价下跌，许多国家转而采用金本位制。有大量白银的国家——无论白银来自货币储备还是矿藏资源——都在寻找白银的出路。他们把目光投向亚洲，特别是中国和印度。随着银价下跌，政治家开始组成政治联盟以支持银价，在美国尤为如此，但美国兴起的白银集团在手段和目的上略有分歧。在中国，全球银价的下跌和白银的涌入对清朝既提供了帮助，又造成了损害。它降低了银铜比价，增加了财政

62

收入，但同时也对新兴的经济利权观念提出了挑战，因为如此大量的外国银元流通损害了清朝的主权。当清朝试图自己铸造银币时，它遇到了如何在政治分权的背景下改革货币制度的问题。

第2章、第3章介绍了世界历史上白银时代在19世纪70年代到20世纪30年代走向终结的两个原因：第一，随着全球银价下跌，国际社会竞相影响中国的币制改革；第二，在政治分权背景下，中国发生了关于如何改革货币体系的争论。但为了让读者更好地理解，本书有意将这两条线索分开。后续章节将揭示这些变量是如何相互作用的，并聚焦中国应该尝试在白银基础上统一其货币体系，还是应该尝试转向金本位制或金汇兑本位制的问题。有关金汇兑本位制的争议颇多：它加剧了外国列强的竞争，这些列强希望中国的货币与其货币直接挂钩，并在清朝及之后引发了关于中国在中央政府权力式微的情况下是否有能力实施这种制度的争论。此外，即使清朝能够建立并管理金汇兑本位制，一些人也质疑这样做是否会对其主权造成不可接受的损害。本章介绍的许多人物——尤其是张之洞和梁启超——在这些讨论中扮演了重要角色。在19世纪和20世纪之交，中国成为世界上少数几个仍在使用白银作为货币体系基础的国家；在清朝币制改革问题上，国内外的观点也趋于一致。

4
金汇兑本位制和列强在中国的竞争，
1901~1905

1904 年初，康奈尔大学经济学教授精琪（Jeremiah Jenks）来到北京。他作为国际汇兑委员会（Commission on International Exchange）的代表来到中国，而且重要的是，他是应清政府的邀请来到中国的。在清朝和墨西哥政府的联合请求下，美国国会成立了国际汇兑委员会，以帮助稳定过去三年中迅速下跌的白银价格。在一次听证会上，精琪转达了西奥多·罗斯福（Theodore Roosevelt）总统的感慨，他认为没有任何其他行动能像改革中国的货币制度那样，"对增加以中国为主、遍及全世界的经济福祉产生如此强烈的影响"。一位清朝贵族对精琪说："阁下已经名扬海外，您这次受命来中国更是展现了您的性情友善。"[1] 精琪后来在中国各地游说官员和商人，试图让他们相信中国应该采用金汇兑本位制。然而，许多人士并没有看出他"性情友善"，认为他的币制改革建议会损害中国利益。

精琪未能说服清朝采用金汇兑本位制，1905 年的币制改革法令没有提及他的想法。与其把重点放在精琪访问的失败或人们认为他访问失败上，不如把这一事件看作关于金汇兑本位制的经济、政治和思想讨论的开端，这个角度更具启发性。这些讨论在中国持续了近 30 年，是北洋政府时期和南京国民政府时期的一个重要政策议题。官员、学者和其他观察家都在争论中国是否应该并能够采用金汇兑本位制、使用这种货币制度是否会使中国处于和印度或菲律宾一样的殖民地位，以及银价下跌对中国有利还是有害。简而言之，即中国如何才能在不损害主权的前提下实施币制改革。清朝官员就王朝在世界货币体系中的地位展开了讨论。本章通过研究这些思想和政策的争论，将国内外的论述线索整合在一起。

在这些讨论出现时，经济和政治条件瞬息万变：19世纪末世界持续向金本位制和金汇兑本位制转变，出现了与英镑、美元和日元挂钩的货币集团，1901年庚子赔款后银价开始下跌。当时的观察家认为，庚子赔款与波动的白银市场之间有着密切的联系。中国的政治人物对金汇兑本位制的实际、经济和象征意义有着不同的理解。以张之洞为代表的一些人认为采用金汇兑本位制会加强外国对中国金融的控制；而且由于银价会自然回升，这一措施没有必要。而以梁启超为代表的另一些人则认为鉴于中国不可能实施金本位制，采用金汇兑本位制是一个可行的选择，但仍需要进行一些改革。

这一时期出现的问题和争论并没有随着精琪在1904年夏天离开中国而结束。精琪后来在给他曾经的学生、20世纪20年代末另一访华货币委员会的负责人埃德温·甘末尔（Edwin Kemmerer）的信中写道："改革中国的货币制度是世界上这一领域尚待完成的最重要的任务之一。坦率地说，那是我非常想要完成的最后一项工作，因为从开始起我已经花费了太多时间。"[2]

世界范围内向金本位制的转换以及庚子赔款

19世纪末，周期性金融恐慌、物价下跌以及向金本位制和金汇兑本位制的普遍转换成为全球政治经济的重要主题。到20世纪初，墨西哥和中国是世界经济中最重要的两个尚未采用某种形式金本位制的国家。通过墨西哥银元的形式进行出口，墨西哥成为世界上最大的白银出口国之一，而中国是其最大的消费国之一。20世纪初银价的突然暴跌对这两个国家都造成了伤害，但原因各不相同。

许多国家采用金本位制并不是出于"对英国权力或理论的忠诚"，而是出于"国家权力、声望和反英竞争的现实政治考虑"。[3] 世界各地的政府官员认为，转向金本位制或可降低他们在国际资本市场上的借款成本，吸引外资，并扩大与其他金本位制国家的贸易。采用金本位制是一种"认证标志"：保持货币与黄金的可兑换性是衡量"金融正直"的标准，也是"一个国家遵循审慎的财政与货币政策"的信号。[4] 其他观点强调，采用金本位制降低了交易成本并尽可能降低汇率风险，从而促进了国际双边贸易。[5] 虽然远期利率协议确实可以规避这种风险，但是国际汇兑委员会写道，这些安排"总是价格昂贵，且不令人满意"。[6] 根据这些解释，向金本位制的过渡听起来好像是建立在一个明确且不容置疑的经济逻辑上的。事实上，在19世纪90年代，俄国、日本和阿根廷向金本位制过渡的行动遭到了极大的反对，这三个国家都是在"官僚政治家确信国家有需求的情况下，由他们自上而下地实施了这种货币标准"。[7] 货币制度的改革始终是一项政治工程。

金汇兑本位制是"没有金币的金本位制"。[8] 正如约翰·梅纳德·凯恩斯（John Maynard Keynes）所解释的那样，"在内部循环中使用的货币媒介仅限于纸币和廉价的代币，这些货币可兑换成黄金用于对外支付，从而使它们能恰如黄金一样发挥效力"。[9] 银币的面值高于所含白银的金属价值，发行政府通过控制流通数量来维持面值。政府通常在外国设有以外币计价的黄金汇兑基金，这起到了便利支付的作用。当金汇兑本位制国家的商人需要用黄金付款时，他们可以拿着银质代币或纸币到负责汇兑的机构，支付清偿债务所需的金额，然后由兑换局出具单据从黄金汇兑基金中支付。当外国人想在金汇兑本位制国购买商品时就会发生相反的交易，在国内兑换银质代币或纸币。[10] 在宏观层面上，金汇兑本位制有以下原则：代币的面值高于所含金属的市场价值（因此创造了铸币税利润）、不得自由铸币、流通中的硬币和纸币数量有限、硬币与黄金兑换严格，以及通过在国外持有的以外币计价的基金来支持这一制度。[11] 金汇兑本位制是以不同等级的货币为基础的。在19世纪和20世纪初，金融体系中的第一级货币是黄金本身。其他形式的货币本质上是对黄金的不同类型债权。国家纸币是第二等级的货币；银行通过发放贷款和创造存款设立了第三等级的货币。金汇兑本位制是另一种形式的金融杠杆。[12]

英国及随后美国的殖民经验使金汇兑本位制步入正轨。1835~1893年，印度使用的是银卢比。19世纪70年代以后，白银相对于黄金的贬值加重了印度政府的负担，因为印度政府以白银收税，但其负债（各种应付母国款）却以黄金计价。银价的持续下跌使付款的负担更加沉重。1893年，英国政府停止了印度白银的自由铸造，并规定政府将铸造银卢比并以按固定比例换取黄金。这是一个过渡阶段——印度银卢比未被逐出货币领域，但金币也没有被引进。在19世纪90年代剩余的时间里，关于如何管理英国与印度之间金融关系的各方争论持续不断。凯恩斯后来写道，印度政府已经"漂"向了金汇兑本位制，并通过实践和习惯，而非以立法的方式将其固定下来。[13]这种新兴制度的运作方式是，伦敦的银行或商人在伦敦支付英镑兑换印度银卢比，而印度的商人则用银卢比兑换在伦敦需要支付的英镑。印度事务大臣承诺以一定的汇率无限制地买卖汇票。从英国的角度来看，印度的金汇兑本位制尤其重要，因为这一体制节省了英国的黄金，而以英镑为基础存放在伦敦的印度货币储备也起到了稳定英国货币市场的关键作用。

20世纪初，随着国家政治经济的巨大变化，美国在取得的新领土上建立了金汇兑本位制。1890年，国会通过了《谢尔曼购银法案》（*Sherman Silver Purchase Act*），规定财政部每月购买的白银数量大约是《布兰德－艾利森法案》规定的两倍。这项法案让外国投资者担心其是否代表着金银复本位制的回归，黄金是否开始流出美国。[14] 该法案在三年后被废除，但货币问题没有得到解决，1893年大恐慌后，经济状况迅速恶化，实行通货膨胀政策的呼声日益高涨。[15] 在1896年的大选中，威廉·麦金利（William McKinley）战胜了以自由白银政策为竞选纲领的威廉·詹宁斯·布莱恩（William Jennings Bryan）。这场胜利再次确认了美国的金本位制，也是金银复本位制支持者的又一次失败。两年后，1898年的美西战争使美国成为世界强国。到了1900年，作为世界最大的白银出产国之一，美国仍坚定地奉行金本位制。如何管理这些新领土并为其提供资金成为美国面临的新问题。

历史学家艾米丽·罗森伯格（Emily Rosenberg）指出，在这些变化中，美国官员"第一次开始形成对外金融政策……并试图通过传播金本位制来稳定和开拓世界经济的新领域，以适应美国日益增长的贸易和投资量"。[16] 他们希望，美国可以削弱伦敦对世界经济的影响，能够让一些国家采用美元作为货币，更为笼统地说，他们希望美国在国际货币问题上能够占据更多主动性。查尔斯·科南特（Charles Conant）是19世纪末20世纪初一位重要的思想家和经济问题方面的作家。他判断，"金融领域的至尊之星"很快就会从英国变成美国。[17] 这种变化一部分是由经济持续增长造成的，但它也使美国银行体系的变革成为必然。这种新的对外金融政策结合了银行家的私人资本、一批训练有素的新兴金融专家的专业知识，以及政府

67

的权威。在下一章中，私人银行家和美国政府之间的关系将变得充满争议性和偶然性。

美国首先在波多黎各和菲律宾实行了金汇兑本位制。此时，波多黎各已经将西班牙在 1895 年推出的银元作为货币，其面值远远高于该货币的金属价值，因此，再创造一种与美元挂钩的类似货币并不困难。[18] 由于经济、政治、地理和行政原因，菲律宾的情况要复杂得多。墨西哥和西班牙的银元、菲律宾的半比索和其他小面额硬币都在这个岛国流通。[19] 像在印度的英国政府一样，美国在菲律宾的殖民政府也面临支付问题，因为该政府的工资和其他行政费用是用黄金支付的，但收入却是用白银收取的。几年后，殖民政府将旧币驱逐出流通领域，并在纽约建立了一个黄金汇兑基金，创立了价值 50 美分的银质代币。[20] 凯恩斯略带嘲讽地否定这些金汇兑本位制，并指出，波多黎各和菲律宾的制度只是"奴性"地照搬了英国在印度的制度，没有任何有益的创新或经验。[21]

甲午战争后，日本也面临类似的困境，和菲律宾一样，中国台湾的货币制度存在多种不同的纸币和银币同时流通的问题。1897 年，日本将货币与黄金挂钩，东京的政策制定者不确定是否应该以及如何将本土和中国台湾的货币体系连接起来。[22] 同样不确定的还有日本对台政策的手段和目的：应如何管理中国台湾，是采取更加集中的管理方式，还是与其保持距离？几经周折，在 20 世纪初，日本支持的台湾银行建立了一个与英美殖民体系类似的制度，在东京持有以日元为单位的储备金。[23]

20 世纪伊始，虽然许多国家采用了某种形式的金本位制，但世界上并不是只有一种金本位制，而是有多种金本位制，因为世界上有许多地方分别持有英镑、美元、法郎或日元的储备，这种安排往往是一个更大的殖民计划的一部分。这个制度背后有经济和政治上的原因。金汇兑本位制将伦敦等帝国金融中心与新的外围地区联系起来，从英国或美国的角度来看，该制度消除了汇率风险，鼓励了贸易与投资。新出现的金汇兑体系所产生的政治影响或许更为重要，这些体系曾经代表着控制与征服，又常常被披上科学和专业效率等冰冷的技术语言外衣。最后，不同的金汇兑本位制之间的关键点在于其对立性：印度以英镑而非美元为其储备；中国台湾将其储备放在东京而非纽约。金汇兑本位制支撑了帝国的金融体系，也成为进一步竞争的催化剂。中国是亚洲最重要的用银国，虽然没有被殖民，但成为许多金汇兑本位制计划的中心。

世界上许多国家向某种金本位制的转变降低了世界对白银的需求。此外，随着各国开始在其境内建立标准化的国家货币，它们努力阻止像墨西哥银元这样的国际货币流通。因此，在"东西方关系发展中发挥过重要作用，几乎所有肤色和族裔的人都使用过"的西班牙和墨西哥银元开始淡出流通领域。[24] 19 世纪末，墨西哥的白银出口量大幅萎缩，而且没有被另一种出口形式取代（见表 3）。

表 3　1881~1882 财年至 1902~1903 财年墨西哥白银及银元出口

单位：%

财年	白银出口占 出口总额比例	银元出口占白银 出口总额比例
1881~1882	54.17	73.69
1882~1883	68.22	80.72
1883~1884	69.40	80.45
1884~1885	70.23	77.47
1885~1886	66.77	75.28
1886~1887	66.98	67.26
1887~1888	61.93	55.39
1888~1889	63.19	59.87

69

续表

财年	白银出口占 出口总额比例	银元出口占白银 出口总额比例
1889~1890	60.71	60.89
1890~1891	81.72	49.98
1891~1892	63.63	55.48
1892~1893	63.01	49.97
1893~1894	56.96	38.11
1894~1895	60.60	35.47
1895~1896	53.67	34.50
1896~1897	50.58	24.47
1897~1898	49.98	26.90
1898~1899	45.32	20.98
1899~1900	40.17	17.10
1900~1901	45.83	22.27
1901~1902	35.45	19.05
1902~1903	39.22	27.21

资料来源: Andrew Piatt, "The End of the Mexican Dollar," *Quarterly Journal of Economics* 18, no. 3 (May 1904): 355。

在 20 世纪第一个十年初, 墨西哥面临有关其政治经济结构的重要问题。在波菲利奥·迪亚斯和一群被称为科学家 (Científicos) 的顾问统治下, 墨西哥的政治经济精英强调秩序和经济发展。科学家坚持 19 世纪末常见的技术官僚和实证主义原则, 普遍认同达尔文主义有关国家间竞争的言论。[25] 虽然墨西哥拥有丰富的自然资源, 特别是银矿, 但科学家认为仅靠这些矿藏并不能使国家富裕起来。相反, 墨西哥需要奠定工业基础, 以便在全球经济竞争中取得成功。19 世纪 90 年代和 20 世纪初, 银价的下跌和波动威胁到科学家的政策目标, 并对墨西哥各企业产生不同的影响。对那些成本以白银计价、利

润以黄金计价的行业而言，如原材料的出口商，这一市场走势
是有利的，但对收入以白银计价、债务以黄金计价的铁路等行
业而言，这一走势造成了损害。[26] 银价下跌还起到了天然的关
税作用，促进了纺织制造业和其他轻工业的发展。[27]

越来越多的观点认为，除非以黄金计价的银价稳定下
来，否则墨西哥将无法吸引外国投资，从而影响进一步发展。
1901 年，当富商、地主、墨西哥中央银行（Central Bank of
Mexico）官员恩里克·C.克雷艾尔（Enrique C. Creel）到
纽约为该银行寻求贷款时，纽约的一群银行家告诉他，除非墨
西哥采用金本位制，否则外国将停止在墨西哥投资。[28] 在政府
财政层面，白银贬值导致人们担忧墨西哥无力偿还债务。当
一笔债务在 1902 年 12 月到期时，财政部长何塞·利曼图尔
（José Limantour）要求墨西哥国家银行（National Bank of
Mexico）每天出售少量白银（5 万至 10 万盎司），在不造成
银价进一步下跌的前提下兑换黄金。[29] 1902 年，白银价格大幅
下跌，12 月的市场看起来尤其不稳定。同月，墨西哥与另一
个国家找到了同样的原因——这个国家同样受到银价下跌的影
响，但也可能是造成银价下跌的原因：中国。

1901 年，清朝与外国签订了《辛丑条约》。义和团运动
起初是为了抗议列强入侵中国，而随后的货币本位争论则反映
了人们对清朝能否在不损害主权的情况下实施币制改革的担
忧。正如历史学家弗兰克·H.H.金（Frank H.H.King）所判
断的，庚子赔款以其"复杂性等特征"以及"自损的经济影
响"，在半个多世纪中"滋扰着外交和政治"。[30] 条约第六款
规定，大清皇帝"允定付诸国偿款海关银四百五十兆两"。这
个数额比 1842~1900 年清朝赔款的总和还要多，是罗伯特·
赫德（Robert Hart，时任海关总税务司司长）认为朝廷最高可
支付金额的 2 倍，在当时相当于 6750 万英镑或 3.33 亿美元。[31]

70

条约的英文版本写道，庚子赔款是"按海关银对各国金本位制货币的比率计算、以黄金计价的债务"。[32] 按照外国的解释，这一条款意味着清政府要承担汇率风险。如果白银的市场价值下跌，清政府将不得不支付更多的白银来购买等量的黄金；如果白银的价值上升，需要支付的白银便随之减少。

对于清朝如何偿还这笔债务，各方亦有争议。清朝认为可以向外国市场借款，这一立场得到了包括俄国、法国、日本和德意志在内的一些国家的支持，但遭到了英国和美国的反对。[33] 而列强则如赫德所主张的那样，"以中国政府债券为抵押，按每两 3 先令的比率（共 6750 万英镑）垫付所需款项"。[34] 因此，在讨论庚子赔款时，更适合将立即结算的预付赔款作为对象。[35]

面对每年高达 2000 多万两白银的庚子赔款，清朝将大部分债务负担转嫁到了各省政府身上。掌管清朝财政的户部认识到，即使非常困难，中国也必须支付这些赔款。[36] 在将一些原有的收入用于支付赔款后，省级官员仍必须通过增加税负来筹措大部分资金。[37] 鉴于中央政府将如此多的赔款负担转嫁给地方，各省官员——尤其是刘坤一——对该条款表示反对，称这笔赔款是银债。作为两江总督，刘坤一掌管的江苏、安徽以及江西等富庶省份承担了最重的赔款责任。[38] 如果庚子赔款以白银计价，那么白银贬值能够减轻清朝的负担，进而减轻刘坤一领导下各省的负担。如果赔款实际上是以黄金计价的债务，那么各省就必须设法获得越来越多的白银来偿还金债。将庚子赔款解释为银债而不是金债显然是符合刘坤一的利益的。

整个 1902 年上半年，刘坤一多次向朝廷上书解释为什么他认为庚子赔款是以白银计价的债务。首先，刘坤一援引先例，提出中国以前所有的赔款都是以白银而非黄金为单位的，庚子赔款何以成为例外？接着，他从条约本身出发。在付款计划表中，只有以银两为单位的数字，没有以黄金为单位的支付计划。如果付款计划表上写明了大清需要支付的白银数额，为什么支付金额会突然提高？刘坤一还认为，由于清朝财政状况不稳定，中央政府无力支付与金债相关的较高费用，因此，赔款应解释为银债。[39]1902年出现的其他争论也是基于类似的先例、条约本身的模糊性和公平性等问题提出的。[40]针对刘坤一的论点，清朝总理各国事务衙门咨询了赫德，后者坚持认为这其实是一笔以黄金计价的债务。[41]这个问题并未得到解决。

　　1902年夏，负责支付赔款的上海道台袁树勋认为清政府不能按黄金计价支付赔款。6月10日，中国驻美公使伍廷芳给总理各国事务衙门发电报称，美国政府同意这是一笔以白银计价而非黄金计价的债务。第二天，美国公使康格（Edward H. Conger）在京城出席了外国代表关于赔偿问题的会议并表达了他的意见，即该债务是以白银计价的。他在会议结束后才收到关于华盛顿立场的通知，并随即告知了中国政府。[42]美国是唯一一个如此解释赔款的国家。

　　伴随这场争论，银价在整个1902年持续下跌，速度"比（辛丑）条约签署时任何人预计的都要快"（见表4）。[43]《经济学人》在该年底认为，白银市场长期处于"恐慌状态"。墨西哥《公正报》（*El Imparcial*）指出，"除了白银的低价以外，人们已不可能谈论任何其他事情"。[45]重要的是，一些观察家将银价下跌直接归咎于庚子赔款的支付，《华盛顿邮报》（*The Washington Post*）指出，"由于清朝囤积了大量白银并在公开市场上抛售以筹集黄金支付赔款，银价被压低了近25%"。[46]《公正报》也同意这一观点，他们认为，白银问题的关键（*la clave*）在于庚子赔款的状况。[47]基于这种逻辑，随着清朝收取白银并在市场上兑换黄金，白银的价格会不断下跌，在这个过程中清朝加重了自己的债务负担。清朝发现自己陷入了与英国

72

和美国在亚洲的殖民政府类似的两难境地——它的财政收入以
白银计价，而债务却以黄金计价。

表4　1902年纽约精制银条每月平均价格

单位：美元

月份	价格
1 月	0.56302
2 月	0.55833
3 月	0.54923
4 月	0.53452
5 月	0.52000
6 月	0.53085
7 月	0.53152
8 月	0.53250
9 月	0.52269
10 月	0.51162
11 月	0.49705
12 月	0.48653

资料来源：Charles Conant, Hugh H. Hanna, and Jeremiah Jenks, *Stability of International Exchange* (Washington, D.C.: Government Printing Office, 1903), 513。

　　银价下跌已经"拖累了贸易"。[48] 一位上海商人说，"称贸
易已经瘫痪或许太过激进"，但"如果汇率继续下跌，这么说
就恰如其分了"。[49] 银价下跌阻碍了商业发展，因为"很难用
一种不断剧烈波动的媒介做生意"。[50] 贸易带上了"赌博的性
质"，商人"过分关注货币市场的状况"，忽视了"商业交易
本身"。[51] 到1902年底，世界各地的政府官员和商人组成了
成员多样的联盟，试图在金银使用国之间建立稳定的汇率。该
年12月，墨西哥和中国驻华盛顿的代表就如何合作稳定银价
展开讨论。[52] 不久后，他们呼吁美国提供援助。

国际汇兑委员会及清朝币制改革小组

73

墨西哥和中国政府致美国的信函字斟句酌，通过凸显美国的利益来吸引美国。墨西哥在最初的请求中扮演了关键的角色。墨西哥驻美公使不仅赶在中国驻美临时代办之前提交了信函，而且中国的信函也抄袭了前者的大部分论证结构。墨西哥在信中首先解释了美国为何应当关心这个问题。首先，银价下跌提高了墨西哥从美国进口商品的成本。[53] 此外，美国在墨西哥投资了5亿多美元，银价稳定与否自然关乎其利益，因为"随着墨西哥货币价值一再下跌，这些企业将收益汇给美国投资者时，以黄金计价的价值都会严重下降"。[54] 墨西哥政府在信中断言，最重要的问题不是墨西哥自己的币制改革，而是中国的币制改革。即使墨西哥采用了金本位制，这也是"汇兑问题不完全的解决办法，无法令人满意"，因为它无助于解决亚洲的类似问题。[55] 墨西哥政府在信函的最后提出了一个悲观的设想。由于银价的下跌和波动，对华贸易将面临"部分瘫痪，甚至消亡"的威胁。[56] 墨西哥强调了美国的利益，激起了美国的忧虑。

中国驻美临时代办在信中强调，银价的持续下跌威胁到尚未开发的中国市场。目前中国的进口量只有人均50金美分，"相较于对华贸易潜在的市场规模只能算九牛一毛"。贸易的增长将"为欧美成千上万工人的劳动提供出路，为这些国家的资本提供数百万就业岗位"。[57] 也许不想听起来太过乐观，他提醒说，建立稳定的金银关系不会立即扩大中国与世界其他国家的贸易，但将是朝这个方向迈出的重要一步。[58] 对未来贸易的憧憬使目前有关庚子赔款的争论不值一提。与西方列强和拥有"永久、统一货币制度"的中国进行贸易相比，赔款只是这一贸易可能获得的"利益中微不足道的一部分"。[59] 墨西哥和中国的代表在信函中强调，黄金与白银之间的稳定关系将使他国而非本国受益。重要的是，后来中国对金汇兑本位制的批评人士认为，该建议着重满足他国的需求而忽视了中国国内的条件。

74 美国国务卿海约翰（John Hay）认为，解决庚子赔款争议，稳定银价，对美国和"中国自身及其未来的发展"都有好处。[60] 海约翰提出这一立场有以下动机。他和驻北京公使康格认为，关于庚子赔款的争议可能会导致欧洲宣布中国违约并采取必要的军事行动，这是主张门户开放政策的美国希望避免的结果。[61] "通过领导中国的币制改革，美国将在中国金融事务中占突出地位，并坚定其在太平洋地区的雄心壮志"。美国虽然没有明确表明这一点，但这一小小的愿望对其很有影响力。[62] 美国一些金融界人士已经不满足于做"英国世界金融的小跟班"，不想继续在使用汇票进行国际贸易融资时通过佣金的形式向伦敦银行家"进贡"。[63] 简而言之，美国的自身利益要求其对墨西哥和中国的请求做出积极回应。

1903 年 3 月，国会任命精琪、查尔斯·科南特以及休·汉纳（Hugh Hanna）担任国际汇兑委员会的主要成员。精琪在德意志获得博士学位，并撰写了不少与经济和法律相关的著作，其中包括关于英国殖民地金汇兑本位制的著作。科南特是该小组中最著名且著作最多的成员。[64] 在 20 世纪初的一系列专著和文章中，他对美国经济问题的本质做出了判断——他重新提及英国经济学家 J.A. 霍布森（J. A. Hobson）的观点，并预见弗拉基米尔·列宁（Vladimir Lenin）的观点。他强调发达国家资本具有"集中"的特质，因为"储蓄的积累超出了对新资本的合理需求"。[65] 在这种情况下，积累的资本会转移至国外以寻求稳妥的项目。科南特是金汇兑本位制的积极倡导者，他"既是技术员和科学家，又是传教士和卫道士"。[66] 他认为金汇兑本位制使工人"摆脱了地方出口导向精英的剥削枷锁"，这些精英支持银本位制下的汇率贬值，因为他们的收入以黄金计价但支出却以白银计价。[67] 1897~1901 年，科南特一直是时任印第安纳波利斯货币委员会（Indianapolis Monetary Commission）负责人休·汉纳的助手，该委员会是 1900 年推动金本位制法案通过的重要组织。[68] 精琪、科南特和汉纳试图让墨西哥和中国采用金汇兑本位制，并说服欧洲列强认可这一政策。

对国际汇兑委员会的成立，美国国内持乐观态度，海外则普遍对其表示怀疑。《纽约时报》（*The New York Times*）认为，对白银问题的调查"有百利而无一害"。[69] 从一开始，《经济学人》就依据英国驻北京商务参赞 J.W. 贾米森（J. W. Jamieson）的观点，认为这个刚刚成立的小组前景十分黯淡。主张金银固定汇率的人"将其想象力肆意发挥到一个近乎荒谬的程度"。[70] 他们预测在固定汇率下，中国的进口将扩大 5 倍。这"明显是无稽之谈，让人怀疑拟议计划的合理性"。[71] 无论如何，在中国还没有国家货币的情况下，讨论金汇兑本位制是"徒劳的"，"人们感到绝望，因为毫无全心全意实现货币统一的迹象"。[72]

国际汇兑委员会并不是唯一一个在 1903 年成立的有关中国币制改革的组织。当年 4 月，军机处指示怡亲王奕劻与瞿鸿禨开始统一货币的工作。[73] 这符合不久前与英国签署的商业协定《麦凯条约》（*Mackay Treaty*），其中即包括一项有关币制改革的条款。[74] 19 世纪 90 年代，怡亲王奕劻在朝廷中担任多个要职，义和团运动期间他的立场总体上是温和的。在庚子赔款的谈判中，他也是在场的清朝代表之一。瞿鸿禨年仅 22 岁就考中进士，曾担任乡试考官、学政，并于义和团运动后在军机处中谋得一职。国际汇兑委员会与清朝方面对清朝是否承诺

75

采用金汇兑本位制存在分歧，而其根源在于美清两者的具体关系。美国认为最初的信函代表了一种承诺，但清朝官员对此并不认同。

国际汇兑委员会的成员首先会见了新到任的中国驻美公使梁诚，后者于1875~1881年在康涅狄格州学习。在向北京的官员报告这次会议的情况时，梁诚对采用金汇兑本位制表达了积极的态度。与后来的反应不同，也许是由于具体方案尚未完成制定，他并不反对让洋人牵头管理拟议的货币制度。在朝廷为赔款所累，又在各国商战中败下阵来的情况下，梁诚认为清廷不应该打着旧法的旗号来抵制委员会的建议。相反，大清应该主动派官员前往欧洲各国首都，为转向金汇兑本位制争取资金。[75] 但不是所有人都对该建议持如此开明的态度。

在对墨西哥进行短暂访问后，国际汇兑委员会花了一个夏天走访了欧洲各国首都，与政府官员、银行家和外交官磋商。在俄国、德意志、荷兰、法国和英国，委员会首先必须打消各国对其目标的普遍怀疑。各国在一开始并没有很好地理解委员会的目的和宗旨。[76] 欧洲各国都担心委员会成员是来执行另一项"双金属任务"的，以期再次使白银成为货币，这一直是19世纪末一些美国政治家的目标。[77] 中国驻欧洲的代表往往对金汇兑本位制持怀疑态度。国际汇兑委员会认为，必须雇用"几个洋人"来"组织和管理"这个体系。[78] 中国驻法公使认为，洋人管理新币制会对中国主权造成极大的冲击。[79] 精琪访问中国时，由外国人担任管理者的提议成为争议的重要原因。

当国际汇兑委员会在欧洲访问时，美国试图查明精琪、科南特、汉纳团队与清朝奕劻、瞿鸿禨团队之间的确切关系。1903年7月，美国代理国务卿弗朗西斯·卢米斯（Francis Loomis）给在北京的康格发电报，"秘密要求中国政府在收到并考虑"国际汇兑委员会的提案之前，"不要对任何币制改革计划做决定"。[80] 康格答复，他已向奕劻提出此事，奕劻表示无意干涉委员会的工作。奕劻还说，清朝已经决定建立中央造币厂，希望创立以"两"为单位的国家货币。康格对此表示怀疑，认为这可能会干扰国际汇兑委员会的工作。然而，由于大局似乎已定，康格"不觉得有权力建议中国发行其他单位的货币，或者暂时推迟所有钱币事务"。[81] 两个集团之间的分歧持续加深。

1903 年秋，国际汇兑委员会从海外归来，概述了其改革中国货币体系的计划。该计划参考了现有的金汇兑本位制安排，但在精琪访问中国时，计划的一些具体细节引起了争议和误解。该计划建议清朝首先应将一定数量的黄金（约相当于 50 美分或 3 先令）作为标准价值单位。[82] 有了这个标准，清朝就应该允许自由铸造一定面额的金币，以及一些与标准黄金单位保持平价的银币，比例为 32：1。正是这一比例引发了争议和误解。正如委员会所解释的，32：1"只是银币和标准黄金单位之间的重量比例"，而不是试图"在这个比例上保持金属价值的绝对稳定"。[83] 但这种解释并不十分有效。在金汇兑本位制下，银币的价值并非来自这一比例，因为银币可以兑换黄金汇票。设定银币与标准黄金单位之间的重量比例是为了强化新的货币制度，使这一制度可以抵御市场上金银比价的波动。在钱币中的白银价值低于其面值的情况下，如果银价上升，人们就有理由熔化银币获取白银，进而破坏货币体系的基础。这是对金汇兑本位制最大的威胁之一。[84]

清朝还需要在欧洲或美国的某家银行设立储备基金。国际汇兑委员会试图表明这一要求并不会造成特别沉重的负担。委员们说，印度的黄金储备基金不到 1000 万英镑，约占货币流通总量的 8%。[85] 该提案还强调，基金不一定要用于每笔交易的结算。相反，只有当汇率高于新的黄金货币单位与其他货币之间的平价时，"才会用其黄金储备出售汇票，以换取银币或其他等价物"。[86] 清朝可以通过以下几种方式建立储备基金。由于银币的面值远远高于其金属价值，铸造银币的铸币税可以提供大量利润；此外，欧洲各国可能同意在数年内接受以白银支付的庚子赔款，但条件是清朝必须利用这段时间设立黄金储备基金。委员会认为实现这一目标可能需要贷款，但铸币税的利润很可能超过任何贷款的应付利息。黄金储备基金设立后，资金将存入一个生息账户。[87] 国际汇兑委员会认为，黄金储备基金不会成为采用金汇兑本位制的重大障碍。

另外，国际汇兑委员会建议任命几名外国人为司泉官，监督新制度。司泉官和他的助手将"每月详细报告货币情况，包括流通量、贷款、外国信贷汇票等"，并有"提出意见和建议的权利"。[88] 司泉官的账目（一般政府账目除外）将在"合理时间内公开，供赔款相关方的委任代表检查"。[89] 未来的国家纸币也将受到司泉官的监督，以保持与黄金的平价。从这个计划来看，尽管不是没有挑战，但是清朝向金汇兑本位制的过渡似乎相对简单。按照一定的顺序，采取一定的步骤，就能完成从白银到黄金的过渡。而正是这些规定以及中国官员的解读招致了猛烈的批评。

尽管提案已经成形，但是国际汇兑委员会与以奕劻、瞿鸿禨为首的团体之间的关系仍不明确，而且越来越紧张。海约翰指示精琪前往中国"建立金汇兑货币体系"。[90] 他认为，清政府已经做出了采用金汇兑本位制的承诺。1903 年 11 月，在接到国务院的指示后，康格撰写了一份致清政府的电文，称美国"期望"清政府"做出安排，固定其新币相对于黄金的币值"，这一结论的依据是清政府最初向美国发出的援助请求以及 1903 年 10 月美国与清政府签订的商业条约中的一项条款。这个协议和之前的《麦凯条约》一样，表示中国将致力于币制

改革。美国认为这是承诺，但清政府却不这么认为。奕劻认
为，"整顿币制之事，是中国政府的任务"。他承认固定金银
之间的比例将大有裨益，但他也坚持认为，"尽管还没有最后
敲定细节，但是中国已经开始安排钱币的铸造"。[91] 他认为清
朝并非一定要实施金汇兑本位制。在这种模棱两可的气氛中，
精琪踏上了前往中国的行程。

对中国金汇兑本位制的争论

精琪在 1904 年的出访中接触到了中国社会的各个阶层。
他觐见了皇帝，会见了中央政府官员、各省总督和全国各地的
商人。施肇基来自江苏省，是康奈尔大学第一位中国毕业生，
也曾是精琪的学生。当时他是张之洞的幕僚，后来成为著名的
外交官。在他的帮助下，精琪完成了对金汇兑本位制提案的翻
译。中国各官员对该计划的理解正误不一，因此有人支持，也
有人反对。精琪最终带着乐观情绪离开了中国，认为自己已经
把金汇兑本位制的细节和好处传达到位。然而，中国在 1905
年颁布的币制改革措施表明，他过于乐观了。

他到达中国后不久，就遇见了第一个尖锐的批评者。曾在
日本留学的江南商务局官员刘世珩发表了题为《银价驳议》的
长篇文章，反对国际汇兑委员会的计划。他认为，该方案以满
足赔款权为第一要务，将清朝的利益置于次位，甚至根本没有
予以考虑。与中国驻法国大使一样，刘世珩谴责了提议聘请洋
人担任司泉官的条款。尽管他承认清政府需要外国助手，但是
他反对洋人过度影响清朝的货币体系。虽然精琪坚持认为司泉
官不会接触到清朝的一般账目，但是刘世珩认为在实施币制改
革后，洋人会获得接触这些账目的机会。[92] 他认为，中国有可
能成为另一个埃及，在债务累累的情况下，事实上将主权拱手

79

让给外国。

中国人对"埃及化"的担忧并非杞人忧天。19世纪七八十年代,由于埃及政府及其总督伊斯梅尔·帕夏(Ismail Pasha)积累了大量的公共和私人债务,奥斯曼帝国失去了对其附庸埃及的控制。到1876年,偿债支出占到了财政预算的55%。同年,外国银行家成立了公共债务委员会(Caisse de la Dette Publique)以巩固埃及的财政。公共债务委员会的3名成员虽由埃及总督提名任命,但代表的是欧洲银行家的需求。紧接着,政治阴谋和诡计发生了。欧洲银行家试图让自己的儿子取代总督,导致了叛乱和不满。1882年,英国人进攻亚历山大,埃及被纳入未正式确定的大英帝国版图中。[93] 像刘世珩这样通晓时事的中国观察家担心类似的过程会在中国发生。

精琪随后会见了广州、上海、天津、苏州、杭州、汉口、厦门等主要贸易中心的地方官和商人。他相信,中国商人明白了金汇兑本位制的逻辑和好处,"少数人,也只有少数人"认为中国应该继续采用银本位制。他们的理由十分有趣:"汇价波动时经商更为刺激。"[94] 精琪注意到,尽管这类人倾向于让自己的事业保持刺激性,但是他们也承认,稳定的汇率有利于整体贸易。在向商人群体推介金汇兑本位制的益处方面,精琪很可能高估了自己所取得的成绩。1904年夏天,上海道台向京城官员报告说,上海金融界人士认为精琪的建议不适合中国当时的国情。[95]

在炎炎夏日,精琪在北京继续与中央政府官员会面。正如精琪后来所写的,这些讨论在一开始并不顺利,清朝官员对国际汇兑委员会的提议"意兴阑珊"。[96] 在与户部尚书鹿传霖的第一次会面中,双方就拟任外国顾问的争议和挑战进行了交流。精琪强调,司泉官相当于大清帝国海关负责人赫德的职

位。司泉官将无权查看户部的所有资料，只能获得有关钱币的
统计数据。精琪认为，鹿传霖常常避重就轻，表示清政府正在
制定自己的币制改革条例。根据后来的美国外交信函，鹿传霖
"表现得过于冷漠，甚至可以说是带有敌意，以致政府为了回
应精琪的抱怨，将鹿传霖调任至工部尚书"。[97] 对他而言，这
一开端并不顺利。

精琪认为，他与鹿传霖的继任者——户部尚书赵尔巽的会
谈最具成效。他相信，赵尔巽对"讨论中的计划抱有极大的兴
趣"。[98] 双方在中国与他国的类比、制度实用性、主权、采用
金汇兑本位制的可行性和必要性等问题上展开了讨论。针对刘
世珩将中国与埃及进行的类比，精琪最初从相反的角度进行了
论证。刘世珩认为，如果清朝真的采用了精琪的建议，就有可
能成为埃及那样的国家。精琪则认为，如果清朝不实施金汇兑
本位制改革，就有可能失去对财政的控制。换句话说，清朝必
须趁早采取行动。两人还就美国最近在菲律宾实施的金汇兑本
位制改革进行了讨论，赵尔巽认为，这项改革之所以成功，是
因为菲律宾的国土面积比中国小。精琪反驳说，这个论点站不
住脚，因为菲律宾的货币使用情况远比中国复杂。

赵尔巽还有一个更现实的顾虑，他担心的是同一个问题的
两个方面。一个方面是以黄金为基准制定价格，并将银币的价
值提高到其金属价值之上，建立金汇兑本位制的前提条件是由
政府制定黄金价格，但如果清政府如此行事，那就偏离了民定
物价的正常做法。请记住，在理论上，清朝力图维持 1000∶1
的铜银比价，但市场比价可能与这个理想化的比例相去甚远。
两人讨论的另一个方面是高于其金属价值的银币是否会为人们
所接受并自由流通。精琪列举了菲律宾改革的成功案例，以及
外国银元在中国以高于其金属价值流通的现象。赵尔巽回应
说，让这些外国银元价值高出其金属价值的是市场，而非清政

府。如果清政府要制定金价，提高银币的价值，那就背离了过去的做法，新政策的成功率就没有保障。

精琪认识到，由外国人担任司泉官的建议存在争议，他表示，拟议中顾问的头衔是有余地的。赵尔巽没有直接否定外国顾问的问题，而是问需要多少人、多长时间，以及他们应得到多少报酬。赵尔巽还询问精琪，清朝是否有可能在没有任何担保和抵押的情况下获得贷款，助力向金汇兑本位制的转变。精琪认为，在新的货币制度中，来自铸币税的收入或足以让清朝获得这类贷款。赵尔巽询问，假设清朝需要向金汇兑本位制转变，应该首先采取什么步骤，是准备黄金储备基金还是固定黄金价格。精琪回答说，首要任务是选定一位外国专家以提供进一步的建议。他强调，找到这个人对帮助户部处理来自省级官员的反对意见尤为重要。[99]

精琪在离开时自信地认为，经过最初的挣扎和反对，他已经说服了清朝的主要官员，使他们相信这是一个可行的计划。康格写道，精琪的任务"艰苦卓绝，前景起初相当令人沮丧"，但"他实际上已经使中国政府相信他的计划是正确的，如果可能的话，应该会被采纳"。[100]精琪认为，他能够消除清朝官员提出的"不信任感"。在最后一次与户部的会议上，精琪报告说，赵尔巽"认为国际汇兑委员会的计划并非完全不可行"。[101]不过，在这件事上，有话语权的并不只有赵尔巽一个人。

当精琪于 1904 年 8 月底离开中国时，一些关于此行的报道与他一样对提议的采纳表示乐观，而另一些报道则仍然持怀疑态度。《纽约时报》总结，毫无疑问，"精琪成功地向中国的政治家清楚地解释了这一计划，并促使他们承诺用自己的影响力来助力该计划的实施"。[102]《经济学人》和以往一样，对精琪的访问做出了最悲观的评价，尽管精琪"论述清晰、专业能力过硬"，但是他们怀疑"和他交谈的人是否理解了教授对货

币问题的论述"。[103]更令人担忧的是，该计划过分注重国际汇
兑，而"中国的国内贸易实际上被当作不存在的事物"，这也
是中国反对金汇兑本位制的地方。[104]如果改革不能使中央政府
拥有"在整个帝国中至高无上的"的权威，任何货币建议都将
是"海市蜃楼"。[105]

清政府内部很快出现了有影响力的反对派。当时仍是湖广
总督的张之洞向朝廷写了两份奏折，批评了精琪的计划，也对
世界白银市场的状况和中国未来的经济发展提出了更宏观的看
法。义和团运动后，张之洞是全国最有权势的地方官员之一，
也是十多年来一直站在货币政策试验前沿的人。金汇兑本位制
在 1904 年夏天刚刚萌芽就遭扼杀，张之洞的奏折在其中起到
了极大的作用。

张之洞首先重提了刘世珩的观点，认为金汇兑本位制方案
会让渡太多的中国主权，他指出，世界上没有一个独立国家愿
意放弃管理自己金融事务的权力。他认为，根据国际汇兑委员
会计划赋予司泉官的权力，清朝的财政管理权将全部掌握在一
个洋人手中。在这种情况下，中国就只是一个没有任何主权的
公共市场而已。[106]张之洞反对的另一个原因是他误解了标准黄
金单位与银币之间 32:1 的拟议比例。他认为委员会建议确定
的是白银和黄金之间的总比例，称该提议意味着中国商民将不
得不以 32 两白银的价格向政府出售黄金，而黄金的市场价值
为 40 两白银。汇率的不匹配将把国内所有的黄金库存都运出
国门。[107]

张之洞还表达了对现实的一些其他担忧。他对清朝能否设
立黄金储备基金表示怀疑，而黄金储备基金是维持金汇兑本位
制的关键机制。他强调，其他从银本位制转为金本位制的国家
（比如最近的日本）都是依靠收取赔款来设立储备基金。而于
中国而言，这一选项并不存在。张之洞认为，清朝将不得不依

靠以相当大的折价提供的贷款。即使能够设立储备基金，他也怀疑清朝是否有能力成功地从事汇兑业务，尤其是在众多银行已经从事这一业务的情况下。这些现实的论点加强了他对主权丧失的担忧。

张之洞对世界白银市场状况的看法进一步支持了他的反对意见。他承认，虽然银价低迷令赔款雪上加霜，但是对出口来说是有利的；由于银价下跌，出口增长的收益将超过赔款增加带来的损失。庚子赔款以黄金计价固然是不幸的，但并非不可克服。如果采用金汇兑本位制来解决这个问题，清朝将把财政控制权交给洋人，这将导致更大的麻烦和民众的抗议。最有趣的是，在他眼中，美国的一些白银利益集团（所谓"美国用银党"）认为银价下跌是不恰当、不自然的，他们会采取行动防止银价的进一步下跌。[108] 事实上，张之洞认为白银市场已经触底。这一评论显示了他对全球白银市场、美国的重要立场以及美国国内力量如何为支持白银展开游说的深入理解。张之洞的这番话在短期内或许并未应验，但从长远来看颇有预见性。20 世纪 30 年代，美国的白银集团认为白银的低价已超出正常范畴，应采取行动提高银价。

尽管张之洞强烈反对国际汇兑委员会的计划，但是他总体上并不反对金本位制。他认为，中国最终会采用某种形式的金本位制，但只有在 50 年后，在经济进一步发展后才会具备实施条件。然而，张之洞重申，金汇兑本位制的倡导者误解了中国当前的国情。他最后警告，他相信有很多中国人对应该采用金本位制的说法深信不疑，因为其他列强都这样做了，并认为采取这类改革政策会使中国强大。但是张之洞总结，这种论点将问题简单化了，必须予以反对。[109]

在概述了自己的反对意见后，张之洞在同一天写的另一份奏折中提出了清朝应该采取的行动。他认为，中国首先要成为一个用银的国家。虽然外国人认为中国实行的是银本位制，但以铜为主要交易媒介的地区多于用银的地区，比例为 10：1。张之洞的观点是，从铜本位制转为金本位制的过程实际上跳过了一个过渡步骤。他认为清朝必须建立以白银为基础的国家货币，并在铜币与银币之间设定一个固定的汇率。张之洞在提出这一政策时写道，他于 19 世纪 80 年代和 90 年代在广东和湖北进行的铸造银币试验只是一种临时措施。他认为，各省的银币都是按照墨西哥银元 7 钱 2 分的重量铸造的，不适合作为国家货币。相反，张之洞请求用一年铸造 1 市两重的银币，观察其流通情况。[110]

来自广东的博学家、改革家梁启超对精琪的计划反应更为积极。他与导师康有为在 1898 年的百日维新中发挥了关键作用，但在慈禧太后叫停了这场运动后，两人都逃离了中国。在接下来的几年里，梁启超到过加拿大、美国和澳大利亚，然后长期居住在日本。在美国，梁启超甚至与银行家 J.P. 摩根（J.P. Morgan）进行了一次会面，不过他后来写道，他与这位华尔街巨头话不投机，几分钟后就结束了会面。[111] 在接下来的几年里，梁启超对经济话题有了更多的看法，因为他相信中国的货币、财政、预算制度改革会使清朝更加强大。他仍然是一名改革家，而非革命家。

梁启超赞同精琪提案的大体结构，但基于和张之洞类似的理由，最终对精琪的提案表示了反对。梁启超首先提出了两个假设：第一，中国并没有真正的货币本位制；第二，最近的全球局势清楚地体现了向以黄金支持货币转换的趋势。货币金属的供给冲击使金银复本位制不再稳定，而中国又不能采用金本位制，所以梁启超认为金汇兑本位制是中国币制改革的最佳选择。[112] 正如历史学家赖建诚所言，梁启超运用生物学的类比，指出世界货币体系是从铜到银再到金的进化过程。中国的

84　货币体系必须跟上这种变化的脚步。[113] 在梁启超对金汇兑本位制表示支持的同时，他的政治思想正发生大变化。正如历史学家彼得·扎罗（Peter Zarrow）所言，在 19 世纪 90 年代末，梁启超支持卢梭的启蒙思想，认为一个新兴的现代中国政体必须"基本上是民主的"；但到了 20 世纪初，他接受了"国家主义"，认为中国的主要问题"不是专制暴政，而是缺乏统一性"。[114] 梁启超认为在中国改革的过程中仍有"专制"存在的空间。当然，这种缺乏统一性的现象在中国的货币制度中表现得尤为明显，也体现在梁启超关于中国没有货币本位制的观点中。随着梁启超越来越多地参与金融事务（特别是在 20 世纪第二个十年），他继续推动采用金汇兑本位制，以使中国的货币体系秩序井然，流通高效，币制统一。

　　梁启超还与张之洞直接对话，在支持其观点的同时又提出了批评。他首先回答了张之洞的疑问，即中国为什么能采用 32∶1 的银金比例，而世界其他国家的比例是 40∶1。这一体制的实现基于三项制度，即信用、钱币产量的限制和储备基金的汇票买卖。[115] 虽然梁启超大体赞同精琪提出的金汇兑本位制，但是他最终还是以主权为由予以反对。他的疑虑集中在司泉官将扮演的确切角色上。他把司泉官的工作与海关负责人赫德的角色进行对比，认为赫德只在"沿江沿海"地区有管辖权，但币制改革顾问将在清朝内部事务中占据核心地位。顾问的一举一动都可能对政府造成致命的威胁。[116] 这一点尤为重要，因为它展现了晚清对主权的不同看法，即认为控制货币比控制海关更接近主权的核心。这种看法仍处于变化之中。为了保持对货币体系的权威，梁启超认为清朝需要采用金汇兑本位制，但在管理上不需要任何外国顾问的协助。中国有足够的人才可以管理货币体系，但他们需要适当的培训。币制改革不容拖延，否则会造成致命后果，因为中国的货币体系正在成为帝国主义列强竞争的战场，其他国家可能会强行改变中国，进一步侵蚀中国主权。[117]

　　相较于梁启超，张之洞的思想影响更大。1904 年 11 月，康格致信精琪说："很抱歉，我不得不告知一些令人沮丧的事情。"在和美国使团的 E.T. 威廉姆斯（E. T. Williams）最近的一次会面中，赵尔巽分享了有关张之洞最近几封奏折的信息。赵尔巽说，张之洞要求进行铸造 1 市两银币的试验，为期一年，这一要求没有经过任何讨论就得到了批准。赵尔巽还称，他是在奏章被批准之后才得知此事的。他请威廉姆斯告诉精琪"不要急躁"，"（金汇兑本位制）这个制度的优点会逐渐为人们所理解"。起初，赵尔巽本人非常反对国际汇兑委员会的方案，在与精琪会面后，他才意识到"自己完全误解了这个方案"。康格也试图向精琪保证，虽然有这些挫折，但是精琪的"努力给人留下了很好的印象，迟早会看到结果"。[118]

　　推动国际汇兑委员会工作的几个问题在 1905 年有了结论。当年 4 月，清政府通过贷款弥补了三年来积累的庚子赔款缺口，以黄金支付赔款。[119] 此前，刘坤一最先提出赔偿金是银债而非金债。事态的这一发展，标志着刘坤一的立场被推翻。就在清朝同意借款的同时，世界范围内的白银市场开始发生变化。埃德温·甘末尔是精琪的学生，曾在 20 世纪 20 年代末带领一个类似的货币委员会前来中国。他写道，1904~1907 年，银价"出人意料地大涨"。[120] 张之洞说得没错。银价在 1902 年因庚子赔款的争议一度跌至年均价仅略高于 24 便士的低点，而到了 1906 年，年均价已回升至 $30\frac{7}{8}$ 便士。1906 年 11 月，白银的平均价格为 $33\frac{1}{8}$ 便士，这是从 1893 年至第一次世界大战爆发前白银价格的最高点。[121] 甘末尔将银价上涨归结为贸易量不断增长，以及希望确保充足的白银储备以满足未来的需求，因此印度英殖民政府对白银的需求增加。但他也指出，白银市场对各种传言非常敏感，因果关系很难确定。[122]

银价的上涨产生了重要影响。美国的菲律宾殖民政府发布措施保护刚建立的金汇兑本位制。银价已接近临界点，若到达此点，熔化钱币、出口银条将变得有利可图，进而破坏刚实施的金汇兑本位制。1906 年，美国国会允许菲律宾政府降低他们铸造的银币的重量和成色以维持货币自身的稳定性和价值。[123] 在其他地方，白银市场的变化使墨西哥"迅速从银本位制跃升到金本位制"。[124] 墨西哥政府叫停了银币的自由铸造，将比索的价值固定在 49 美分，并且只允许使用铸造的硬币作为银行储备。在接下来的几年里，墨西哥遇到了一个悖论："一方面是货币紧缩、钱币短缺，另一方面则是经济扩张、通货膨胀。"[125] 银行使用了许多新铸造的硬币作为储备，使流通中的货币不足，银行家对是否应该增加纸币的流通量犹豫不决。硬币的短缺或许是 1910 年墨西哥革命的一个前兆。

在中国，清政府在 1905 年颁布了币制改革措施。只有一个主要造币厂和四个分厂获允铸造新银币。银币的基本单位是 1 市两。措施没有提到国际汇兑委员会的建议、精琪的访问或金汇兑本位制。美国驻北京公使馆新任秘书威廉·洛克希尔（William Rockhill）指出，这些措施几乎没有"履行我们与中国签订的最新条约中的要求，即建立统一的国家货币"。[126] 从这个角度看，精琪之行一无所获。与其将精琪的出访视为失败和一定程度上的终结，不如将重点放在此行在中国激发的思想和政治争论上。清朝是否可以和应该采用金汇兑本位制？白银的低价对中国是有利还是有害？在政治分权的背景下，中国将如何实施币制改革，建立国家货币？在接下来 30 年里，中国的政治和经济讨论均主要围绕这些问题展开。

20 世纪初，随着不同国家试图将中国货币与本国货币单位挂钩，中国很快就成为"各种金汇兑本位制计划竞争的战场"。[127] 国际汇兑委员会和精琪访华只是这种竞争的一个例子。下一章将通过币制改革和开发贷款的奇闻以及美、日在东亚日益紧张的关系，来探讨 20 世纪第二个十年这种欲对中国货币体系施加影响的愿望。

5

世界最后的"白银阵线"的钱与权：
币制改革与开发贷款，1910~1924

　　1911 年春，清政府与一个由英、美、法、德等国公司组成的银行团就多份贷款合同展开了磋商。4 月 15 日，银行家与清朝官员签署了《币制实业借款合同》，为统一中国银本位制货币制度、开发东北地区提供资金。一个月后，清朝和银行团就湖广铁路借款达成协议，将各省铁路国有化；许多持有这些省级铁道股份的中国人认为他们没有得到应有的补偿。铁路借款引发了抗议活动，加速了清朝灭亡。[1]

　　但在那年春天，一些参与谈判的人士认为货币贷款是更重要的问题，但如今这一问题已经被大多数人遗忘。1901 年毕业于康奈尔大学的司戴德（Willard Straight）曾任美国驻奉天（沈阳）领事，当时代表美国银行家利益。他认为，货币贷款至关重要，因为"它能够更直接、更迅速地影响和刺激她（中国）的发展"，并成为堡垒，抵御日本和俄国在东北地区日益增强的影响力。[2] 不仅如此，这笔贷款让外资银行团"实际上决定了中国币制改革的条件"，这在一个四亿人口的国家是相当"关键"的。[3]

　　然而，银行家还没来得及发放贷款，清朝就崩溃了。朝代的灭亡并不意味着贷款的结束，贷款协议中的一个条款规定，合同带有选择权，每 6 个月可续展一次，而且银行集团对未来任何与中国币制改革有关的贷款拥有排他性的权益。起初，这一选择权的续展没有引起太多的争论或关注，但在之后的十多年中很快就成为全球政治中富有争议的一部分。

贷款一事表明，列强对中国货币体系的影响力争夺明显加剧。在清朝的最后几年里，清朝官员在争论应该采用金汇兑本位制还是继续使用白银的同时，也在努力维持对东北地区的控制。贷款谈判本身所涉及的问题与几年前精琪访华时出现的问题如出一辙，即外国银行家和外国顾问应该有多大的权力来监督中国的币制改革。清朝灭亡后，美、日因各自在东亚及中国币制改革中所扮演的角色而关系紧张，这份贷款也为这一紧张关系火上浇油。日本在20世纪第二个十年采取了决定性的行动以增强在华实力，包括提议让中国加入正在发展中的以日元为基础的货币集团。因此，中国官员希望说服美国发挥更显著的平衡作用来对抗日本，但美国的言行不一经常让他们感到失望。与东亚和世界其他目标相比，在中国币制改革中发挥作用具有怎样的战略重要性？美国的政治家、银行家和外交官在这一问题上存在分歧。

最后，当有关货币贷款和中国币制改革的外交争论发生时，货币市场在第一次世界大战时正发生迅速的变化。随着战争持续，许多国家暂停或放弃了金本位制，商品价格上涨。到战争结束时，白银价格达到了19世纪70年代以来的最高点。一些中国人士认为银价上涨是一个清理债务、转向金本位制的机会，但随着总理和财政总长两个职位不断换人，这些计划毫无进展。银价的大幅上涨也为其后来在20世纪20年代的下跌埋下了伏笔。

随着20世纪第二个十年中国政治局势陷入军阀割据状态，政府实施有意义的币制改革的可能性越来越小，货币贷款的象征意义越来越大，后者也成为世界各国政府共同面临的一个重要问题。对不同时间的不同国家而言，货币贷款或是机会，或是手段，或是负担。清政府的这笔贷款被搁置了十余年，从未实际发放。其关键问题是对中国货币体系的控制，或者说是人们眼中对其的控制。

中国币制改革与全球政治

这笔贷款的背景与日俄战争后清朝的行政改革以及列强在东北地区日益激烈的竞争息息相关。清朝末年的经济、财政、政治变革源于对转向君主立宪制的试探。1905 年，清政府派官员出国考察日本、欧洲各国和美国的政策与制度。回到中国后，考察团建议改变清政府的组织结构。这些建议最终在1906 年 9 月 1 日的诏书中得到了体现，声明清朝将"预备立宪"。之后发布的第二份诏书命令各机构开始为这一变革做准备。后一份诏书裁撤六部，设立了新的邮传部、度支部及其他专司。[4] 这是中国封建官僚体系架构的一次重要变革。

新成立的度支部由 1905 年出访使团成员、清朝贵族载泽担任尚书，开始实施与立宪相关的预算、税收、财政改革方案。[5] 1907 年 5 月，他提出了关于币制改革的初步建议。载泽认为，根据 1905 年的币制改革法令铸造的 1 市两银币是失败的，因为这种银币含银太多，重量太重，且被熔作他用。他认为，货币法应该注重流通，注重民众已经熟悉、正在使用的东西。应该以重 7 钱 2 分的银币作为本位货币，其与墨西哥银元和省造银币的重量大致相同。由于墨西哥银元的价值大约是美元的一半，他认为 7 钱 2 分的标准或可促进未来向金汇兑本位制的转变。[6] 货币本位制的争论在清朝最后的三年中愈演愈烈，并与清政府高层的政治动向交织在一起。

张之洞仍支持 1 市两的标准，并获得了袁世凯这个强大盟友的支持。袁世凯时任直隶总督，也是清朝灭亡后中华民国的大总统。他反对 7 钱 2 分银本位制，强调每个国家都有形

成自己的货币体系的权力,并认为中国不应简单地模仿外国 7
钱 2 分重的钱币。袁世凯写道,19 世纪 80 年代和 90 年代各
省铸币是为了反对外国银元的流通,但外国银元仍然泛滥。铸
造更多 7 钱 2 分银币也会有同样的结果。袁世凯还指出,在
全国各地两制不一的情况下,政府认可的 7 钱 2 分标准会引发
问题和矛盾。制定 7 钱 2 分标准并不能废除作为记账单位的
两。1907~1909 年,清政府高层在这一问题上分为三派: 赞成
7 钱 2 分标准的、赞成 1 市两标准的和对金汇兑标准仍然感兴
趣的。[7]

　　载泽将其支持的 7 钱 2 分银本位制的失败归结于清朝当时
的政治条件,特别是张之洞和袁世凯的权力。[8] 然而,1908 年
另一份支持 1 市两标准的诏书颁布后,清朝政局很快就发生了
巨大的变化。1898 年戊戌变法运动以来一直被排挤的光绪皇
帝和几十年来一直在朝中占据重要地位的慈禧太后,于 1908
年 11 月相继去世。由于当时继任的皇帝仍是个孩子,慈禧太
后在临终前指定亲王载沣担任摄政王。1909 年 1 月,载沣解
除了袁世凯的一切职务,此举据称是其兄长光绪皇帝的遗命。[9]
随后,张之洞于 1909 年 10 月逝世。至此,最坚定的主张以 1
市两钱币为货币制度基础的袁、张二人均退出了舞台。载泽利
用这些政治变动,提笔写了一篇奏章,论述了 1 市两币制为何
不妥。[10]1910 年春,度支部又颁布了一套新的币制法规,指定
重 7 钱 2 分、九成成色的银币为主要货币单位,同时还有 5 角、
2 角、1 角三个币种。[11] 这标志着载泽的胜利,但并不是币制
改革的定论。

　　观察家的不同立场形成了对新规的不同反应。当时流亡日
本的梁启超刚成为《国风报》杂志的编辑和主笔,他在该刊上
发表了不少关于货币问题的文章。[12] 他对 1910 年春颁布的法
规有几点顾虑,其中最主要的是没有采用金汇兑本位制。[13] 此

外，他还批评法规中没有保证自由铸造银币的条款。考虑到拟发行的银币与中国各地作为货币本位的各种银两之间的关系，他发现了一个重要问题。梁启超对其中一条规定感到困惑。该规定称，在短期内，旧银币，即省造银币和墨西哥银元，将按其市场价格流通和使用。梁启超认为此规定太过开放，因为市场价格可以被解释为各种旧币之间的市场价格、新币与旧币间的市场价格，或是新币以各地银两表示的市场价格。他担心新银币的推出只是在市场上已有的众多银币中又增加了一种银币，而不会从根本上起到改革作用。[14]

91　　　1910 年，梁启超的导师康有为出版了一卷书，敦促采用金汇兑本位制。康有为认为，不采纳精琪的计划是一个错误。他认为，继续使用白银对政府和中国人民都造成了很大的伤害。他认为币制改革的问题非常迫切，如果在两年内不采纳他的想法，国家就会有难。他继续说，如果一个拥有五千年历史、辽阔疆域、四亿人口的文明，因为银价下跌而毁于一旦，那将是多么骇人听闻。为了积累足够的黄金来改变货币本位制，康有为建议交通银行利用纽约、旧金山、檀香山、悉尼等地的侨社资源，将白银兑换为黄金。[15]主张与白银脱钩的梁、康二人都已离开中国十多年，和许多外国观察家一样，他们或许低估了这一改革在现实中的挑战。

　　与梁、康不同，美国对 1910 年颁布的《币制则例》反应非常积极。国务院很高兴"得知中国正在考虑采用一种新的货币体系，统一帝国币制"，这符合 1903 年与美国签署的通商条约中的一项条款。[16]1910 年秋，盛宣怀找到美国新任驻华公使威廉·卡尔霍恩（William Calhoun），"询问美国银行家是否愿意提供约 5000 万两的贷款"，帮助实施币制改革。出生于江苏一个官宦世家的盛宣怀，洋务运动期间参与了各类改革工作，包括成立航运公司、银行、教育机构，甚至中国红十字会。一位英国外交官评价盛宣怀"精明、聪明、不择手段"。在他"漫长而坎坷的职业生涯中"，他"出色的商业能力享有盛誉"，并以谈判手段强硬闻名。[18]

盛宣怀所提出的贷款用途包括购买设备、支付与重新铸币有关的费用，以及在全国落实银本位制的其他行政费用。在这次初步交流后不久，盛宣怀和载泽又提出了另一个主张，建议将货币贷款与另一笔可能的东北地区经济发展贷款挂钩。卡尔·霍恩曾是一名企业律师，在古巴和委内瑞拉有过外交经验，他转达了清政府的愿望，称清政府"希望与我们全面商谈这笔贷款，他们告知我还没有向其他任何人提出过这个请求"。[19]清朝希望通过将货币贷款与东北地区问题联系起来，扩大美国在该地区的利益，以此制衡日本和俄国。

1904年精琪访华后，美国对清朝的政策重点不在于币制改革，而是对"门户开放"照会不断变化的解释，以及是否要采取更积极的政策，以"目前有限的手段"保护美国在东北地区"有限"的商业利益。[20]这些利益"以未来为导向"。[21]美国外交官和商人将东北地区视为未来美国出口增长的关键地区，而这些地区将受到俄国或日本占领的威胁。从1900年的义和团运动到1904~1905年的日俄战争，清朝依靠日本来平衡俄国在该地区的势力，美国在某种程度上也参与其中。在促成签订结束日俄战争的《朴次茅斯和约》（*Treaty of Portsmouth*）时，西奥多·罗斯福认为，"最好让她（俄国）与日本面对面，两国可以相互制衡"。[22]在该和约中，日本和俄国承诺从中国的东北地区撤军，但已割让的地区除外。各国都保证不阻碍清朝为开发该地区实施可能的计划。[23]该条约还巩固了日本对俄国修建的中东铁路南支线从亚瑟港（Port Arthur，即旅顺港）到长春的控制。[24]在清朝的最后几年，东北地区的事务主要围绕铁路、金融和贸易展开。

92

美国驻东北地区的外交代表不久后便抱怨日本人对美国贸易的歧视，而清朝官员则希望通过实施一项交通和资源开发计划来维护其对该地区脆弱的控制。时任美国驻奉天领事司戴德表达了强烈的反日观点。司戴德"在美国扩张主义的任何关键时刻都会登场"，并宣称自己是一个"天生的帝国主义者"。[25]他的信件中夹杂着诸如"东亚棋局"和"一盘非常大的棋"这样的措辞，在这些"棋局"中，美国试图提高其在全世界的政治和经济影响力。司戴德建议采用更积极的政策，采取措施阻止日本占领该地区并保护美国在东北地区所谓的利益。他并不是唯一一个持这种观点的人。唐绍仪于19世纪七八十年代在美国留学，后来在东北地区担任官职，属于日益壮大的袁世凯党内官僚集团中的一员。他希望通过基础设施建设运动来加强清朝在东北地区的控制权，但缺乏资金来实现这一计划。这些利益的交织使他与司戴德暂时达成了协议，即贷款建立一个地区银行，作为该省的财政代理，同时也为发展提供资金。1908年，清政府任命唐绍仪为驻美特别代表，其任务从表面上看是感谢美国退还部分庚子赔款，但同时也要讨论如何将这笔钱用于计划中的地区银行。[26]

1908年底，唐绍仪前往华盛顿，但以全方位的失败告终。他到任后不久，国务院就告知他美国签订《鲁特－高平协定》（*Root-Takahira Agreement*）的消息。由于加州日裔移民事件、美国对菲律宾的占领以及日本在朝鲜和中国东北地区的角色，日美关系在近几年愈发紧张。该协定承认了自1908年11月起东亚的领土状况，缓解了日美之间的紧张局势。在这一时间点，美国不大可能在中国东北地区实行更积极的政策。唐绍仪无法说服国务院将退还的庚子赔款用于拟议中的地区银行。在与国务卿伊莱休·鲁特（Elihu Root）的会晤中，唐绍仪讨论了他关于中国东北地区的建议、中国采用金汇兑本位制的计划，以及实施这些改革所需的资金——2亿~3亿美元。鲁特虽有兴趣，但不想由国务院来支持这项工作，便鼓励铁路大亨、金融家E.E.哈里曼（E. E. Harriman）考虑这项提案。[27] 其他美国官员则认为，中国缴纳的庚子赔款最好用于资助奖学金，让中国的优秀青年能够到美国学习。此计划带来的回报远比拟议中"轻率且不切实际"的地区银行计划带来的回报更有价值。[28] 1909年初，唐绍仪在其赞助人袁世凯失势后被召回中国。[29]

此时，北京并不是唯一一个发生了重要政治变革的首都。1909年从罗斯福政府到塔夫脱政府的转变改变了美国在中国东北地区的政策。新任国务卿菲兰德·诺克斯（Philander Knox）的对华观点仍模糊不清，除他之外，大多数高级官员都赞成在中国东北地区采取更积极的政策以支持清朝。[30] 塔夫脱政府还启动了一项美元外交计划，旨在扩大美国在海外的贸易、投资和利益。1909年春夏，诺克斯和国务院组织了一批来自J.P.摩根银行、库恩·勒布银行、国家城市银行和第一国民银行的银行家，参与欧洲银团，从贷款中分得一份，为修建广汉铁路提供资金。几年后，赫伯特·克罗利（Herbert Croly）用司戴德提供的资金创办了《新共和》（*New Republic*）杂志，他认为："这些银行中的大多数之所以进入银团，不是因为它们要寻求中国投资，而是为了答应美国当局的要求。"[31] 纽约银行家不习惯与国务院密切合作，由于不确定谁对银行团所做决定拥有最终裁定权，两者关系开始变得紧张起来。

1909年初，英、法、德等国的外交官和银行家就商议组成一个银行团来分担铁路贷款，防止当时仍在位、负责谈判的张之洞为了争取更好的条件而使各国相互博弈。[32] 英国外交官约翰·乔丹（John Jordan）抱怨称，谈判快结束时，美国人"横插一脚", 激怒了欧洲和中国官员。[33] 美国银行团指定司戴德与欧洲银团谈判, 他成了"为会计师服务的外交官"。[34] 为了解决清朝反对美国参与一事, 塔夫脱总统采取了他眼中"异常直接"的步骤, 即致信清朝年幼皇帝的摄政王载沣, 并在信中提及美国银行家参与拟议贷款遭到了"带有偏见的反对"。[35] 塔夫脱的信和 1909 年 10 月张之洞的去世推迟了铁路贷款的谈判。

除了在现有的贷款谈判中夹带美国的金融利益外, 1909 年底, 国务卿诺克斯还呼吁将中国东北地区的铁路中立化。他的建议把中东铁路和南满铁路置于"经济、科学且公正的管理之下, 通过一些计划将铁路的所有权归于中国, 由愿意参与的有关国家为此目的提供资金"。[36] 诺克斯想破坏并尽可能消除日本和俄国在中国东北地区的利益。他首先向英国传达了这一计划, 但在公布这一计划前并未征求日本、俄国或清朝的意见。这个提议没有起到什么作用。与日本联盟的英国反对这个提议; 日本和俄国也均表示反对, 中立计划反而使这两个潜在的对手走得更近了。事实上, 日俄两国在 1910 年 7 月达成了一个同意维持中国东北地区现状的谅解备忘录, 承诺在铁路事务上进行合作, 并在未来的任何问题上进行协商。[37] 正如历史学家迈克尔·亨特 (Michael Hunt) 所指出的, 诺克斯"一再误判了每一个与中国东北地区利益相关的政府的态度"。[38] 1910 年 9 月, 美国银行团中银行和政府之间的关系开始变得紧张。在日俄反对中立计划之后, 银行家不希望与如此激进的做法绑定在一起, 不过, 他们并非反对一切贷款。[39] 这种紧张和不信任分别存在于清朝、俄国与日本之间, 以及美国政府与银行家之间。在这样的气氛中, 中国的币制改革和各国在中国东北地区的竞争融为一体。

货币贷款谈判

　　清朝试图让美国卷入中国东北地区事务以制衡日、俄，而货币贷款谈判是这些努力的一部分。尽管清朝想直接与美国打交道，但是美国银行家不久便加入了由英、法、德三国银行组成的国际金融集团，即所谓的四国银行团。原本贷款只是由美国提供，现在却变成了国际贷款，破坏了清朝将其完全变成双边问题的希望。在随后的谈判中，银行家、外交官和清朝官员在若干问题上产生了分歧：清朝应该确立银本位制还是采用金汇兑本位制？这些计划是否必须经过银行家审批？贷款本身有哪些财务条款？外国代表是否可以监督币制改革？应由谁担任这一职位？1911年4月签订的最终协议为后续争论埋下了伏笔。

　　1910年9月至10月，双方就通过贷款为币制改革和中国东北地区发展提供资金进行了初步讨论。载泽和盛宣怀希望仅与美国银团进行谈判，但驻华公使卡尔霍恩认为这是企图"取得我们的支持和保护，同时也为迄今为止享有虚拟垄断地位的欧洲银行引入竞争因素"。[40] 1910年10月27日，双方达成初步协议。美国银团将提供高达5000万美元的贷款，以"促成帝国和中国东北地区金融管理的某些变化，并在当地设立工业企业"。[41]清朝同意将贷款债券在世界各地交易所上市，但希望仅同美国的银行进行谈判和签署最终合同，合同的谈判可立即开始。清朝官员还同意，如果贷款成功，他们将任命一名美国货币顾问，但仅限履行咨询职能。[42]国务卿诺克斯非常看重这一点，认为精琪是个不错的人选，尽管他之前的中国之行并未取得成功。[43]

　　贷款谈判很快就变得复杂起来。10月底，诺克斯通知英、法、俄、德、日等国政府，美国银行家已与清政府达成初步贷款协议，大部分资金将用于币制改革；他没有提及贷款提案中有关中国东北地区的部分。他还告诉美国驻这些国家的外交官，贷款的条件是清朝要任命一位来自美国的货币顾问，且此人拥有实权，可以实施与监督改革。[44] 关于中国东北地区发展资金的细节直到 11 月中旬和 12 月初才浮出水面。对诺克斯来说，这笔贷款仍是美国在中国东北地区战略的一部分，不仅可以维护美国在中国东北地区的势力，还可以在中国金融事务中安插一个掌握实权的货币顾问。在即将到来的谈判中，诺克斯继续坚持顾问应是美国人，而在北京的卡尔霍恩和司戴德则更愿意妥协。

1910 年秋，美国银行家更关心的是他们与欧洲银团的关系，而不是币制改革顾问的身份。事实上，美国银行家在与清朝签订初步协议后不久，就在 1910 年 10 月开启了加入欧洲银团的谈判。美国在谈判中处于强势地位，因为他们带着生意而来；但他们又处于弱势地位，因为美国金融市场的深度不足以让银行家承揽全部贷款。当时，伦敦和巴黎的基础设施比纽约更完善，外国证券的上市需求也更多。11 月 10 日，各方签署了一项关于平等参与货币、铁路等各类贷款的协议。[45] 四国银行团成立了，但银行家的利益和各自政府的利益之间存在微妙的平衡。一个重要的问题笼罩着这个银行团：谁在为谁工作？

在北京，司戴德和卡尔霍恩随后与载泽和盛宣怀进行了谈判，后者认为诺克斯对货币顾问的身份和权力提出了不合理的要求，而且清朝官员对贷款的国际化也很不满。卡尔霍恩报告，美国将加入欧洲银团的传言已传到北京，而清政府"显然非常反对大部分债券流向欧洲"，因为这让其与美国单独谈判的效果化为乌有。[46] 当欧洲和美国银行家达成协议的消息传到北京时，卡尔霍恩写道，中国官员"目瞪口呆"，觉得"他们所有的秘密，以及他们为争取美国支持而进行的周旋都被无情地暴露了……他们对美国的信任又一次被打破了"。[47] 卡尔霍恩对这一结果非常谨慎，他担心"中国人可能受其引导，所期望得到的支持可能超出我国能给予的范围"。[48] 突如其来的转变让"中国人认为我们出卖了他们"。[49] 正如盛宣怀所感叹的那样，欧洲列强和日本很可能反对并干涉这笔贷款，这一结果并不是与美国人进行单独谈判的初衷。[50]

谈判的重点在于贷款附加条件中拟任货币顾问的身份和权力，以及改革的时机。清政府这次的忧虑与 1904 年精琪访问时产生的忧虑大同小异：货币顾问处于清朝金融体系的核心地位，这将导致主权的致命丧失。盛宣怀忧虑地表示，拟议中外国顾问的权力不仅大于度支部尚书，而且还大于皇帝本人的权力。这种可能性是不可接受的。如果清朝能够保留控制权，那他们可以接受安排一个顾问，但这个顾问只能是来帮忙的。[51] 盛宣怀也认为，尽管进度会较为缓慢，但是清朝可以自行进行币制改革并发展东北地区。[52]

关于银行团是否有机会研究和通过清政府于 1910 年春宣布的币制改革方案，各方也出现了不同意见。盛宣怀的一位助手指出，要求在银行家审查币改方案时设立等待期的条款成为整个谈判的关键部分。清朝签订的不是贷款，而是一份可能在以后某个时间提供资金的协议。盛宣怀强调了这一点，并认为清朝在一年前就已经颁布了币制改革措施，银行家没有必要花时间去研究和通过这些措施。司戴德反驳说，银行家自己对币制改革措施并不是那么熟悉，并坚持要求合同要包含 6 个月的时间供银行家研究币制改革和开发中国东北地区的细节。贷款将在银行家结束审查后 3 个月发放。盛宣怀更倾向于将时间表压缩，只安排 3 个月的研究期，并要求在此之后的 3 个月提供贷款。[53] 司戴德担心清政府"仅仅想制造币制改革的假象"，"希望我们追求贷款上的获利而忽视币制改革"。[54] 司戴德在这

97

里很可能夸大了中国官员的两面性，但低估了进行实质性币制改革所面临的非常现实的挑战，而这种改革本可以创造出一种银本位或金本位的国家货币。

其他方面紧张的关系几乎打乱了谈判计划。中方建议将贷款分成两笔，一笔用于币制改革，另一笔用于中国东北地区发展。[55] 其想法是先立即拿到中国东北地区发展的资金，之后再贷款进行币制改革。司戴德认定这个建议是不可能的。为了保护其在中国东北地区的利益，俄国依靠其盟友法国来反对这种分割贷款的做法。这一点及其他问题使时局日益紧张，盛宣怀因此拒绝在1911年1月与司戴德会面或沟通。[56] 1月中旬，司戴德抱怨谈判看上去"比迄今为止任何时候都要黑暗"。[57] 他认为国务院和国务卿诺克斯过于执着于争取一个有实权的美国顾问，这一点中国人肯定不会接受，而他所代表的银行家也过于注重短期利益。他在给妻子的一封信中问道："铁路股票和保险股份能带来如此可观的回报，为什么他们（银行家）却要研究美国未来在东方的贸易和威望呢？这根本说不通，真的，可是我快要发疯了。"[58]

迅速变化的形势使双方的立场都有所软化。1月底，盛宣怀要求与一名美国官员会面以解决争议点。[59] 当诺克斯得知以俄亚银行（Russo-Asiatic Bank）为首的一个企业财团计划与一批比利时银行和两家伦敦银行联手为中国东北地区发展提供贷款时，他放弃了对货币顾问必须由美国人担任的坚持，接受了银行家自行任命顾问的建议。[60] 同时，俄国人要求修改1881年签订的条约①，并提出了一系列新要求，要清政府割让更多领土、赋予更多特权，这也促使载泽和盛宣怀放下对贷款国际化

① 指《中俄改订条约》，是1881年2月24日清朝与俄国在圣彼得堡签订的有关归还新疆伊犁地区的条约。

的顾虑。[61]

1911 年 4 月 15 日签订的最终合同解决了部分矛盾，将其他矛盾搁置到后续谈判中，并为该贷款的后续事宜奠定了基础。国际银行团同意贷款 1000 万英镑，用于"改革并统一中华帝国货币制度"并"促进与壮大中国东北地区的工业企业"。贷款通过东北地区的烟酒税、消费税、生产税等多个收入来源获得支持。中国也承诺将所有省份新征收的盐税用于支持未来的还款。[62] 这些税收在今后不得用于其他用途。在签订协议时，清政府还提供了详细的币制改革方案，以及计划执行费用的估算文件。[63] 银行团有 6 个月的时间"来考虑和规划所有涉及的事项"。[64] 这个条款宣告了盛宣怀谈判立场的失败。如果在 6 个月的期限结束时，市场和政治条件不利于发放贷款，银行团可以要求清政府"合理延长本合同的执行时间"。[65] 最后的这一条款在不久后就成为争论的中心。合同文本还故意隐去了货币顾问确切的身份和作用，这个问题被推迟至 6 个月的研究期内决定，这也是司戴德和卡尔霍恩长期以来所赞成的妥协方法。

国际银行团要求中国官员在 7 月初赴伦敦讨论货币问题的具体细节并确定顾问人选。代表美国银行家利益的司戴德参加了此次会议。精琪也参与了会议，并对币制改革方案进行了评估。9 月底，银行家会议接受了清朝以白银为基础统一货币的计划，并任命荷兰银行家杰拉德·卫斯林（Gerald Vissering）为中国政府的货币顾问。[66] 1911 年 10 月 14 日，这些银行家告诉清政府，他们同意币制改革和中国东北地区发展的提案；银行家计划在未来半年内发放贷款。[67]

然而，就在银行家通知清政府其决定的前几天，武昌起义爆发了。1911 年春敲定的一份借款合同，即湖广铁路借款合同，将各省铁路收归国有，加大了民众对清政府的不满。1911

年秋冬，起义席卷全国，发行货币贷款的前景随之蒙上阴影。司戴德起初认为反清抗议对清朝没有严重威胁，但后来得出结论："整个纸牌屋已轰然倒塌。"[68] 11月初，银行团决定在"中国负责任的政府"出现并让他们感到满意之前，不发放货币贷款。[69] 币制改革才刚刚开始，统治时间长达268年的清王朝便在辛亥革命中宣告灭亡。

民国初期的贷款

随着清朝在1912年初灭亡，中国政治局势处在不确定的状态。对于中国应该建立一个怎样的政府，由谁来领导，以及如何定义新的国家，各方均有分歧。孙中山和袁世凯之间不久便出现了冲突。两人都需要资金来巩固权力，于是向银行团寻求支持。银行团本身也发生了重要的变化，俄国和日本加入了银行团，而在几年前为加入该集团不懈努力的美国却选择了离开。货币贷款以6个月为单位不断延长，但1914年中国通过的《国币条例》要求建立银本位制，并创立了引言中提到的"袁大头"，这引发了中国政府和国际银行团之间新一轮的争论。

1912年1月，中华民国临时政府成立。来自广东省的孙中山弃医从政，在此前的20年中，他的大部分时间都在为推翻清朝而努力：首先是在中国国内，之后在日本和美国开展活动。1905年，他在东京成立了致力于结束清政府统治的同盟会。1911年10月，辛亥革命爆发，孙中山从科罗拉多州丹佛市赶回中国。1912年2月初清朝正式终结，孙中山辞去临时大总统职务，让位于袁世凯。后者曾与清朝磋商弃权条件，还指挥过华北重要的北洋军。孙中山虽有威望，但没有与之相配的实际手段。在接下来的几年里，袁、孙二人为了稳固权力而相互斗争。

清朝灭亡后，中国分崩离析。不仅如此，新的中国政府在1912年余下的时间里还面临政治和财政方面的挑战。北京和各省之间的关系仍不稳定，在控制收入来源方面尤为如此。熊希龄是一位神童，在23岁时就通过了会试，后来成为民国早期政治和财政方面的关键人物。他认为新政府面临的最紧迫的问题是入不敷出。[70]袁世凯与辛亥革命党人之间的不稳定关系，以及民国政府与省政府之间的不明确关系，成为这一时期政治的主要基调。

随着中国政局的变化，银行团也发生了改变。1911年，俄国和日本就如何处理银行团和货币贷款问题展开了争论。日本积极努力加入该集团，而俄国则多管齐下：它依靠盟友法国来保护自己在中国东北地区的利益，并试图建立自己的银行团；在讨论如何破坏银行团的同时也商讨是否加入该集团。[71]两国都对贷款合同中的第16条条款感到焦虑，该条款规定，银行团在今后任何促进中国东北地区发展的贷款中都享有优先权。他们担心会被拒之门外。尽管四个银行团参与国各自的外交官和银行家认为在法律层面没有理由可以将俄国和日本排除在外，并都认为扩大银行团有实际好处，但是各方难以在细节上达成一致。经过广泛的磋商，俄国和日本就同意加入银行团达成了协议，但有一项保留意见，即两国若不同意向中华民国提供垫款或贷款，可以退出该银行团。[72]袁世凯出任中华民国大总统后，银行团为他提供了一系列小额垫款，以期今后能向新政府提供更大额的贷款。[73]

其间，货币贷款仍在运作。司戴德在1912年1月致信银行团，根据原来的合同，银行家在通知清政府他们将发放贷款后，有6个月的时间完成发放工作。该财团于1911年10月14日发出该放贷通知。然而，随着1912年4月14日最后期限的

100

临近，加之中国政局不稳，银行团并不能完成贷款的发放。司戴德注意到，合同中有一项条款允许银行团申请，并在中国政府批准后将该期限延长 6 个月。4 月初，银行团要求延期，但将新的条款、价格等其他事项留待未来讨论。[74] 由于中国政府正需要资金，他们没有理由拒绝这一请求。贷款从此便以 6 个月为一个周期的节奏不断延展。当年晚些时候，由于中国政局仍未稳定，银行团又提出申请并获批延期 6 个月。

　　新成立的中华民国仍在继续争论适合中国的货币标准。孙中山呼吁"钱币革命"，希望结束白银的流通，改用没有任何贵金属支持的纸币。他认为，这种改变将改善新政府脆弱的财政状况，使中国摆脱白银波动的影响，并使国家能够更好地捍卫主权。[21] 其他人则反驳说，如果没有能在全国范围内维护主权和权威的中国政府，孙中山的计划是不现实的。与此同时，银行团选定的货币顾问杰拉德·卫斯林前往北京，与隶属新成立的财政部的货币委员会进行了会谈。和精琪一样，卫斯林主张采用金汇兑本位制。[75] 中国货币委员会的最终报告也认可了这一立场，并敦促政府在转向金本位制之前，不要将货币统一在银本位制上，因为这将产生费用，带来混乱和麻烦。[76]

　　随后在 1913 年初，袁世凯和孙中山等辛亥革命党人之间脆弱的政治妥协被打破。孙中山新成立了国民党，希望通过立法行动剥夺（或至少制约）袁世凯的总统权力，取代或削弱其任命的临时内阁。在孙中山和宋教仁的领导下，国民党在1912 年底的议会选举中强势亮相。宋教仁出生于湖南，在 20 世纪初因主张推翻清朝而前往日本，是一个有天赋且善于竞选的政治人物。国民党赢得了议会众议院 596 个席位中接近一半的份额，在参议院 274 个席位中所占比例也差不多。因此，宋教仁很有希望成为总理。而袁世凯视国民党为威胁。1913 年 3月，宋教仁在上海火车站遇刺，为第二次革命，也就是袁世凯和国民党之间的公开冲突的第一枪。为了打败企图破坏和夺取其权力的势力，袁世凯仍需要资金。

1912年末至1913年初，银行团为了进行广义的重组，与袁世凯就一笔大额贷款展开谈判。银行家坚信，在北京建立一个强大的中央政府对他们的商业利益至关重要。同样基于商业利益，帝国主义列强也在原则上致力于维护中国的领土完整，应对辛亥革命后分崩离析的局面。尽管有这些支持袁世凯的理由，但是银行团对这笔大额贷款依然要价很高，要求外国对支持贷款的关键收入来源，即盐税，拥有更大的管理控制权。袁世凯面临"为了保护国家主权而出卖部分主权"的两难境地。[77] 袁世凯希望强化中央政府和总统的权力，以应对他眼中来自各省日益增长的威胁。为了达到这个目的，他放弃了一些中央政府的权力。

正当袁世凯和银行家进行谈判时，一个令人意外的消息传来了：曾为加入银行团不懈努力的美国宣布退出银行团。1913年3月初，塔夫脱与威尔逊完成了总统权力交接，自辛亥革命起就酝酿已久的政策终于可以落地。一些美国官员对日本和俄国参与该银行团的行为变得谨慎起来。卡尔霍恩公使在1912年夏天写道，他宁可看到"该集团解散，美国人被除名，也不愿屈服于俄国或日本对中国的掠夺"。[78] 虽然卡尔霍恩一年前还主张开展国际合作，参与银行团，但他认为只有在"各国之间相互公平，且对中国公平"的情况下，合作才有价值。[79] 现在的情况已经不同了。他认为，美国应该"把握住独立行动的机会……而不是屈从于对中国有害的、不利于'门户开放'和维护中国主权的条件"。[80] 银行家也对继续前进持谨慎态度。1913年2月，国务卿诺克斯致信J.P.摩根银行的H.P.戴维森（H. P. Davison），要求银行家不要迅速做出退出银行团的决定，他认为退出将是一个"严重的错误"。[81] 3月5日，威尔逊就职后的第二天，银行家要求与新任命的国务卿威廉·詹宁斯·布莱恩（William Jennings Bryan）会面，讨论国务院对"未来商谈"重组贷款"的意愿"。[82]

在 3 月 19 日的一份声明中，威尔逊总统宣布："在我们看来，（重组）贷款的条件几乎触及中国本身的行政独立；本届政府不认为应该表达或暗示对这些条件的支持。"[83] 威尔逊退出银行团的决定受到多方面因素的影响。首先，威尔逊试图与塔夫脱政府的"美元外交"划清界限。退出银行团也符合威尔逊在竞选中有关国内"货币信托"的言论。他不能在反对国内的货币信托的同时支持极少数精英金融机构组成的国际银行团。在日俄战争中为日本提供了大量资金、来自库恩－勒布公司的雅各布·希夫（Jacob Schiff）反对俄国加入该银行团；他长期以来反对沙皇政府对待犹太公民的方式，这一立场影响了他的商业决策。[84] 重要的是，这一声明并未结束美中之间的商业和金融交流。威尔逊只是希望美国银行能够独立于国际银行团行事。几年后，在国际形势剧变的情况下，美国重新加入并重塑了国际银行团，部分依赖其在中国币制改革中的长期参与。[85]

1913 年 4 月，银行团撇开美国，与袁世凯签订了一份借款合同，称为"善后大借款"。袁世凯承诺将任命一名英国人为盐务收入会办，以此条件换取借款并绕过立法机构审批直接签订。袁世凯利用手中的资金收买国会中的国民党支持者，并在华南地区铲除作为反对党的国民党。孙中山意识到自己在中国的处境并不安全，于是前往日本。正如法国驻上海领事所言，决定冲突结果的不是袁世凯的军事能力，而是"英国的财政力量"（*la Cavalerie de Saint Georges*）。[86] 这个结果并不令人意外。中国外交部次长在 1912 年向卡尔霍恩公使承认，这笔借款将用于军事目的和贿赂对手。卡尔霍恩写道："外国人应该对这笔钱的用途闭上眼睛；这是为了和平、秩序和统一；这是袁世凯必须面对的实际政治需求，而非理论需求。"[87]袁世凯此时已经大权在握。

有关货币贷款的讨论转向了应该延长其选择权还是将其纳入未来的重组贷款中。当1913年4月选择权再次到时间需要展期时，中国驻美公使询问是否已就出售债券做出任何安排。[88]司戴德答复说，由于美国不再是该银行团的成员，他对延长6个月的选择权不持任何立场。后来，美国银行写信给欧洲同行，表示他们将支持关于是否延长贷款选择权的任何决定。选择权再次被延长了6个月，美国银行团的"义务和权利"由原来的贷款方继承，也即英国、法国和德国银行团。[89]

在1913年剩下的时间里，袁世凯继续巩固和集中权力，召开了一个政治会议，该会议最终建议废除国会。时任总理的熊希龄组建了一个人才济济的内阁，辛亥革命后回国的梁启超担任司法总长，并在另一个币制改革委员会任职。1913年秋，就美国退出银行团并放弃了货币贷款可能给他们带来的利益，熊、梁二人向美国驻北京临时代办威廉姆斯表示遗憾，尤其是考虑到自精琪访问以来美国长期参与这个问题，投入颇多。熊希龄表示，中国政府更愿意绕过银行团直接与美国就币制改革贷款开展谈判。威廉姆斯认为，这一策略显然是中国"对国际银行团施加的压力感到不满"的结果。[90]尽管有这样的不满，但是中国政府与国际银行团的谈判仍在继续。

当年9月，银行团通知中国政府，市场无意承担更多的中国债务，无法发放货币贷款。[91]10月，熊希龄提议再筹集2500万英镑的贷款，用于货币重组。他建议像1911年最初的货币贷款一样，用中国东北地区的税收作为新贷款的担保。其他收入来源中的一些已经被抵押给了现有的贷款，另一些则根本不足以支持贷款，或像土地税一样，在政治上过于敏感。考

104

虑到清末对湖广铁路借款的广泛抵制，熊希龄并不想激起民众对贷款的任何反对情绪。[92] 当时已是银行团正式成员的日本和俄国反对这些拟议的条件，因为它们直接触及了两国在中国东北地区的利益，程度之深不能接受。日本没有以这些理由进行公开争辩，而是含蓄地提出：币制改革关系整个中国，因此贷款的担保不应来自一个省，而应更均匀地涵盖不同地区的各类收入。[93] 各方未能就此达成共识。

1914 年初，国会与袁世凯之间的矛盾达到了顶点，袁世凯在年初解散了立法机构，并要求解散各省议会。袁世凯代表国会向一批现任和前任内阁官员施压，要求制定一份取代《临时约法》的文件，增强袁世凯的权力。然而，国会在解散之前通过了新的《国币条例》。

1914 年的《国币条例》选用了银本位制，但表示中国应向金本位制努力。该条例首先指出，中国最大的忧虑即没有货币本位制。在调查了全球不同的货币体系后，包括梁启超在内的新法支持者认为，金银复本位制是行不通的，而金本位制虽然是一个完美的货币本位制，但不适合中国，因为所需成本高昂且中国人有囤积贵金属的习惯。金汇兑本位制有利于维持金银价格关系，但它目前只在殖民地使用。这种政治象征意义使它不适合新成立的中华民国。因此，在目前，银本位制是唯一现实的货币本位制。[96]

这条法律创造的银币后来被称为"袁大头"。当时的法律规定，这种银币一枚重 7 钱 2 分，银九铜一。但是，很多新币都是由清末各省银币重铸而成，而这些银币的重量略低于标准值。在随后的一次调整中，"袁大头"的白银成色降到了 89%，这样在重铸过程中就不会亏损。造币厂于 1914 年底开始生产"袁大头"，据估计，1914~1920 年有 4 亿枚银币进入流通领域，成为全国各地使用的交换媒介。[94] 1915 年，上海金融界决定停止将各省银币作为洋厘的一部分进行报价，只给出了"袁大头"和墨西哥银元的汇率。

1914年《国币条例》的制定者并不认为这一法律是币制改革的终点。中国应该继续使用白银还是改用某种形式的金本位制？这一问题尚未解决，而且流通媒介和不同的银两记账单位之间仍有区别。正如我们将看到的，"袁大头"的生产后来也遭遇了与清朝各省银币一样成品前后不一致的情况。此外，袁世凯在复辟失败后不久就去世了，中国随即出现了一个明显的不协调现象：最广泛流通的银币上却印有一个不受欢迎甚至被人唾弃的人物的肖像。

1914年的《国币条例》也导致中国与银行团之间关系紧张。中国政府向银行团提供了一份拟议币制改革条例的副本，当时袁世凯尚未解散立法机构，国会正在对这些条例进行辩论。汇丰银行和国际银行团的关键人物查尔斯·阿迪斯（Charles Addis）认为，鉴于当时贷款谈判的大方向尚不明朗，宣布这些新规并非慎重之举。[95] 阿迪斯称双方未就币制改革的性质充分交换意见。1910年和1911年困扰最初谈判的问题再次出现：外国银行家对中国币制改革有什么样的监督权？

1914年春，熊希龄在与银行团谈判时强调，币制改革法案并不是改革的终点。他指出，法规中的保留条款保证了未来的灵活性。[96] 熊希龄和银行家讨论了将货币贷款折合成第二笔重组贷款的问题。夏天，中国政府改变了策略。熊希龄没有要求2500万英镑的大额贷款，而是要求800万英镑的贷款来偿还国内外债务。6月，国际银行团拒绝了这一计划，因为他们认为这只会鼓励短期借贷，而银行团的目标（至少从银行家的角度来看）是促进长期的行政和经济改革。[97] 拟议中的800万英镑贷款并不符合这一要求，谈判因此陷入僵局。[98] 但《时事新报》对谈判有不同的解读：银行家之所以拒绝小额贷款，是因为小额贷款为他们带来的利润也较小。文章判断，国际银行团仍希望利用货币贷款加强对中国金融体系支柱的控制。[99]

与此同时，熊希龄希望绕过银行团，把美国拉回货币贷款的谈判中。他将这一立场转达给了美国新任驻华公使芮恩施（Paul Reinsch），后者曾任教于威斯康星大学（University of Wisconsin），为人有魄力且有干劲。[100] 他是一个"中西部进步人士，希望美国扩大其海外影响，却又反对欧洲帝国主义"。[101] 芮恩施报告说，熊希龄和其他中国官员曾向他保证，如果美国能提供约 5000 万美元的贷款，"中国政府将允许一个美国人担任中国国家银行及全国银行系统的联席主管，虽然中国一向拒绝其他政府提出的这类要求，但是愿意为美国破例"。[102] 美国虽已离开了国际银行团，但对货币问题仍非常感兴趣。

各方都试图利用货币贷款或该贷款的预期效益来推进或保护自己的利益。对银行家来说，这是他们在与袁世凯政府谈判以达成更多贷款时的一种资本，对中国政府来说则是一种负担。早期的民国政府在与银行团谈判以获得更多的资金时，无法轻易对延长贷款选择权表示反对。第一次世界大战期间，国内外对贷款的政治争议愈演愈烈。

战争年代、日元集团以及第二个银行团

第一次世界大战改变了全球权力和货币市场的版图。许多国家脱离了金本位制，进出口量发生了变化。日本和美国从这些变化中受益，而英国则受其冲击。美日关系因两国在东亚和中国的角色而迅速紧张起来。同时，银价飙升，达到了几十年来的最高水平，并改变了一些中国人对货币标准问题的看法。1916 年袁世凯去世后，中国政局四分五裂，日本试图巩固其在中国的地位，并将中国与日元联系起来。因此，货币贷款成

为全球政治的关键问题。美国急迫地重新加入并改组银行团，以阻止日本所希望的结果发生。第二个国际银行团的建立暂时缓解了美、日在东亚的政治和经济角色上日益紧张的关系，但对于管理在世界最后的白银阵线上发生的冲突与竞争而言，这并不是一个有效的长期机制。

在日本，战争实现了领土扩张、经济繁荣，但也造成了政治分歧。战争开始时的英日同盟"促成而非限制了日本的领土扩张"，日本攻击了德国在中国山东半岛的租借地，后来又向袁世凯提出了"二十一条"，使日本能够决定性地控制中国政府的行政和财政。[103]袁世凯同意了删减后的要求，此后试图通过称帝来复辟帝制，但不久后就于1916年6月去世。袁世凯死后，由于各集团争夺权力，中国出现了一段动荡时期，其间各集团经常寻求日本的援助。

随着战争的持续，日本成为世界上第二大贸易顺差国，并初次尝试成为一个债权国。[104]日本政府并没有用这些资金偿还国家的巨额债务，而是开始了一系列对外贷款，一些款项贷给了先前的欧洲债权人，另一些款项则贷给了某些试图在中国巩固权力的个人。[105]战争年代也加剧了日本政坛的内部分裂，其间日本经历了三次内阁更迭，先后有7位不同的外务大臣掌权。[106]这些分歧横跨政府的不同组别，包括元老、明治维新的老政治家以及现任政府官员间的分歧，不同军事部门之间的分歧，还有政府部门内部分歧以及不同部门之间的分歧。战争为日本提供了一个独有的机会来巩固自己的地位，这一观点得到了广泛认同。但对于如何实实在在地在东亚和世界上产生"真正的政治和经济影响"，各方却存在分歧。他们目的相似，但手段不同。

战争的爆发也对美国经济和财政状况产生了重要影响。1914~1917年，欧洲的战争日益加剧，美国保持中立，却从欧洲对美国商品的大量需求中获益。美国与日本一样,从一个净债务国变成了一个净债权国。J.P. 摩根银行以及后来的美国政府向欧洲交战国提供了大量贷款。美国积累了大量的黄金储备,纽约开始成为可与伦敦匹敌的金融中心。联邦储备系统(Federal Reserve System)的建立和早期运作为战争带来的变化提供了支撑。《联邦储备法案》(*Federal Reserve Act*)允许设立海外银行分行,而这在早先的国家银行体系中是不合法的。法案还创造了一个汇票贴现与再贴现的市场。由于这些发展,1914~1924 年是美元在国际支付中使用的"大爆炸"时期。[108] 自 19 世纪末以来,美国一直是世界制造业大国,但美元在国际支付中的使用却落后于国家经济增长。美国和日本发生的这些变化对世界政治、经济、金融产生了重要影响,对中国尤为如此。[109]

1917 年,中美两国正式加入第一次世界大战,对抗同盟国。在中国,宣战使中国逐渐走向内乱和军阀主义。袁世凯死后执掌大权的段祺瑞希望参战并为中国赢得声望;他更自私的想法是,中国参战后,他作为国家领导人就可能可以掌握财力和军力。梁启超希望中国能在未来的和平会议上发挥作用,比如,主张归还山东半岛,尽可能地减免庚子赔款,更广泛地说,"作为一名成员平等地加入世界大家庭"。[110] 然而,总统黎元洪和重新召开的议会反对中国参战。来自南方的国民党支持者在新开的议会中占了许多席位。其间中国经历了一系列错综复杂的政治阴谋,包括清逊帝的短暂复辟,最后于 1917 年秋天加入协约国阵营参加了第一次世界大战。[111] 段祺瑞出任总理,梁启超出任财政总长。在世界各地进行的国际谈判中,各国都在争相影响或控制中国经济事务,货币贷款成为一个关键议题。

战争期间,日本和美国都是英国的盟友,但前两者的关系却愈发紧张。整个 1916 年，美国的银行团在国际银行团之外与中国政府谈判并达成了几笔贷款。这些协议使 1916 年成为"美国贷款年"，至少在一些日本政治家眼中是如此。[112] 1917 年秋，国务卿罗伯特·兰辛（Robert Lansing）和日本驻华盛顿特别代表石井菊次郎子爵试图就美、日两国在中国的立场达成谅解。石井奉命争取让美国承认日本在中国的"最高利益"。威尔逊总统并不想让日本组建地区集团，但国务院的一些外交官担心，如果美国公开质疑日本在中国的意图，日本可能会与德国联手。[113] 11 月初公布的最终协定是一个明显的矛盾组合体：一边承认日本在中国的特殊利益，另一边双方又同意"门户开放"和尊重中国行政、领土完整原则。[114]

　　该协定有多种解读方法。其中的关键条款可被解读为日本在中国拥有的"特殊利益"，或是承诺共同"维护"中国在行政和领土上的完整。这种创造性的模糊表述掩盖了两国之间越来越多的分歧。该协定让芮恩施感到迷茫，他对正在进行的谈判并不知情。中国驻美公使顾维钧会见兰辛，试图厘清该协定中"特殊利益"的具体含义，并宣称中国不会允许自己受其他国家签订的任何协定约束。[115] 助理国务卿布雷肯里奇·隆恩（Breckinridge Long）已在努力将美国的金融利益带回重塑的国际银行团中，发誓要"推翻"兰辛和石井的协定。[116]

　　兰辛和石井在华盛顿谈判，同时，西原龟三作为日本首相寺内正毅的代表前往中国。1916 年寺内正毅出任首相时，对"二十一条"持批判态度，但他反对的主要是正面、直接提出要求的策略，而非确保日本在中国的影响力这一最终目标。[117] 1917 年 6 月，寺内内阁成立了外交政策特别研究会，召开秘密会议，决定日本的外交政策，"事实上篡夺了外务省在东亚代表日本政府的首要地位"。[118] 寺内利用西原作为日本利益代表，在国际银行团之外与段祺瑞政府进行秘密贷款谈判，以此

109

提高日本在华的经济和金融影响力。西原是一个商人和中间人，是泛亚主义的新兴代表，"他相信亚洲团结可能会带来成功，认为亚洲各国人民需要尽可能地共同努力"。[119] 当然，日本将引领这一进程。1904 年，他第一次出国，在朝鲜驻留数年，其间甚至担任了当时的总督寺内正毅的顾问；他还认识了朝鲜银行的日本官员胜田主计，后者在第一次世界大战期间成为大藏大臣。这些人脉关系在后来为中国贷款的实现发挥了重要作用。

西原和胜田坚持主张日本与中国应在经济和金融上建立更紧密的联系，包括在中国货币与日元之间建立联系，使他们所认为的日本在亚洲的势力范围内形成一个经济集团。这样做可以扩大贸易范围，缓解贸易紧张，有助于建立一个"自给自足的亚洲经济社会堡垒"。[120] 这也是后来日本"大东亚共荣圈"的思想来源。寺内的战略很快引起了中国、日本政府不同部门以及美国的反对。

1917 年夏秋之际，货币贷款再次成为一个重要的问题，梁启超向国际银行团要求 2000 万英镑的贷款，其中 1500 万英镑将用于币制改革。他计划以白银为基础建立货币体系，赎回流通中以白银为支持但已贬值的纸币，并在战争结束后采用金汇兑本位制。梁启超继续从不同的角度出发，希望拉拢美国重新加入银行团并回到货币问题的讨论中。他对芮恩施说，让美国银行家重新加入银行团"比其他任何可能的行动都更能推动中国人实现事实上的独立"。[121] 和以前一样，中国官员希望推动美国参与币制改革，以制衡那些有很大影响力的国家和机构。

梁启超的新贷款要求，不仅是在微妙的政治氛围中提出的，而且恰逢国际银价迅速上涨之时。第一次世界大战期间，全球物价上涨，白银也不例外。1914 年，1 盎司白银的年平均价格为 55 美分，1916 年为 68 美分，1917 年涨势惊人，在下半年出现了"投机性"行情，价格超过 1 美元（见表 5）。[122] 交战国为资助中东和埃及的军事行动而产生的货币需求以及印度政府对白银的购入造成了市场变化。[123] 战争期间，英国政府限制了白银的自由跨境流动，白银市场的重心也从伦敦转移到了纽约。[124] 这些变化对中国产生了重要影响。通过抛售白银，并结合贷款，中国本可以采用金汇兑本位制，同时合并其大部分债务。梁启超在多年以后认为此时的中国错失了机会。

表5　1917 年前 9 个月的白银价格

单位：美元

月份	1 盎司白银的平均价格
1 月	0.80412
2 月	0.82721
3 月	0.79844
4 月	0.81192
5 月	0.83163
6 月	0.85712
7 月	0.87913
8 月	0.94409
9 月	1.11965

资料来源："Movement of the Price of Silver," *Federal Reserve Bulletin* 3, no. 11 (November 1, 1917): 842。

欧洲战争持续不断之时，日本希望在中国取得更大的影响力，加之银价飙升，这些因素都影响了各方对梁启超新贷款请求的反应。此时，一些国际银行团成员对向中国放贷并不热情。鉴于欧洲战争还在持续，白银不断升值，他们觉得中国金融并未陷入危机。当年秋天的晚些时间，梁启超要求在拟议的 2000 万英镑贷款上预提 200 万英镑。英国政府担心日本是唯

111

一能够提供这种贷款的国家，"这将使他们在中国金融事务中占据主导地位"。[125] 对于梁启超的要求，日本方面表示可以提供币制改革所需资金的一半。[126] 1917 年 10 月初，芮恩施观察到，法国和英国的银行集团"对货币贷款的前景十分警惕"。[127] 即使银行家要求延长 10 月 14 日到期的贷款的选择权，他们相信梁启超也不会答应，日本进而能够自由支配"对中国的最终控制权"。[128]

为阻止这一结果，芮恩施进行了斡旋，但过程中遇到了阻碍。在给中国外交部的信中，他认为美国"从未放弃"在中国币制改革中的利益，因此"在中国政府可能考虑采取的任何行动中都应该将美国考虑在内"。[129] 芮恩施知道梁启超很欢迎美国参与币制改革，他想在原合同下一个 6 个月的选择权到期前迅速行动，否则日本可能已经在中国金融事务中占据了主导地位。11 月初，中国外交总长通知芮恩施，中国政府将"欢迎美国重新加入银行团"。[130]

芮恩施认为情况紧急，但考虑到第一次世界大战更大范围的军事、外交和金融形势，华盛顿特区的官员没有迅速采取行动。财政部长威廉·G. 麦卡杜（William G. McAdoo）致信国务卿兰辛称："哪怕只是在中国使用一小部分的信贷，都可能不是我国信贷最佳的利用方式。"[131] 在战时世界经济形势的背景下，中国在美国财政部长眼中并不那么重要。与之相反，国务院则认为，美国应该"参与其中而不是冷眼旁观"。[132] 在接下来的 20 年里，在有关如何处理中国币制改革复杂的金融和外交问题上，财政部和国务院分歧越来越明显。

由于政府内部的分歧，美国迟迟没有组织新的银行参与银行团，这意味着他们并没有迅速采取任何行动。国务院远东事务司司长威廉姆斯认为，"把中国从日本干预下拯救出来这一行动时不我待"。[133] 这种观点或许高估了美国的影响力，但准确地描述了中国多变而不稳定的政治形势。在段祺瑞政府不得志的梁启超由于推行币制改革受阻，加之对辛亥革命以来发生的种种事件感到失望，于1917年底辞任财政总长。

1918年，中国币制改革的紧张局势爆发了。日本官场中的一些人士，特别是外务省和横滨正金银行，愈发认为西原的行为超出了国际银行团的范畴，损害了日本在中国的整体地位。尽管日本官场其他部门有这些疑虑，但是西原仍希望建立一个"成熟的日元集团"，在这个集团中，"日元将成为其他货币浮动的唯一标准"。[134] 在中国政府接受樱井良树男爵成为货币事务顾问后，这种分歧持续加深。1918年3月，樱井男爵前往中国并最终提交了一份报告，建议逐步采用金汇兑本位制。西原主张立即发行与日元挂钩的金币，但樱井反对这一计划。两人的目标相似，但实现目标的手段和节奏不同。

1918年夏天，梁启超辞职后任段祺瑞政府财政总长的曹汝霖宣布从日本金融机构获得一笔新的借款。其目的是使中国银行和交通银行能够发行金票，为转向与日元挂钩的金汇兑本位制做准备。[135] 这一计划立即招致了强烈的反对。在北京的国际银行团代表发出一封抗议信，表示他们认为拟议的借款"严重侵犯了我们"在1911年原始货币贷款合同中的固有"权利"。[136] 事实上，银行团中的日本银行利益代表也在这份抗议书上签了名。各代表团对拟议的货币计划提出了自己的反对意见，其中也包括日本，同时日本政府的一部分成员也对另一部分成员的行动正式表示反对。[137] 芮恩施写道，横滨正金银行对西原借款的反对"有力地说明了日本官方与非官方代表所执行的日本政策存在差异"。[138] 在华盛顿，中国驻美公使顾维钧敦促中国政府不要实施该计划。[139] 布雷肯里奇·隆恩认为西原借款是日本人企图"用不正常的方法干预它（中国）"，"对未来是个不好的预兆"。[140] 曹汝霖主张，此次款项的协定纯属中国

112

内政，并未侵犯或损害原协议中各银行团的权利。[141]

民众的抗议实现了正式的外交抗议所不能实现的结果。随着西原借款各项的内容陆续公开，中国迅速出现了一股反对的浪潮，使与日元挂钩的建议未能推进。西原借款一直未获偿还，段祺瑞将这笔钱用于巩固政权，但最终未获成功。到了1918年秋天，中国的局势已经跌入谷底，芮恩施希望当前境况"能够证明现在是中国国家和政治生活的最低潮……政府权力已经瓦解，反被一小撮军阀的利益左右"。[142]

在西原借款的背景下，美国政策制定者在国内外加紧步伐，试图重新加入并重塑他们在五年前退出的国际银行团。1918年夏天，国务卿兰辛致信威尔逊总统称，除非美国采取更积极的措施，否则日本"可以且很可能独自提供这笔重大借款（货币借款）"。[143] 6月晚些时间，美国成立了一个新的银行团。这次的成员不是四家金融机构，而是三十多家。[144] 当年秋天，兰辛与法国、英国、日本通信，讨论在扩大各国国内银行参与规模的基础上组建新的银行团。在中国，财政总长曹汝霖再次将货币贷款的选择权延长6个月，但表示需要尽快讨论此事；如果谈判超过下一个6个月的窗口期，"将不允许再次延长"选择权。[145] 曹汝霖在1919年4月的这一威胁没有成为现实。在瞬息万变的中国政治世界里，他并没有在这一职位上停留太久。

讽刺的是，关于新国际银行团范围和条款的相关谈判是在巴黎和会上进行的。当世界各地的外交官正讨论如何创造一个帝国主义之后的世界时，以来自J.P.摩根银行的托马斯·拉蒙特（Thomas Lamont）为首的银行家则在争论如何重组一个在帝国主义竞争中诞生的金融集团。各方在巴黎没有达成协议，拉蒙特前往日本，希望达成协议。新协议中的一个条款成为关键的冲突点。该条款规定，任何有关贷款的现有选择权和优惠都应统一且为各方共享。日本认为，日本在中国东北有"特殊利益"的地区不应纳入新银行团的影响范围。经过多次磋商，双方最终同意新银行团不开展涉及南满铁路等多条线路的活动。

战后伊始，日本的政治局势也鼓励其参与改革后的银行团。由于战争期间大米价格大幅上涨，日本在战争刚刚结束时就爆发了大规模骚乱。数百次暴动导致数千人被捕，寺内首相也因此辞职。原敬作为第一位平民出身的首相接替了他的位置，日本对美国采取了更为妥协的立场，这在日本加入银行团一事及后来的《华盛顿海军条约》（*Washington Naval Treaty*）中得到体现。在接下来的十年里，日本的政治家、外交家和军事领导人持续争论，到底是通过"顺应"英美的政治和金融秩序来确保自己在中国的利益，还是通过"单打独斗"来建立自己的经济集团。[146]

1920 年秋天，银行家们在纽约会面以敲定第二个银行团的细节。10 月 10 日，他们在圣约翰天主教堂（Cathedral of St. John the Divine）参加了 1911 年武昌起义的纪念仪式，纽约主教为他们的工作送上祝福。托马斯·拉蒙特谈到了摆在大家面前的各种可能性，并缅怀了 1918 年去世的司戴德所做的贡献。[147] 然而，在纽约会议的一个月后，《经济学人》指出，"没有听到更多关于它（该银行团）的消息"，还警告，目前的形势"对其行动并不有利"。[148] 事实上，在 20 世纪 20 年代，新的银行团并没有向中国提供多少贷款。

贷款无甚进展的原因有如下几个。首先，中国政府不承认新银行团的合法性。第一次世界大战结束后，民族主义兴起，由于中国未能收回山东半岛，国内对《凡尔赛和约》（*Treaty of Versailles*）的失望情绪并没有给这样一个帝国主义的象征留下多少合作空间。其次，20 世纪 20 年代初，中国的政治形势

114

进一步恶化，军阀争权夺利，缺少明确的中央政权。这种政治气候意味着发放贷款是一种比以往更具风险的商业行为：这些贷款建立在不确定的固有政治基础上，因为发放贷款意味着偏向于政治斗争中的某一方。最后，银行团的意义并不一定是向中国提供贷款，而是为了管理日益紧张的局势，维持东亚的力量平衡。布雷肯里奇·隆恩在写给托马斯·拉蒙特的信中称："它（新银行团）的成立最终能让我们避免与日本交战。"[149] 隆恩称，如果中国加入国际联盟（League of Nations），通过国联解决山东问题，并在银行团的帮助下改革金融体制，那么"一切都会水到渠成"。[150] 不过隆恩承认，这个命题中有很多"如果"，银行团最终也的确没有发挥他所希望的作用。

到了 20 世纪 20 年代初，中国政府已经和不同版本的国际银行团讨论了十余年的货币贷款。每 6 个月展续一次的贷款选择权又延续了多年。1924 年 7 月，中国财政部通知银行团，不再延长选择权，银行家也同意 1911 年 4 月签订的合同无效。[151] 1924 年夏天，不同派别为加强政治控制权而展开斗争，对中国来说又是一个低谷。也许有人会说，这笔贷款并不是那么重要，因为它从未付诸实施；但是，正如本章所论述的那样，关于贷款的争斗在 20 世纪第二个十年无比重要，因为全世界的政治家、银行家和外交家都认为这关系对中国货币体系的控制。

从中国的角度看，这笔贷款首先代表了清朝官员通过将边防与币制改革联系起来，进而拉拢美国来保护中国东北地区的尝试。盛宣怀和载泽有意利用了美国从精琪访华起就对中国币制改革产生的长期兴趣，但贷款的国际化让这些效果付诸东流。清朝灭亡后，中国政府试图利用银行团达到自己的目的，与此同时，也希望从美国那里获得货币贷款。虽然北洋政府没有实施币制改革，但是中国的货币并没有像西原借款所希望的那样与一个更大的集团挂钩。这笔没有落地的贷款让中国的货币事务免遭大权在握的洋人顾问插手，因此可以看作一个小小的胜利。然而，货币贷款提案或任何其他币制改革方案均未能实施，这也意味着中国币制改革问题仍会在国内和国际引发冲突。

从全球角度看，这笔贷款表明，为了强化各自在东亚的政治和经济角色，美、日、英三国的竞争愈演愈烈。在第一次世界大战期间，日本和美国成为国际债权国，而英国则债务缠身。在瞬息万变的国际形势下，尤其是在日本为了巩固其在东亚的利益而先后通过了"二十一条"和西原借款之后，这些国家应该在东亚进行合作还是竞争尚不明确。国际银行团是管理这些经济和金融紧张关系的一种机制，但事实证明它不过是一个脆弱的工具。

相较于其他政策，在中国币制改革中发挥作用究竟有多么重要，美国和日本国内尚有分歧，而这些分歧都体现在了这笔贷款的历史中。在日本，大藏省和寺内内阁在西原借款问题上发生了冲突，但更多是策略上的冲突，而非最终目标的冲突。美国政府中也出现了分歧，国务院和财政部在中国是否为美国信贷的重要领域这一问题上观点不一。国务院，特别是其驻中国代表，认为美国需要更积极地支持中国新政府；财政部则着眼于美国在第一次世界大战中的全球金融地位，不认为中国属于美国应提供信贷的重要地区。这些官场上的分歧造成了言辞和行动之间的脱节。正如一位美国官员所反思的，美国并没有"兑现"所有在中国贷款和投资问题上的商谈结果。货币贷款只是其中一例。[152] 到贷款合同作废时，美国花了近25年的时间试图对中国的币制改革施加一定的影响，结果却收效甚微。

在货币贷款一事即将结束的时候，梁启超回顾了自己在货

116

币事务上的经验。1917年辞去财政总长的职务后，梁启超弃政从教，致力于文化、文学、历史问题的研究。在20世纪20年代中期对大学生的一次演讲中，他对自己在民国早期参与货币事务的经历表示遗憾。他总结，在政治如此动荡的时期试图实施币制改革，就像在沙地上建房，必是不稳定的。[153] 梁启超认为，中国在一战期间错过了利用高涨的银价偿还债务并转向金本位制的重要机会。战后，银价开始下跌，在整个20世纪20年代都毫无起色。他认为，中国错失了千载难逢的机会。[154]

正当梁启超评价自己在币制改革方面的努力时，上海造币厂正在设立，其目标和币制改革相似。和货币贷款一样，这个造币厂旨在统一国家货币标准，却为各种问题所困扰，包括国内动荡、银价暴跌、与日本的短暂冲突以及世界经济危机。

6
上海造币厂和银本位制的建立，
1920~1933

　　第一次世界大战结束时，银价处于多年来的最高水平。战争期间，大多数商品的价格出现上涨，白银也不例外。1918年至1919年5月，美国和英国政府将白银列为管制商品。[1]到1920年1月，纽约1盎司白银的月平均价格为1.32美元，其水平之高，几十年来从未见过。有人认为白银的"牛市"还会继续。3月，伦敦的美国商会（American Chamber of Commence）预测，"因为世界面临银荒"，占全球供应量约70%的美国和墨西哥白银生产者将迎来春天。[2]但他们错了。白银在20世纪20年代持续动荡，甚至在大萧条来临之前就已经如此。到1927年和1928年，银价徘徊在每盎司50~60美分，并于1933年1月达到最低点，当时月平均价格只有25美分/盎司。银价的下跌在全球范围内都产生了影响，其中对中国的影响尤为重大。

　　20世纪20年代的货币史通常以欧美为中心进行叙事。这段历史从1920年至1921年短暂而急剧的经济衰退开始，记录了有关战争债务与赔款的许多争论，聚焦了英国等多国恢复金本位制的历程，并在最后讨论了金本位制以及美联储货币政策是否以及如何造成大萧条。[3]而本章则以上海造币厂的故事为视角，分析20世纪20年代和30年代初中国的金融史，阐述经济史上耳熟能详的事件以及中国国内的政治经济变化是如何影响在这最后的白银阵线上进行的币制改革。

虽然造币厂于1921年开始动工，但是直到1933年春才投产。随着中国从20世纪第二个十年末和20年代初的军阀混战时期进入南京国民政府统治时期，新政府继承了前任政府的币制改革目标和建造中的上海造币厂。尽管在这一时期的大部分时间里，政治权力分散，冲突不断，但是由于新的金融机构、交通网络和通信技术的发展，这也是中国金融和货币一体化的时期。通过造币厂的历史，技术小细节（如使用的铸币设备类型和钱币的设计）与更大的政治和经济问题联系在了一起，比如印度的货币政策、第一次世界大战后英美在中国的影响力竞争、日本帝国主义日益增长的威胁以及上海金融界的矛盾。

南京国民政府当时正在争论应该采用金汇兑本位制还是继续使用银本位制，并在大萧条初期愈演愈烈，而造币厂正处于这场争论的中心。1929年，普林斯顿大学教授、精琪以前的学生甘末尔以金融顾问的身份来到中国，敦促新政府采用金汇兑本位制。一些中国人士支持这一立场，认为银价在20世纪20年代末和30年代初的迅速下跌对中国不利，而另一些人仍然认为白银贬值利大于弊。1931年夏秋之际，局势动荡不安，世界上许多国家脱离了金本位制，此时的南京国民政府则面临来自日本的威胁和内部的政治危机，因此这并不是一个理想的币制改革时机。此后不久，1932年日本对上海的侵略威胁到了造币厂，引起了货币市场的波动。这一事件引发了关于币制改革的关键讨论，但参与讨论的南京国民政府、中国金融界和外国银行家对改革的速度和范围意见并不一致。

在经过十多年的争论和多次尝试未果后，造币厂终于在1933年春天投产，中国开始采用单一的银本位制和统一的记账单位——元。造币厂的投产被视为废除不同银两单位的先决条件，两者同时进行。这些银两单位曾在中国金融体系中发挥了数百年的重要作用。从多种记账单位到单一记账单位的转变标志着中国政府对货币体系的控制力不断增强，也标志着晚清以来一直在谈论的目标终于成为现实。然而，关于白银在中国货币体系中作用的讨论并未随着废两而结束。南京国民政府在全国大部分地区有效实行了单一的银本位制；但在 20 世纪 30 年代初迅速变化的经济和政治条件下，人们并不确定中国是否会继续采用这一最近才通过法令确定的标准。

119

上海造币厂的经济政治背景

虽然 20 世纪第二个十年末和 20 年代初中国在政治上陷入困境，各路政客争权夺利，但是战争年代和战后时期助推了新兴中国工业的发展。1916 年袁世凯去世后，曾经忠于他的军阀力图在全国各地巩固自己的领地、争夺势力范围并寻求各方认可。在第一次世界大战结束时，各政权竞相争夺参加巴黎和会的代表权。《凡尔赛和约》中有关山东半岛仍受日本控制的条款传到中国，引发了五四运动，青年对和约条款以及中国政府的无能表示抗议。除政治层面外，抗议者还对中国的文化和语言包袱表达了不满。在 20 世纪 20 年代初，名义上的北京中央政府越来越成为各省军阀不断拉帮结派、钩心斗角的对象。北京的象征意义及其所拥有的政治和外交优势是这些冲突的核心，首都的控制权多次易手。中国政治人物的主要任务是建立一个拥有广阔疆域且能长久执政的政府，能够创立某种稳定的收入制度，并在国内外具有合法性。在当时，没有一个人或一个政党能够做到这一点，这种政治上的不稳定对上海造币厂产生了重要的不良影响。

欧洲企业起初以战争为主要任务，随后转向集中重建与恢复，中国的银行和工业企业蓬勃发展。由于缺少强大的中央政府，以前由政府所有的金融和工业公司转为私人所有。[4] 那是中国资本家的"黄金时代"。[5] 交通、通信、制造、金融等企业迎来了经济增长期。[6] 在这种背景下，中国的金融机构在总体保留原有形态的基础上不断变化。条约通商口岸的外国银行接收存款，发行货币，办理外汇，并在监督海关收入方面发挥重要作用。它们仍然是一股强大的力量。按照西方银行原则经营的中国有限责任银行数量有所增加，但信誉仍不及汇丰银行等机构。本土的无限责任银行（钱庄）在中外商人之间的贸易融资中仍然起着重要作用，并在金融体系中发挥关键的连接作用。这种连接在上海尤为突出，中外银行都在钱庄存放资金用于银行间清算，因此钱庄成为清算业务的监督者。[7] 钱庄和有限责任银行之间的联系不仅体现在金融层面上，也体现在个人层面上：制造业领域的中国企业家可以持有钱庄的股份，而中国新成立的有限责任银行也雇熟悉钱庄的人来加速业务发展。[8]

为了代表这些不同机构的利益，国内成立了各类组织。1915 年成立的上海银行公会是有限责任银行进行联络和游说的团体；1917 年成立的上海钱业公会则是钱庄的代表。[9] 这些不同的商业和金融利益集团如何相互竞争与合作、如何与不同政权合作和对抗成为 20 世纪 20 年代和 30 年代中国政治经济的一个关键变量。正如我们将看到的，中国的钱庄和有限责任银行在币制改革的目标、范围和节奏上存在实实在在的冲突。

这些组织的发展也表明了上海在全国金融格局中的重要角色。上海通过定期向需要货币的地区输送货币，保持了在国内和国际贸易融资当中的核心地位。[10] 其他重要的金融中心，如华北的天津、华中的汉口，以及苏州、宁波等，都是"上海的卫星市场"。[11] 钱庄在这个网络中处于核心地位，它制定了银行间的拆借利率（银拆）以及银币与最重要的虚银记账单位——上海规元的汇率（洋厘）。洋厘反映了一块银元能买到多少上海规元，一般随着农业季节的变化而变化：在收获茶叶的 4 月和收获蚕茧的 5 月、6 月，洋厘走高。此时，白银从汉口、天津等需求量不大的地方进入上海。这样一来，上海的金融机构，特别是钱庄，就能够"保证每一个地区以及每一笔交易的现金都得到正常供应"。[12]

中国金融机构的发展是导致 20 世纪第二个十年末和 20 年代"金融深化"的一个因素，经济学家托马斯·罗斯基（Thomas Rawski）将其定义为"货币和信贷与当前产出的比率上升……支付机制日益丰富……借款人可使用的直接和间接金融工具范围不断扩大"。[13] 通信和运输技术的普及以及人们对纸币越来越高的接受程度也促成了这一趋势。例如，1917 年的一项调查显示，湖北省 55 个县中有 37 个县使用纸币。[14] 即使在偏远地区，各类金融机构的票据也与白银一起流通。市场一体化的一个信号是决定主要金融港口白银进出口的银点呈下降趋势。如果天津的洋厘高于上海，而潜在的获利高于运输和保险费用，那么商人便会花钱将白银运到北方港口。从 20 世纪第二个十年中期开始，一直到 20 世纪 20 年代，决定白银在不同城市之间流动方向的银点下降到更加接近洋厘的区间内，但获利窗口稍纵即逝。运输和通信网络的发展减少了套利机会。[15]

随着这个时代金融的逐步深化，继续区分记账单位和流通媒介的"经济和金融基础"已逐渐式微。[16] 这一过程逐渐给"货币回路"以及在铜银汇率之间起中介作用的各种银两单位带来了压力。这一时期出现了一个至关重要的问题：货币供给应该由"地方货币回路来维持，还是由管理不同区域的官员和机构来调节？"[17] 如果是后者，什么样的货币本位制才最适合中国？这些问题影响了上海造币厂的历史进程，也影响了当时金融界不同部门和不同政府之间的争论。

尽管发生了这种金融深化，纸币流通量也在不断增加，但是白银仍然重要。1915 年，上海的钱庄停止公布各省银币的汇率。在这一公告之后，墨西哥银元和"袁大头"之间存在独立的洋厘。在 20 世纪第二个十年末和 20 年代初，"袁大头"的流通范围比当时中国的任何其他钱币都要广。随后在 1919 年，第一次世界大战中上涨的银价导致许多白银被熔化或出口，上海的墨西哥银元流通量下降。随着白银的金属价值接近，甚至在某些情况下超过了货币的法定面值，世界上那些在货币体系中，特别是在辅币中使用白银的国家面临困境。在中国，由于墨西哥银元匮乏，洋厘急剧上升并引起了短暂的恐慌。中国政府提议在货币条件稳定之前对银币实行短暂的出口禁运。此举得到许多外国银行家的支持。[18] 为了缓解这一局面，上海钱业公会于 1919 年 7 月宣布仅在银币与上海规元之间设置一项汇率，使双轨制变为单轨制。此举受五四运动和中国民族主义浪潮的驱动，也与这一潮流相辅相成，消除了墨西哥银元在中国经济货币格局中的特权地位。[19]

122 　　受到银价上涨影响的远不止中国。在采用金汇兑本位制的印度卢比上，英国政府同样遇到了问题。第一次世界大战期间，印度对英国的出口额大大超过了从英国的进口额，这些贸易顺差中的大部分被印度政府以英镑持有。但是，英国殖民政府需要维持印度纸币与银质代币之间的可兑换性。当时，德意志宣传部门力图让民众认为英国殖民政府无法将这些纸币兑换成银币——这种说法和事实出入并不大。到了 1918 年初，危机已迫在眉睫，英国代表向美国询问如何购买美国国库中的白银。

　　1918 年初，美国国会通过了《毕德门法案》(*Pittman Act*)，该法案以议员中白银集团的领袖、内华达州参议员基·毕德门 (Key Pittman) 的名字命名。毕德门把自己的注意力和精力都投入白银问题上，因此他有了"银库钥匙"①的绰号。[20] 该法案将美国国库中的白银出售给英国，用于在印度铸币。毕德门提出这项法案并不是为英国或印度利益考虑。该法案还规定，美国财政部将以每盎司 1 美元的价格向美国白银生产商购买与向英国出口同等数量的白银，而其中许多生产商位于内华达州境内。[21] 正如我们将在下一章看到的，毕德门仍未放弃寻找支持银价的方法。

随着战争的结束，印度出超的数量不减反增，进一步对卢比造成了上涨压力，在 1919 年底和 1920 年初尤为如此。同时，银价上涨也对整个印度货币体系构成了威胁。[22] 同样，金汇兑本位制最大的威胁之一是银币中白银的金属价值超过银币的面值，在这种情况下银币会被熔化。印度的货币体系岌岌可危，英国的经济也是如此。英格兰银行（Bank of England）、英国财政部和印度事务部（India Office）的官员面临两难的境地：他们可能不得不重估卢比的价值以维持其代币的属性，但他们担心此举会刺激印度对黄金的非货币性需求。印度在战争期间禁止了黄金进口。事实上，20 世纪初以来，英国对印度货币政策的重点是确保印度不会进口太多黄金。不久后，印度政府将印度卢比的汇率提高到两先令黄金，相当于 35 便士。高估的卢比价值让很多人希望利用有利的黄金汇率获利，导致资本外逃并扭转了印度的贸易条件。1919 年，印度的出口多于进口，但 1920 年的情况正好相反。印度政府维持高汇率的尝试宣告失败，在这过程中遭受了巨大的汇兑损失。关于印度货币制度的争论并没有在 1920 年结束；在 20 世纪 20 年代后期，这些争论对世界银价产生了重要影响。[23]

在银价上涨、经济增长、市场一体化的背景下，有中国人

123

---

① 毕德门的英语原名"Key"也有钥匙的意思。

士呼吁废除不同的银两记账单位。银两与银币之间的价格变动造成了各种令人头痛的问题。外国商人和中国商人签订合同时均以黄金定价。而黄金以银两计价，但商人的收入一般都是银币。以黄金计价的白银价格以及银两与银币之间的汇率持续波动，这种两级结构给商人带来了麻烦。[24] 此外，银两单位体系还造成了其他方面的不便和物质损失。例如，一个商人想从上海向汉口汇出 1000 银币。该商人不能直接汇出这笔钱，因为资金是以两为单位汇出的。这笔款项首先要根据当前的洋厘转换成上海规元，然后再将上海规元换成汉口洋例银，再根据汉口的洋厘换成银币。根据对洋厘的一些假设，除去汇款费用，上海的 1000 银币在汉口只能兑换成 995 银币，损失 5 银币。[25] 此外，上海和汉口两地的相对价格取决于供求关系，而供求关系与两个城市之间的贸易往来有关，因此，兑换汉口洋例银可能需要更多的上海规元，进而需要更多银币。[26]

在呼吁废除不同银两单位和支持上海造币厂的人物之中，马寅初是最坚定的支持者之一。马寅初是 20 世纪第二个十年和 20 年代中国出现的新派人物的代表。他曾在耶鲁大学学习，1914 年在著名学者爱德华·塞利格曼（Edward Seligman）的指导下，撰写了关于纽约市税收制度的论文，在哥伦比亚大学取得了经济学博士学位。马寅初出生于 19 世纪末，在国外接受教育后，他和其他年轻人——大多是男青年——带着满腹学问和对改变中国的构想回国。今天，人们铭记他的主要原因是他在 20 世纪 50 年代倡导的人口控制政策，但在 20 世纪 20 年代，他关注的是一个完全不同的话题：上海造币厂。

马寅初认为，废除以两为记账单位的工作必须从上海开始，因为上海规元是中国金融体系中最重要的一个单位，废两意味着必须有大量的统一银币供应。"两"之所以持续存在，是因为中国生产的银币质量不稳定。马寅初认为，尽管 1914

年的《国币条例》要求实现银币的自由铸造，但是现实并非如
此。相反，铸币权掌握在几个政府机关、造币厂和银行手中。
他认为这些集团有意助长了洋厘的涨跌起伏。在粮棉收获季
节，由于需要支付农民工资，银币需求量大，其价值普遍从 7
钱 2 分左右上升到 7 钱 3 分。这一时期，南京、杭州等地的造
币厂加班加点，多产银币以确保利润。[27] 收获季节过后，银币
的需求下降，洋厘也随之下跌。这样一来，银两制，尤其是上
海规元制，就阻碍了"元"成为本位货币。[28] 拟建的上海造币
厂的意义就在于此：它将提供大量的统一银币，足以结束记账
单位"两"与交易媒介割裂的局面。[29]

马寅初将银币与银两之间的关系比作一家之正妻与侧室。
正妻在家庭中的地位是法律所规定的，犹如银币在制定全国预
算以及缴税中的地位一样，但因为柔弱而无权威。家中有权威
的反而可能是侧室，在经济领域，便是诸多虚银两单位。日常
事务悉遵其安排。问题在于，不同银两单位是否应该被法律承
认，并给予与银币一样的地位。马寅初认为并不应该，否则此
举等同于废妻而尊妾。[30]

马寅初还认为，重要机构的利益，即钱庄的利益，阻碍了
废除上海规元的进程。他估计，钱庄 60%~80% 的利润来自银
币与银两之间的货币兑换业务。钱庄只以银两计价，但流通媒
介通常是银币，因此提供了一个"压榨客户的好机会"[31]。如
果废除两制，进而取消洋厘以及钱庄收取客户的佣金，会对钱
庄的收益造成重大影响。[32] 马寅初认为海关总署和外国银行也
会反对任何改变：前者是因为他们以自己的记账单位，即海关
两来运作，而后者则是因为他们没有机会从废除不同银两单位
一事中获益。[33] 因此，进程的阻碍是多种强大力量集合的结果。

中国政治局势瞬息万变，世界银价波动下跌，金融神话
的趋势在不同金融机构之间不断竞争的背景下持续发展，日

本日益强大——这些因素和其他因素一起影响了上海造币厂的历史。

初期的造币厂

1919 年秋，中外商人呼吁在上海设立造币厂，以结束交易媒介银币与记账单位银两脱节的局面。外国银行家协会（Foreign Bankers' Association）写道："没有任何措施比迅速建立统一而稳定的货币更能对中国的国际信用和中国人民与商人的福祉产生广泛、积极的影响。"[34] 12 月，上海银行公会向财政部提出计划，并在 1920 年 2 月获得批准。[35] 但是，国内多变且不稳定的政治条件以及更大范围的外交紧张局势很快给造币厂带来问题。

中国政府与美国造币厂驻菲律宾的官员克利福德·赫维特（Clifford Hewitt）签订了合同，由他担任上海造币厂的技术顾问，并对设备提供方进行招标。在精琪访问期间和货币贷款谈判期间，关于顾问的作用和权力产生了巨大争议，相比之下，赫维特的任命非常顺利，这一点值得注意。当然，不同的是，赫维特的职权范围非常有限。这是一个技术性的角色，侧重于运行机器和培训造币工人。虽然赫维特看上去是个边缘化的角色，但是上海造币厂的作用却绝非边缘。它的支持者相信此造币厂是金融改革的核心部分。在与造币厂长达十多年的合作中，赫维特在技术问题之外还参与了许多其他事务。

赫维特于 1921 年初抵达中国，此时造币厂正设法取得一些它本应生产但还未拥有的东西：钱。北京政府同意与上海银行公会签订贷款合同。当时，北京历届政府只是名义上的国家政府，中国的银行业是他们的主要收入来源，因为新的国际银行团并没有向这些频繁更迭的政权提供贷款。1921 年 3 月，上海银行公会的代表同意承销价值 250 万元的债券。认购从周一开始，在周三就宣告完成，这表明"资本家们响应国家利益的号召，在短时间内表现出前所未有的热情"。[36] 债券以盐税（盐余）收入为抵押，将于 1923 年 5 月完成还本付息。[37] 资金到位后，造币厂开始动工。赫维特与上海银行公会和造币厂计划委员会协商，在苏州河畔选了一块地方，与各国租界保持了远近适中的距离。[38]1921 年底，造币厂的一楼已建设完毕。

　　事实证明，在困扰造币厂的诸多问题中，采购设备是第一个难题，也暴露了美英之间的矛盾。对于那些不能在上海制造的设备，赫维特非常详细地说明了应该购买怎样的机器以及向谁购买。他点名的公司都在美国。[39] 人们不会想到这个技术问题会引起很大的惊慌，但这确实发生了。赫维特提交了所需设备清单后不久，英国的反对意见就如潮水般涌入了中国外交部。

　　英国人提出了几点抱怨。首先，英国公使弗朗西斯·阿尔斯通（Frances Alston）指出，赫维特并不是第一个公布类似计划的人。1920 年 11 月，一份名为《造币厂整厂招标一般条件》的文件公布并进行招标。这份文件并没有指明使用的具体机型，只是说明造币厂寻求"日产 40 万枚成品银币的整厂详细成本估算"。[40] 阿尔斯通写道，基于这一要求，英国企业"不惜时间与成本备置了估算信息"。[41] "英国制造商花费了大量的财力与精力，根据最初的招标书准备了计划与估算信息"，却在造币机构批准赫维特从美国公司采购机器的新计划时，"遭到了不公平的歧视"。[42] 更糟糕的是，从 1921 年 5 月 6 日（赫维特宣布新的采购订单之日）到 6 月 24 日（投标截止日）的时间太紧，使"英国制造商几乎不可能参与竞争"。[43] 美国企业一定会赢得合同。代表英国利益的《京津泰晤士报》（*The Peking and Tientsin Times*）称，中国政府的态度"不负责任且充满托词"。[44] 英国外交官从未得到他们眼中对其抗议的充分回应，而美国制造的机器已开始运抵上海。

关于采购合同的分歧反映了一战后美英两国在更广泛的金融和经济问题上的紧张关系。战争期间，美国从债务国变成债权国，而英国恰恰相反。战后，英国希望恢复其在国际贸易中的地位，这需要美国的支持和协助。伦敦的政策制定者也希望回到金本位制。银行家和金融家将"经济导向通货紧缩的道路上，并期待纽约降低利率并提供更自由的美国海外贷款"。[45] 美国是唯一一个"有剩余资本可用于外国贷款和投资，从而促进经济复苏"的国家，而且美国持有英国必须偿还的大量战争债务。[46] 英国希望美国"以合作而非竞争的方式"使用其资本盈余。[47]
很多美国人并不想向英国伸出援手，"明面上的友好关系"掩盖了英美关系中潜在的竞争性。[48] 一战后的紧张局势也反映了美国更大的忧虑，从 19 世纪中叶开始，美国就明显感到英国对中国财政的影响过大。然而，正如英国首相大卫·劳合·乔治（David Lloyd George）在 1921 年所表示的那样，英国人并不打算让美国人"在中国从自己身上踏过去"，20 世纪 20 年代英国并未开始"从中国的大撤退"。[49]

但英美之间的竞争很快就因为另一个问题的出现而相形见绌：造币厂的钱快用完了。扣除费用和其他开销，最初的贷款只筹得 1 955 000 元。在这笔初始款项中，837 064 元用于设备，37 593 元用于购买土地，77 142 元用于厂房建设。拖欠债权人利息 1 607 000 元，竣工与投产还需 1 211 000 元。[50] 当时有一篇文章将成本超支的原因归结为预算编制错误和人力投入太多。[51] 由于资金迅速减少，造币厂无力支付订购的大部分机器的货款。造币厂一般会支付 20% 的首付款，在交货时支付剩余金额，但当设备到达上海时，造币厂手头已没有足够的资金。

在接下来的几年里，上海银行公会与历届政府谈判，要求提供额外的贷款以完成造币厂的建设。瞬息万变且常常天翻地覆的政治形势使这些谈判受到阻碍。1922 年 4 月和 5 月，第一次直奉战争席卷华北。1922 年 6 月至 1923 年 6 月，北京名义上的国家政府一共换了 7 位总理，财政总长也频繁更迭。当时，"各派系事实上是独立的，总长们因拿不到薪水而辞职，军阀冲突也没有结束的迹象"。[52] 用以担保造币厂贷款的盐余也引发了问题。由于北京历届政府都用盐余来担保贷款，这笔收入早已被抵押殆尽。此外，盐余的数额每月都会有变化，而且盐余债权也没有明确的先后顺序。更糟糕的是，地方截取的盐余收入越来越多，中央政府控制的盐余收入则越来越少。[53]在各地争夺盐余的过程中，造币厂的贷款并不是被优先考虑的事项。[54] 1924 年初，各方在另一笔贷款上做了最后努力，但无功而返。[55]

1925 年，克利福德·赫维特踏上了回国之路，他也没有拿到全额的薪水。[56] 当离开中国时，他为造币厂订购的很多机器仍闲置在上海的仓库中。不久之后，马寅初感慨地说，这些机器除了生锈，别无他用，十分可惜。没有什么比再筹集贷款让造币厂运转起来更重要的了。但马寅初认为，人们只能叹息，在这样一个动荡的年代，没有人会优先考虑这些休眠的机器。[57]

国民政府与银价下跌

造币厂的设备又添上了几年的锈迹，在国民党掌握了大量领土的控制权后，局势在 1928 年发生了变化。20 世纪 20 年代初，孙中山通过与苏联及共产国际合作，改组国民党，并与1921 年刚成立的中国共产党开启了第一次国共合作。1925 年孙中山逝世后，党内各派人物开始了权力斗争。当时，国民党"党员来自各行各业，其中有保守派人士和共产党员，有商人，有工人，有士兵，有学者"，"只是凭着认识模糊的三民主义聚集在了一起"。[58]

蒋介石不久后就成为国民党和军队的领袖，但摆在他面前的是国共两党之间复杂的关系。蒋介石出生于中国东部沿海的浙江省，在政治上展现了其精明的战术直觉。20世纪初，他在日本就读军校，于1911年辛亥革命后回国，并最终担任孙中山的参谋长。1926年中，在蒋介石成为国民党的重要人物后不久，北伐战争开始。北伐军于1926年北上，希望消灭各路军阀，统一全国。1927年春，北伐军到达上海后，蒋介石在国民党内对共产党人和支持共产党的人士进行了残酷的杀害。这标志着国共两党的决裂。

蒋介石在"清党"的同时，还在南京建立了一个政府，与主要由国民党左派组成的武汉国民政府对立。整个夏季和初秋，党内不同派别之间的矛盾加剧。1927年9月，蒋介石在南京国民政府中已无职务，这是他数次表示要辞去职务后第一次真正这样做，以证明他对国民党和中国的未来是多么的不可或缺。

129　　这年冬天，他与著名华商的后代宋美龄结婚，并很快皈依基督教以取悦其岳母。蒋介石的内兄宋子文当时担任武汉国民政府的财政总长。宋子文和他的姐妹一样在美国接受过教育。他曾就读于哈佛大学和哥伦比亚大学，风度翩翩，头发锃亮，喜欢穿三件套的西装，习惯用英语而非中文与人交流。正如一位美国外交官所言，宋子文表现出一种"美式的冲劲与迫不及待"，这与他在中国金融界的同僚形成了鲜明的对比，有时还会导致冲突。[59]宋子文成为国民政府中的重要角色，但常常和蒋介石在政治和财政问题上意见相左。

蒋介石的"下野"计策奏效了，1928 年 1 月，他以更强势的姿态归来。南京国民政府的势力范围比军阀时代的任何政府都要大，很快就得到了外国的承认。然而，南京国民政府的权力有限，只有几个东部沿海省份在其直接控制之下。北方和西北地区的军阀承诺效忠新政府，但也保持了自己的独立性。国民党内部局势持续紧张，党内许多人对蒋介石的政治判断和工作重心表示怀疑。最后，中国共产党在遭到蒋介石镇压后，撤退到农村的各个根据地。而巩固国民党统治需要很多东西，尤其是钱。

1928 年夏天，时任南京国民政府财政总长的宋子文召集了一批著名的商人、实业家和学者，召开了全国经济会议和全国财政会议，与会人员大多来自发达的江浙两省。[60] 宋子文召集这两次会议的目的很复杂。首先，他希望使南京国民政府与中国商业、金融阶级加强合作；在北伐时期，国民党官员在蒋介石的授意下，为了获得北伐的资金，威胁勒索上海富有的资本家。这并不是一个高效的筹资方式。其次，宋子文还试图组建支持自己的联盟。虽然他在政府中的地位很高，而且是蒋介石的内弟，但是他在国民党党部和军队中并没有强大的个人基础。通过寻求有影响力的商人、银行家和实业家的意见和建议，他希望找到"潜在盟友，助他在国民党政府内进行政治斗争"。[61]

这些权力动向是宋子文非常关注的问题，因为他的主要目标之一是控制预算和限制军费开支，但这一目标常常与蒋介石和其他军事官员的目标发生冲突。[62] 在全国经济会议上，宋子文提出了一个改革方案并获得批准，其中包括限制军费开支、制定预算、建立中央银行，以及裁撤货物经过全国各地时收取的厘金。不久后成立的中央银行充当了政府的金融代理人，但它并没有垄断纸币的发行，其他银行也不需要在它那里存放准

130

备金，这使这个新机构无法产生更大范围的经济影响。[63] 全国经济会议还要求取消不同的记账单位，建立中央造币厂。[64] 马寅初出席了会议，并着重强调了后面这两点。这次会议给上海造币厂注入了新的活力，并确定了在 1929 年 7 月前取消银两制的目标。

在继续建设造币厂之前，必须先理顺一些负债问题。财政部、上海银行公会和上海钱业公会商定了以盐余和粮税为担保条件的贷款，主要用于部队开支。贷款的一部分用于偿还 1921 年原造币厂贷款中应付给银行家的剩余欠款，以及给某些设备制造商的应付账款。宋子文还任命了上海造币厂的新厂长，后者邀请克利福德·赫维特回国继续担任技术顾问。[65] 赫维特在给美国国务院一位熟人的信中表示，他"对于回到上海满怀热情"，并认为"帮助中国政府解决货币问题是我对我国政府应尽的责任"。[66] 南京国民政府还完成了一个具有象征性但意义重大的更名，把上海造币厂更名为中央造币厂，显示了该机构在更大范围的币制改革计划中的重要性。

赫维特并不是南京国民政府在 1928 年秋天邀请来中国的唯一一位美国人。甘末尔收到孙中山之子、时任铁道总长孙科的电报，请他带领一个金融咨询委员会，制定改革步骤。[67] 甘末尔于 20 世纪初在康奈尔大学师从精琪，并在菲律宾进行币制改革时第一次成为"货币医生"。随后，他又到南美洲、波兰、土耳其等地进行类似的工作，在 20 世纪 20 年代担任道斯委员会（Dawes committee）有关同盟国债务的顾问，并担任美国经济协会主席。在一战至二战的间歇期，甘末尔是一位出色的"货币医生"。[68] 他为中国提出的基本方案与为其他国家提出的并没有太大差别：主张"平衡预算，科学征税，消除腐败和补贴，平衡进出口，最重要的是建立一个独立的中央银行，为建立与黄金挂钩的货币体系打下基础"。[69] 聘请他的国家都期望甘末尔能为他们从美国获得其他贷款和财政援助铺平道路。当甘末尔准备带领一批金融顾问前往中国时，精琪写信给他说，中国政府选择这位普林斯顿教授进行这项工作"令他非常满意"。[70]

与他的导师在 20 世纪初的访问一样，甘末尔的出访在政治上也是敏感的。经济学家马克·弗兰德利写道，与其将"货币医生"的工作看作一个单纯的技术问题，不如将其看作一种"涉及经济分析的政治活动"，而不是"涉及政治的经济分析"。[71] 施肇基是甘末尔在康奈尔大学的同学，在 1904 年精琪访华期间担任他的秘书，1928 年担任中国驻华盛顿使团团长。他告诉甘末尔不要用"顾问"这个头衔，因为这个词充满风险。施肇基认为，"财政专家委员会主任"这个较为中性的词更为恰当。[72]与精琪不同的是，甘末尔此行没有国会的赞助，但他与美国政府和华尔街之间有着非官方但紧密的联系。委员会的一位成员阿瑟·杨格（Arthur Young）在陪同甘末尔前往中国之前曾在国务院任职。抵达中国后，宋子文告诉甘末尔，日本利益集团声称甘末尔教授是代表美国政府行事，英国利益集团也表现出了同样的嫉妒。[73]宋子文的担忧不无道理。中日之间的紧张局势持续加剧，在中国东北地区尤甚。

银价下跌是另一个影响甘末尔出访的重要因素。在这方面，他出访时的背景也与 20 世纪初他导师出访时的背景非常相似。[74]20 世纪 20 年代初期和中期，银价从战争时期的高点回落，稳定在 1 盎司精制白银 60~70 美分（见表 6）。第一次世界大战结束时，银价趋稳，一些国家减少了辅币的用银量。他们担心白银的金属价值会超出银币的法定价值，导致银币被熔化，造成零钱短缺。例如，在 1919 年，英国召回并熔化了当时市面上成色为 9/10 的银币，然后以 5/10 的成色重新发行。法国也效仿这一做法，取消了银质辅币。曾经是白银买家的政府变成了卖家，欧洲钱币制度的这一变化"对白银的长期前景是一个严重的打击"。[75]

表 6　1921~1931 年纽约 1 盎司精制白银年均价格

单位：美元

年份	纽约 1 盎司精制白银年均价格
1921	0.63117
1922	0.67934
1923	0.65239
1924	0.67111
1925	0.69406
1926	0.62428
1927	0.56680
1928	0.58488
1929	0.53306
1930	0.38466
1931	0.29013

资料来源：Lin Weiying, *China under Depreciated Silver, 1926-1931* (Shanghai: Commerical Press, 1935), 45。

其间，美国的白银生产者依旧从《毕德门法案》中获益，因为即使市场价格大大低于 1 美元 / 盎司，美国政府仍须以这一价格购买白银。根据法律，美国财政部必须继续购买白银，直至购买数量与熔化后运往印度的白银数量相等。财政部称在 1923 年 7 月达到了这一数量，但毕德门辩称，政府并未诚实地实施该计划，仍需要再购买 1500 万盎司的白银。[76] 毕德门的这一立场并未获得太多支持者，于是他寻求其他方式来支持白银。

在 20 世纪 20 年代中期，印度对银价的走向起到了关键作用。英国殖民政府在第一次世界大战后对卢比进行重新估价，但这一比率高估了卢比的货币价值，印度的货币问题也在整个十年间不断发酵。1925年，英国以一战前的平价回归金本位制，此举引发了许多争议。同一年，爱德华·希尔顿·杨（Edward Hilton Young）成为印度货币政策调查委员会的负责人。当时，一些印度名门主张采用金本位制和金币流通制度，而非采用依靠银质代币和纸币流通的金汇兑本位制。工商业大会委员会（Committee of the Industrial and Commercial Congress）是一个有影响力的印度团体，他们敦促印度实现政治和经济独立，认为实施这种制度将从英国管理者手中夺回权力，并在一定程度上赢回主权：20世纪初以来，支持卢比的储备金存放于伦敦，由英格兰银行支配，并在伦敦货币市场上发挥了重要作用。对金汇兑本位制的反对意见则更为简单。大会的一名成员解释道："一个主权货币单位不多不少正好等于113格令纯金。因此，如果金币在市场上流通，街上的民众就会了解自己的货币到底是什么，就不会像过去十年里那样轻易地被政府的操作误导。"[77]这种担心与中国反对金汇兑本位制的理由类似。

英格兰银行的官员，特别是行长蒙塔古·诺曼（Montagu Norman），反对这样的行动，因为他们认为印度对黄金的需求会破坏英格兰最近才恢复的金本位制。诺曼希望在反对印度实行金本位制的过程中寻求盟友，最后找到了纽约联邦储备银行（Federal Reserve Bank of New York）行长本杰明·斯特朗（Benjamin Strong）。斯特朗担心印度采用金本位制会让印度出售其持有的白银，并使美国白银生产商丢掉这个市场。正如美国白银生产者协会（American Silver Producer's Association）的负责人在给斯特朗的信中所说："丧失印度市场将导致加拿大、美国和墨西哥的银矿关闭（最赚钱的银矿除外）。"这个论点得到了广泛的关注。斯特朗写道，印度的金本位制"将使数万人，甚至可能使数十万人失业，并严重削弱或摧毁这个国家的两到三个重要产业"。斯特朗前往伦敦，作为证人出席希尔顿·杨委员会的会议，并认为印度应该继续实行金汇兑本位制，而不是完全的金本位制。希尔顿·杨委员会并不赞同采用完全的金本位制，将金币作为货币流通，而是试图通过支持金块本位制找到一个折中方案。卢比可以用来兑换黄金，但只可用于兑换超过 400 盎司黄金的大宗交易。这正是印度民族主义者所不希望看到的那种本位制。最终的报告还建议印度政府着手清算白银库存，这一建议让斯特朗和其他人大吃一惊。[78]

印度实行金块本位制并开始出售白银对全世界产生了重要影响。印度政府抛售了 9000 多万盎司的白银，导致银价下跌，也激怒了美国各产银大州的官员。[79] 1927 年下半年，一群美国白银生产商起诉财政部，要求以 1 盎司 1 美元的价格购买白银，而当时市场价格是 55 美分。他们声称 1918 年的《毕德门法案》赋予了财政部长这样做的权力，该法案事实上也的确要求财政部长这样做。虽然时任财政部长的安德鲁·梅隆（Andrew Mellon）拒绝购买白银，但美国白银生产者并未就此放弃，后来继续为支持银价采取其他行动。

印度出售白银在中国也引起了极大的关注。金融报纸在其外汇专栏中刊登了印度这一本位制的转变。马寅初在对学生的一次演讲中，指出了中印货币制度的异同，并讨论了印度改用金块本位制的影响。马寅初认为金块本位制改进了他曾极力反对的金汇兑本位制，甚至觉得金块本位制或许也适合中国，但中国缺少黄金。若论更为直接的影响，印度这种转变会给中国带来不幸，因为印度的白银肯定会流向中国，导致国内的物价大幅上涨。[80]

这就是甘末尔和他的助手团队抵达中国时的背景。他们花了 1929 年整个上半年进行研究，走访全国各地，并在当年秋天向中国财政部提交了建议。在银价下跌的情况下，委员会建议按黄金而非白银计价征收关税。1929 年，以外币计价的偿债金额从 1928 年的 7800 万元上升到 1929 年的 8350 万元。[81] 如果银价继续下跌，偿还这些债务的负担就会越来越重，这与义和团运动后银价大幅下跌的情况类似。1929 年，南京国民政府通过谈判夺回了 1858 年失去的关税自主权。[82] 1930 年初，南京国民政府正式从海关两改为以新的海关金单位征收关税。[83] 刚成立的中央银行发行了海关金单位纸币以便支付关税，甘末尔和他的团队认为这是采用金汇兑本位制的第一步。[84]

　　甘末尔提出设立一种以孙中山命名的金币单位，称为"孙"，其黄金价值约为 40 美分，每枚"孙"中的精制白银含量为 222.22 格令，这意味着其含银量约为当时流通银币的 60%。为了维持这些钱币的价值，政府将解散除中央造币厂以外的所有造币厂，并限制三个银行的纸币发行权。甘末尔建议中国直接采用金汇兑本位制，而并非先在白银基础上统一货币。[85] 与精琪一样，甘末尔也认为中国采用金汇兑本位制并不困难。1930 年 3 月，"甘末尔计划"向社会公布。

　　针对"甘末尔计划"的反对意见似曾相识。《经济学人》重提其 1904 年对精琪计划的立场，认为中国实施金汇兑本位制的可能性"极其渺茫"。[86] 上海金融界的重要人物耿爱德也表达了类似的负面反应。他认为，甘末尔在到达中国之前就已经决定了中国应该采用金汇兑本位制。这个建议是基于甘末尔自己的喜好，而不是基于对中国情况的准确了解。[87] 在 20 世纪 20 年代的大部分时间里，马寅初一直是金汇兑本位制的强烈反对者。他与之前的张之洞一样，认为金汇兑本位制的支持者不了解中国国情。马寅初写道，金汇兑本位制只可以在小国或者是那些法律严明的国家实行，因为他们能够

135

惩治造假行为并将币值维持在其金属价值之上。此外，中国作为一个独立的国家，不能采用与殖民主义有关的货币体系。[88]他还指出，支持金汇兑本位制的储备基金是在国外持有的，他对此表示担忧，因为资产可能遭到冻结，使这些基金在发生冲突时不那么安全。[89]

但在 1930 年"甘末尔计划"公布后，马寅初改变了主意。1929 年，美国股市崩盘；1930 年，银行出现倒闭潮，商品价格暴跌。1930 年 1 月，《经济学人》指出，白银价格"急剧下跌"，导致其现货和远期价格创下了新低。[90]马寅初注意到，许多中国资本家都在出售白银资产换取外汇，以防止他们的财富不断缩水。他担心，如果不采用金汇兑本位制，中国所有以白银计价的资产都将被大量抛售。在银价不断下跌和波动的情况下，经商具有赌博的性质。随着物价水平因货币贬值而上升，那些拿固定工资的人，如公务员和教师，就会受到冲击。[91]马寅初认为南京国民政府是时候放弃白银了。

克利福德·赫维特也认为南京国民政府应该改用金汇兑本位制。1929 年 12 月，造币厂建成；1930 年 5 月 1 日，铸造纪念银币。[92]造币厂投产后，每小时可铸造 4 万枚硬币，是世界上最大的造币厂之一（见图 3）。[93]如果政府要采用金汇兑本位制，就必须做出一些改变。正如赫维特在 1930 年 4 月致信造币厂主管所说，20 世纪 20 年代初订购的原始铸币设备和模具都是为了"根据中华民国 1914~1917 年《国币条例》铸造袁（世凯）元及其辅币"。这些机器和模具并不适用于铸造"甘末尔计划"所要求的钱币。如果政府决定使用金汇兑本位制，就需要新的设备。[94]

然而，在中国，许多人不同意马寅初和赫维特的观点，他们不认为必须采用金汇兑本位制以使中国摆脱银价波动的影响。他们认为，1926 年以后中国并没有因银价下跌而受到冲

图3 上海造币厂厂址

图片来源：由作者拍摄。

击，反而从中受益。经济学家刘大钧是一位颇有影响力的人物，他撰文指出，由于政府仍背负着许多黄金债务，银价的不断下跌损害了政府的利益，也损害了社会上一部分人的利益，但从国家层面而言，总体上还是有利的。这一看法获得了其他经济学家和官员的认同。[95]这种立场在1930年和1931年变得更有影响力，因为当时世界上大部分地区在大萧条开始时都经历了通货紧缩。在世界其他地区，白银只是一种商品，其价格在大萧条开始时出现下跌。然而，由于白银在中国是货币体系的基础，银价的下跌导致中国发生通货膨胀。1929~1931年，中国的物价上涨了21%，在大萧条初期，中国躲过了通货紧缩最严重的影响。[96]

　　银价下跌还对中国经济产生了一些其他影响。随着银价的下跌，来自国外的汇款和投资增加，但白银在中国仍比在纽约

136

或伦敦更值钱，因此，1920~1931年，大量的白银积聚在上海
这一主要的金融中心。[97]利率下行与信贷扩张刺激了房地产市
场的繁荣。许多新贷款是由价格不断攀升的房地产和土地支持
的。这些条件造成了历史学家城山智子所称的"城市繁荣的假
象"，因为它掩盖了中国企业负债增加的事实，也掩盖了每况
愈下的农业条件。[98]其他的问题在不久之后也纷纷涌现。

经济危机、日本进攻上海以及造币厂投产

在20世纪30年代的最初几年，随着经济危机的蔓延和各
国放弃金本位制，世界和中国的货币体系经历了几次动荡。除
了这些全球趋势外，中国国内的政局也波澜起伏：蒋介石着手
肃清对其执政的反对意见，1931年9月18日日本入侵中国东
北地区，1932年初日本进攻上海。无论是国际因素还是国内
因素，都对中国货币市场产生了重要影响，南京国民政府取消
了不同的银两记账单位，确定了银本位制，中央造币厂也终于
在1933年春投产。

1930年甘末尔提出建议后，宋子文起初并没有采取任何
币制改革的行动。当年6月，蒋介石与反对他执政的各省军阀
进行了一场大规模的混战。[99]甘末尔委员会中的亚瑟·杨格居
于幕后，为宋子文出谋划策，并成为中美关系的关键人物。他
判断，"进行基本币制改革的条件远非有利"。[100]不过到了年
底，蒋介石已经击败了反对势力联盟，承诺对政府开支实施更
严格的财政和经济控制，并致力于重建"从农业到商业的一切
事业"，币制改革也被囊括其中。[101]

基于这一声明，宋子文于1931年春派赫维特前往费城造
币厂。宋子文要求，一旦南京国民政府决定采用金汇兑本位
制，模具和所需设备必须到位。财政部长强调此行需要保密，

命令赫维特不得公开此行的目的，并让他带着中国造币厂的工人一起前去，佯装是带领一个培训团。[102] 宋子文希望拟发行钱币拥有防伪设计，同时钱币上也需要标有其黄金价值。钱币的正面是孙中山的侧脸，而背面则是一艘常见的中国帆船。他还建议在钱币背面刻上三只海鸥，从低于帆船吃水线的地方飞过，如此不仅富有艺术感，还有助于防伪。[103] 宋子文还决定，赫维特在费城的时候也要敲定采购制造"大银元"的模具。若南京国民政府不采用金汇兑本位制，就会使用"大银元"。当赫维特于 1931 年 7 月回到中国时，南京国民政府仍未决定是否采用金汇兑本位制。

赫维特返回中国时，全球金融危机日益加剧，对南京国民政府关于币制改革的决策影响重大。1931 年 5 月，奥地利的一家著名大型银行联合信贷（Credit-Anstalt）宣告破产。到 6 月，金融危机已经蔓延到附近的德国。在 20 世纪 20 年代的大部分时间里，德国的财政状况岌岌可危，因为第一次世界大战的赔款占据了国家预算中的一大部分，同时，赔款问题也越来越成为德意志民族意识中的重要议题。7 月中旬，危机达到了顶峰。德国实施了外汇管制，银行关闭，经济大幅收缩。德国和奥地利的许多短期信贷来自伦敦的专业商行，这些商行在中欧业务广泛，并在更大范围的英国货币市场上扮演了关键角色。[104] 7 月，对英国财政状况的怀疑不断蔓延。贷款人收回了他们的贷款，英格兰银行损失了近一半的黄金储备。

部分人有能力审视危机的机制，而不对金本位制带有感情或产生依赖，因此越来越清楚地认识到：英国不能再像以前一样继续下去了。正如约翰·梅纳德·凯恩斯在 7 月写道："当人们开始怀疑某种货币的繁荣时（比如现在对英镑的怀疑），游戏就结束了。"[105] 英国在 9 月 21 日脱离了金本位制，几个月内英镑对美元大幅贬值。1931 年内，有 15 个国家退出了金本位

138

制。[106] 在经历了 1929 年最初的几次震荡之后，金本位制产生了"黄金枷锁"的效果，各国央行开始提高利率吸引更多黄金进入本国，巩固自己的储备，但这只会加剧通货紧缩，使失业率继续上涨，商业发展持续放缓。[107] 一般情况下，一个国家摒弃金本位制后经济便开始复苏。

世界货币体系的这些划时代变化，对南京国民政府有关"甘末尔计划"和金汇兑本位制的决定产生了重要影响。1931年秋天之后，国际经济体制开始分化为不同的货币制度：丹麦等与英国贸易量大的国家，其货币与英镑挂钩；中欧国家实行外汇管制；另一些地方仍实行金本位制且没有外汇管制，如美国、法国。从中国的角度来看，在世界形势充满不确定因素的情况下，立即做出决定不是明智之举。[108] 此外，在许多其他国家纷纷放弃金汇兑本位制的情况下，采用这一制度并不是一个有吸引力的提议。这一点和上文提到的第一点有关。随着许多国家转而采用灵活的汇率，中国现在很难将自己与既定的黄金、美元或英镑汇率挂钩，因为随着其他货币价值的波动，尚不知晓这一模式会对中国的整体经济竞争力产生什么影响。正如上文所提及的，许多中国人认为，当世界其他地方出现通货紧缩时，银价的下跌为中国带来了稳定的通货膨胀，因此是有益的。一些观察家认为，中国显然不应该在这样的环境下冒险采用金汇兑本位制。在接下来的几年里，经济和政治形势瞬息万变，这些矛盾也随之显现。

世界经济发生巨大变化之时，南京国民政府内部以及中日之间的关系也日益紧张。蒋介石与反对派之间的矛盾在整个 1931 年不断发酵。一些国民党人士聚集广州，正式反对蒋、宋两人的财政政策，他们认为这一政策的目的是为军队争取资金，而不是用于抗洪救灾。[109] 最初，蒋介石成功化解了对其权威的挑战。1931 年 9 月，日本对中国东北地区的入侵使这些内部的紧张局势再次凸显。

由于中国东北地区自然资源丰富，且紧邻朝鲜半岛北部，许多日本人将其看作一个关键地区。随着经济大萧条的到来，中国东北地区的重要性只增不减，日本军方认为它是一条生命线，对建立一个自给自足的经济集团至关重要。[110] 日本在1929 年底恢复金本位制的做法得到了军方的普遍反对，而随后两年由此引发的经济衰退更坚定了他们"单打独斗"、以中国东北地区为中心建立经济集团的愿望，不再继续"顺应"英美的政治和金融秩序。1931 年日本的歉收加剧了日本农村的社会经济危机感；许多年轻军官来自这些农村地区，他们相信侵占中国东北地区可以缓解农业危机。[111] 在 9 月发起首次进攻之后，日军对该地区发起猛烈攻势，并在 1931 年剩余的时间里侵占了大片领土。12 月中旬，日本宣布禁止出口黄金，并脱离了刚恢复不久的金本位制。[112] 1932 年 3 月 1 日，日本宣布建立以清朝末代皇帝溥仪为首的傀儡政权——"伪满洲国"。

日本对中国东北地区的侵略在中国产生了重要影响。首先，南京国民政府丧失了在该地区获得海关收入的机会，这一点在长期来看影响极其关键。其次，蒋介石与其批评者因日本入侵展开沟通，就能否弥合双方日益扩大的分歧展开讨论。国民党内的其他势力无法接受蒋介石担任任何政治职务。1931 年 12 月底，蒋、宋双双辞职，孙中山之子、广州反对派成员之一的孙科担任了领导职务。蒋介石在北伐期间也曾采用类似策略。他希望利用"下野"来证明自己的价值，证明他是唯一能够团结党和国家的人。这是一个精明的战术举措。由于无力筹集资金，加之党内、军内其他势力的反对，孙科仅在任了几个星期，就于 1932 年 1 月 25 日辞职，蒋介石、宋子文在危机中重新上台。

1932 年 1 月 18 日，日方制造事端，引发所谓"日僧事

140

件"。在接下来的几天里,日军在附近集结,与此同时,中国的抗议者挤满了街道。1月28日,日军飞机开始轰炸上海,随后部队袭击了上海的华界。日军最终向上海派遣了近10万人的军队,希望在攻占中国东北地区的同时加强对上海的控制。日本在前一年秋天进攻中国东北地区后发生了政治经济危机,12月日本放弃金本位制,执政政府倒台。日军的入侵也利用了这一有利的时机。日本的议会选举定于2月20日举行,但日本全国因暗杀,政治氛围高涨。2月9日,有激进青年被政府高官和商界领袖的政策激怒,计划谋杀20名官员,最后两人遇害,其中一人是1929年引导日本重回金本位制的大藏大臣井上准之助,此人被认为是过去两年经济状况恶化的罪魁祸首。

随着日军开始进攻,蒋介石担心南京离上海太近,便将南京国民政府所在地临时迁往洛阳。停战谈判于3月初开始,但直到5月初才结束。[113] 停战协议的条款规定南京国民政府不得在上海或周围驻扎任何军队,但允许一部分日军进驻上海。

从1931年9月日本入侵中国东北到1932年春达成上海停战协议的这段时间,对上海金融界以及总体经济状况来说是一场"政治和金融灾难"。[114] 1931年底蒋介石辞任后,南京国民政府债券价格暴跌,降至历史低点。1932年1月中旬蒋介石回归、日军入侵上海之前,南京国民政府决定暂停交易债券半年。为防止债券价格全面崩溃,上海市场很快停止了交易,直到5月初才恢复。在与日本交战期间,宋子文与债券持有人达成了协议,延长了债券期限并更改了政府证券的利率。[115]

日军侵占上海及其后续事件对洋厘也产生了重要的影响。数值通常在0.72左右的洋厘此时已飙升至接近0.74。这种暴涨源于日军入侵期间银币需求的增长,以及寻求将银币安全转移出上海的趋势，前者和后者相互抗衡。代表钱庄的上海钱业公会呼吁市内大银行出售部分白银储备以稳定市场。[116] 在危机中，每个人都想要硬通货。然而，随着冲突的结束，洋厘迅速下降。到了春末，据报道，全国各地的银币纷纷涌入上海。1931 年中，上海的银行和钱庄估计共持有 1.4 亿枚银币；到 1932 年 8 月，这个数字已经激增至 2.4 亿多枚。[117] 6 月初，洋厘为 0.6905，到 7 月 1 日跌至 0.688，为历史最低。[118] 由于各方资产及负债定价的单位不同，有的使用规元，有的使用银币，洋厘的上下快速波动也因此为其带来收益或造成损失。[119] 同时，银币作为硬币的价值和作为银块的金属价值差距越来越大，造成大量银币被熔化。[120] 1932 年 5 月，一些人士认为此时是取消不同银两记账单位的好时机。中央造币厂在这一过渡时期将扮演重要角色。

宋子文曾担心造币厂可能在与日本的冲突中遭到破坏。他甚至与美国驻上海领事沟通，请求他进行善意斡旋，与日本人达成协议，将造币厂及其周边排除在冲突地区之外。"为了将来铸造钱币"，必须保护造币厂。[121] 5 月冲突结束后，赫维特起草了一份备忘录，敦促采取行动进行币制改革。随着一系列国家放弃金本位制，甘末尔委员会早先的计划已无多大意义。宋子文曾决定中国应该继续使用白银，并在 1932 年 4 月的一份备忘录中写道，最好以白银为基础进行币制改革，"而不是立即以金币为目标"。[122] 大约在同一时间，赫维特致信美国造币厂厂长罗伯特·格兰特（Robert Grant），表示中国政府想更改钱币的设计，将三只海鸥从中国帆船的下方移到上方。[123] 在日军进攻上海的背景下，在这个位置上放置三只海鸥很快被赋予了重要的含义。

在 1932 年余下的时间里，有关废两的争论成为金融政策讨论的主要内容。在 6 月上海钱业公会、上海银行公会和上海总商会的联席会议上，钱业领袖概述了他们反对取消上海规元的观点。钱庄界的重要人物秦润卿强调，他在原则上同意取消上海规元等银两单位的目标，但指出政府不应草率决定。如果不牢牢控制当时分散在内外资银行间的纸币发行权并建立统一的铸币制度，银币会供不应求，导致假币泛滥和钱币贬值。[124]然而，该政策在试图解决一个问题的过程中，会引发其他更严重的问题。

秦润卿并不是唯一持怀疑态度的人。甘末尔委员会的另一位成员洛克哈特（O. C. Lockhart）和亚瑟·杨格一样留在中国，为财政部提供建议。他写道："除非设立一种为大众所普遍接受的新货币，让商人自愿停止使用旧的记账单位，否则似乎很难废除一种现有的记账货币。"[125]银两单位诞生于商业习惯而非政府法令，因此它也应该以这种方式终结。外国银行界在废两问题上也有分歧。一方面，他们几十年来一直主张币制改革。如果现在不支持这项措施，则有虚伪之嫌。另一方面，取消银两将限制外国银行控制中国货币供给的权力，因为他们将无法在上海进口银币并按自己的意愿使用。[126]上海汇兑银行公会（Shanghai Foreign Exchange Bankers' Association）的立场是，只有在"新币流通良好 10~15 年后"，才应取消银两单位。[127]这与秦润卿的论点相合，两者均没有直截了当地表示反对，而是希望避免仓促草率的行动，并以此婉转地提出反对意见。[128]

在这场争论的高潮阶段，马寅初并没有掩饰自己的观点。他首先强调，现在是废两的好时机，洋厘下跌后，由于银币作为金属比作为钱币更值钱，各种银币被大规模熔化。他估计上海每天熔化 40 万 ~50 万枚银币，银币之间纯度的不同被消除了。中央造币厂即将投产，每天可生产近 50 万枚钱币，因此是时候废除银两制度了。[129]马寅初重申，上海钱业公会的反对意见其实是为了自身的经济利益，即使不完全忽视他们的意见，在考虑时也不应多加理会。马寅初坚持认为，对钱业领袖来说，银两制是他们不想失去的利器。[130] 钱庄只以两为单位开户，在存入银币时利用汇差获利。此外，钱庄处于上海清算业务的中心，这意味着其他银行必须在钱庄存放存款。最后，他强调了一个大家都熟悉的观点，即废两可以简化日常商业事务，省时、省钱、省力。[131]

不仅上海的财经刊物对此问题讨论不断，宋子文也为废两问题组建了一个委员会。这一委员会的职责不是讨论要不要废两，而是讨论应如何废两。宋子文指示该委员会集中讨论三点：新银元的重量和成色、以何种比价折算现有银两合同，以及如何增强公众对新举措的信心。[132] 委员会的相当一部分工作都围绕一个问题进行讨论，即新银元的成色（0.880 银）是否应略低于当时流通的银币（即 0.890 银的"袁大头"）。[133] 委员会最终建议将新银元的重量定为 26.6977 克，银占 88%，铜占 12%，纯银总含量为 23.493448 克。① 与 1914 年创制"袁大头"的情况一样，新银元的成色必须偏低，防止因重铸而造成损失。新银元的价值为 0.715 两上海规元，所以 100 枚新银元等于 71.50 两上海规元。1933 年 3 月 3 日，财政部颁布了废两改元的规定。从 4 月 6 日开始，所有的合同必须以元，而不是以两为单位制定。此外，钱庄不再公布洋厘，设定利率时也以元而非两为单位。[134] 银两将退出日常使用的舞台。

中央造币厂在这最后的过渡时期将发挥重要作用，提供大量银币。新币的正面图案是孙中山像，背面图案是中国帆船，船的上方有三只海鸥，背景是太阳的光芒。原江南兵工厂厂长郭承恩在造币厂投产前出任新厂长。他任期的最初几年充满争

143

---

① 原书数据如此。

议，很快就与赫维特"闹翻了"。[135] 赫维特厌倦了这种冲突，认为十年过去，他的工作业已完成，于是离开中国返回加州。1933 年 2 月初，陪同赫维特去费城造币厂的三名中国技术人员致信财政部，抱怨郭承恩没有听取他们的建议，正在对该厂的厂房进行改造，"妨碍了正常生产"。[136] 但这些抱怨并没有影响造币厂于 1933 年 3 月 1 日投产。[137]

造币厂随即面临两个问题。第一，三名造币厂中国技术员提出的问题愈发凸显：机器损坏，工作人员不熟练，"操作混乱让我们付出了高昂代价，浪费了贵重的金属，大幅度推迟了合格银元的生产"。[138] 第二，钱币进入流通领域后并不受欢迎。[139] 钱币右下角的旭日和顶部飞翔的三只海鸥，"被中国人认为是烙上了日本国徽和日本军机编队的印记"（见图 4）。[140] 由于距离日军进攻上海仅过去了一年，这枚钱币的形象和象征意义并不受欢迎。在这场关于造币厂运作和钱币流通的动荡中，克利福德·赫维特收到了宋子文和阿瑟·杨格的一连串电报，要求他返回上海。他拒绝了这些要求，但让美国费城造币厂为中国中央造币厂制作了新的钱币模具，移除了三只海鸥和太阳升起的图案。[141] 1933 年中，美国费城造币厂的新模具运抵上海，中央造币厂开始加紧生产。

虽然中国在货币体系中使用白银已有数百年的历史，但从未真正实行过单一的银本位制。交易媒介和各种记账单位之间是割裂的。这种情形在 1933 年春天发生了变化。但是，这种不同银两单位的终结很容易为人们所忽视。《纽约时报》指出，"三亿多人数百年来所使用的记账货币单位彻底终结"，"没有借助头条新闻或会议公布，也没有相互争论，只用小字显示在了外汇表格上"。[142]

在整个 20 世纪 20 年代，以及特别是在 1933 年春天，上

图 4　中央造币厂 1933 年 3 月生产的钱币
图片来源：由美国钱币学会（American Numismatic Society）提供，图像编号为 1933.119.1。

144

海造币厂在从多种银本位制转向单一银本位制的过程中发挥了
重要作用。造币厂的悠久历史体现了 19 世纪和 20 世纪中国
历届政府目标的连续性。从清朝末年开始，许多人就呼吁取消
不同的银两记账单位，但这些努力都未获成功。在中华民国
初期，1914 年的《国币条例》将"元"确立为法定记账单位，
但这些仅仅是纸上谈兵，在现实中，银两记账单位仍然十分重
要。当 20 世纪第二个十年末上海造币厂的计划开始实施时，
其支持者希望能通过该厂最终废除银两制，但遇到了一系列

行政和财政问题。国民党领导的南京国民政府在1928年上台时，也致力于消除不同的银两单位，并接管了负债累累、仍未建成的造币厂。新政府在政治上控制了主要经济中心，并从中获益；同时，随着20世纪第二个十年和20年代交通和通信情况逐渐改善，出现了更多金融机构（并提供更多类型的服务），纸币的接受面越来越广，随之而来的金融深化也为南京国民政府带来好处。当时，钱庄、中国有限责任银行、外国银行等所有金融从业者的利益并非完全相同，因此对废两看法不一。尽管存在这些分歧，但是废两是南京国民政府对金融系统影响力的重要宣示。尽管遭到一些金融业人士的反对，但是南京国民政府的改革仍然得以进行。

上海造币厂与世界政治状况密切相关。在建厂初期，美英两国发生了冲突，争论由谁为造币厂提供设备以及采购合同对两国在中国的影响力有何意义。后来，埃德温·甘末尔凭借在华尔街和华盛顿深厚的人脉关系，带领金融顾问团赴华，以期说服中国采用金汇兑本位制。随后，日军在1932年进攻上海，并在造币厂周围发生了战斗，对货币市场产生了重要影响，洋厘随着冲突的爆发而急剧上涨，在战斗结束后又出现下跌。洋厘的波动在1932年夏天引发了最后一场关于废两的争论，最终形成南京国民政府废两改元的政策，并推动造币厂投产。

146 造币厂的故事也与世界经济和白银市场的重要变化同步发生。在第一次世界大战结束时，银价达到数十年来的最高位。在20世纪20年代的后半期，特别是在印度政府抛售白银之后，白银价格下跌并在大萧条开始时继续下跌。中国国内的一个重要观点认为，20世纪20年代末的银价下跌对中国有益，因为它让中国躲过了世界其他地区出现的通货紧缩。然而另一些人，如马寅初，则认为银价下跌过快，弊大于利。20世纪30年代初，他希望实施金汇兑本位制计划。由于1931年世界上许多国家都放弃了金本位制，南京国民政府也选择不将货币与黄金挂钩。

造币厂的投产和银两制的废除使交易媒介和记账单位不再割裂，标志着中国货币史上一个时代的结束，但关于白银在中国货币体系中作用的争论和冲突远未结束。事实上，就在造币厂开工之时，中国银本位制的前景就已经蒙上阴影。1932年底和1933年初，银价一反过去十年的颓势，开始大幅上涨。然而，白银集团的一群美国议员认为，白银价格上涨的速度还不够快。他们认为，整个20世纪20年代白银的下跌是造成世界性经济萧条的主要因素，因为它限制了美国与中国这个巨大市场之间的贸易，因此他们想采取一些行动来支持银价。刚刚确定了银本位制的南京国民政府很快就放弃了这一制度，世界历史上的白银时代在国内外因素的相互作用下宣告终结。

7
法币与全球白银时代的终结，
1933~1937

　　1935 年 11 月，南京国民政府宣布脱离银本位制，改用由政府控制的货币——法币：政府将白银库存收归国有，向几家银行限量发行纸币，并承诺按一定的对美元和英镑汇率无限制地买卖新货币。尽管南京国民政府坚持新货币不与任何货币单位挂钩，也不是英镑或美元集团的一部分，但是支持法币的是外币而非白银。尽管在 1937 年 7 月日本全面侵华之前，甚至在全面侵华之后的几个月里，包括中国在内的全世界都对法币是否会被接受心存疑虑，而且新货币体系的基础也存在许多威胁，但是南京国民政府还是维持了货币的既定汇率。这是中国货币史上一个划时代的时刻，这个引起国内争论、产生国际影响的问题跨越了清朝、北洋政府时期和南京国民政府时期，终于宣告结束。

　　1933~1935 年，随着银价上涨，南京国民政府脱离了银本位制。当时，美国白银集团的成员认为，20 世纪 20 年代末和 30 年代初银价下跌，夺走了中国消费者的购买力，使美国的出口收缩，造成了大萧条。虽然到了 1933 年，随着许多地方退出金本位制，银价出现上涨，但是他们认为涨幅还不够大。这些成员认为，把银价再提高一些，中国就能从美国进口商品，缓解经济危机的压力。这个论点虽然并不十全十美，但在大萧条的背景下，它与其他政治压力一道促使美国国会通过了 1934 年的《白银收购法案》（*Silver Purchase*

Act），要求财政部长启动大规模的白银收购计划，以高于市场的价格购入白银。银元在中国境外作为银块比在中国境内作为硬币更值钱。许多中国人士曾向美国政府警告这样的结果。1929~1932年，中国躲过了大萧条最严重的影响，却很快就陷入了危机之中。

《白银收购法案》在货币史上非常有名，但毁誉参半。诺贝尔奖获得者、经济学家米尔顿·弗里德曼（Milton Friedman）称该法案是一个"毫无必要且毫无用处的计划"，让"（美国）纳税人花钱把白银从地下挖出来，提炼、铸造，然后运去存了起来"。[1]本应是法案受益者的美国白银生产商成为利益受损者，因为"该法案摧毁了一个曾经的主要白银市场"。[2]弗里德曼认为，对于中国来说，美国的《白银收购法案》"剥夺了中国的货币储备，并将其从银本位制驱赶到了不兑现纸币本位制"。[3]由于货币供应量迅速下降，南京国民政府不得不采取这一步骤。弗里德曼把他的论点延展（也许是过度延展）到二战和国共内战上，认为20世纪40年代滥印法币及其引发的严重通货膨胀是中国共产党取得胜利的一个重要因素。弗里德曼的关注点在于法币后来的失败，而不是最初的稳定。

另一位诺贝尔奖得主、经济学家托马斯·萨金特（Thomas Sargent）和他的合作者洛伦·勃兰特（Loren Brandt）与弗里德曼观点相左，认为《白银收购法案》"并没有引发一连串糟糕的经济事件，最终也没有迫使中国脱离银本位制而采用不兑现纸币本位制"。[4]货币供应量没有收缩，纸币没有代替白银，在金融系统中也没有金融恐慌蔓延。相反，萨金特和勃兰特认为，"是中国政府驱使货币体系脱离白银，以期（在银价上涨中）获得更大的好处"。[5]他们的论点基于一个关键假设，却忽略了若干重要细节。首先，勃兰特和萨金特假设南京国民政府足够强大，并且在币制改革的范围上达成一致，还能够轻易地利用银价的上涨。然而，当时许多观察家对如何进行币制改革意见不一，并怀疑中国政府能否完成货币制度的转型。其次，萨金特和勃兰特的论点仅关注到宣布法币改革后便告一段落，并没有关注紧随其后的负面影响。1935 年 12 月和 1936 年 1 月，由于美国减少购买白银的数量，银价下跌，威胁到中国新货币体系的根基。最后，南京国民政府控制了大量白银，但以对己有利的方式处理这些白银绝非易事。正如美国财政部长亨利·摩根索（Henry Morgenthau）对 1936 年 4 月抵达美国谈判白银销售问题的中国银行家陈光甫所说的，"你们有大量的白银，这使你们的问题更难解决了"。[6] 拥有这么多的白银并不只是优势，更是一种负担。

美国《白银收购法案》的故事和法币的诞生可以视作为解决更多经济学理论争论而进行的试验，但更恰当的看法是把它视作在货币制度改革问题上中国国家建构辩论的高潮。这场辩论在清末出现，延续到北洋政府和南京国民政府时期。1935 年夏天，各种计划见诸中国报端，包括将货币与英镑挂钩、继续使用白银，或是恳求美国停止购买白银。同样，1933~1935 年，美国和英国在最后的白银疆土上竞相引导、影响和支持中国的币制改革，一些日本人士则希望破坏这一新的体系。白银在中国货币体系中的作用与东亚日益紧张的政治、外交和军事局势紧密交织。

随着法币的诞生，中国的核心问题从如何改变货币体系转向如何捍卫新货币。这个问题与主导之前 60 年中国国家建构的问题有着根本不同，也标志着本书论述的自然结束。许多中国观察家对法币的短期和长期影响有不同看法，但他们一致认为中国的货币体系在 1935 年发生了决定性的变化。世界历史上的白银时代于 15 世纪出现，当时白银在复杂的全球贸易网络中把欧洲、南美洲和中国联系在了一起，由于强权政治和中

国国家建构共同作用于最后的白银阵线，这个时代在 20 世纪
30 年代中期落下帷幕。

通往 1934 年《白银收购法案》之路

美国国会中的白银集团长期以来一直在争论如何为白银提
供支持。[7] 一些立法者寻求通过恢复金银复本位制来使白银再
次进入货币流通领域，另一些立法者希望通过限制世界市场上
的白银销售来提高银价，还有一些立法者希望为白银设定一个
固定的价格。由于经济和金融情况迅速变化，世界充满不确定
因素，白银集团的分歧在 20 世纪 20 年代末和 30 年代初尤为
重大。该集团的一些成员将目光投向中国，希望通过提高银价
来增加中国消费者的购买力，以此摆脱大萧条。尽管该提议具
有争议性，且有人拿出了证据以反对这一观点，但是美国国会
还是通过了 1934 年的《白银收购法案》，要求财政部长以高
于市场的价格购买白银。在大萧条持续和亚洲地缘政治局势愈
加紧张的背景下，该法案在世界各国首都引发了一连串事件，
最终导致南京国民政府放弃了银本位制。

内华达州民主党参议员基·毕德门是白银集团的关键力
量，在 1934 年《白银收购法案》中发挥了重要作用。根据历
史记载，世人认为毕德门是个粗鄙之人，而且经常喝醉。这种
判断并非完全没有根据，毕德门自己曾写道，他是一个"定期
喝醉的酒鬼"。[8] 然而，他有能力"在提到白银时突然变得清醒，
即使只是片刻的清醒"。[9] 毕德门反对推动恢复金银复本位制，
因为他认为这是一个不切实际的目标。[10] 金银复本位制在政治
上不仅是徒劳的，而且是危险的，有可能重蹈 19 世纪 90 年代
民主党因白银问题而派系分裂的覆辙。[11] 他认为，最好是通过
其他方式支持白银，即通过国际协议来规范世界市场上的白银

销售，并通过美国政府开展白银收购计划。这就是第 6 章中讨论的 1918 年《毕德门法案》背后的动力，该法案将美国国库中的白银出售给英国，供其在印度使用，同时要求美国政府购买白银以补充损失的储备。

在大萧条之初，毕德门起草了一份有争议的说明，从国际贸易量、白银价格、中国国情等角度解释最近的经济历史。他的解决方案也遵循了类似的思路。他构建的故事也与其所在州的利益相一致，这并非巧合，而是顺势而为。内华达州在大萧条的最初几年受到了特别严重的打击，由于白银价格下跌，生产者减少，失业率飙升。[12]毕德门并不是唯一一个指出经济衰退原因的人，但是作为参议院外交关系委员会（Senate Foreign Relations Committee）的成员，他有能力按照自己的想法采取行动。1930 年 4 月，参议院外交关系委员会成立了一个特别小组委员会，研究美国对华贸易。该委员会采访了全国各地的经济学家和商人，其中许多人强调了美国对华出口下降背后的非货币原因，包括 1926~1928 年的北伐战争、中国基础设施遭到的破坏，以及中国内陆地区的高税收。[13]毕德门不相信这些解释，并利用小组委员会来推进自己以白银为中心对经济事件的分析。

151

除白银以外，毕德门概不接受其他因素影响贸易的观点，并对经济学家抱有特别的蔑视，认为他们"对白银问题知之甚少"，因为"他们师从那些不把白银当作货币的人，因此对白银不感兴趣"。[14]毕德门认为，除非与世界各地，特别是与亚洲的民众建立起制成品贸易，否则美国不会恢复繁荣。[15]他强调，如果银价稳定在一个"让东方人满意的水平，那么东方人就会割舍他的白银，生意便得以继续下去"。[16]这种解释体现在小组委员会的最终报告中，该报告将"银价前所未有的突然暴跌"看作过去两年中"我们对华贸易异常与骤跌的主要原因"。[17]

毕德门关于白银的想法代表了美国人长期以来对中国这个尚未开发的市场的普遍看法。他们认为，只要情况允许，这个市场迟早会进口美国商品。毕德门以白银为中心的世界观使他必须重视中国在全球经济中的作用，因为在仍将白银作为货币体系基础的国家中，中国的人口最多。此外，毕德门反对在美国推行金银复本位制，这自然使他强调应从国际层面解决白银问题；解决办法不是在国内进行币制改革，而是在全球影响白银价值。

毕德门对经济衰退原因和前进道路的解释引发了争议。在胡佛总统任期末尾担任财政部长的奥格登·米尔斯（Ogden Mills）致信毕德门表示，银价下跌是"大萧条的结果而不是原因"，也不是"大萧条产生与延长的重要因素"。[18] 米尔斯强调，尽管美国对华出口从 1929 年到 1930 年有所下降，但是从 1931 年的前两个月到 1932 年的前两个月，美国对华出口实际上升了 1/5，而美国出口总量却下降了 30% 以上。[19] 毕德门认为，白银是"我们希望卖给全球半数以上人口"的货币。米尔斯并不认同这一观点。[20] 他认为这一判断只是夸大了中国在国际贸易中的份额，稳定的银价，而非高涨的价格，才符合中国的最佳利益。

毕德门与米尔斯之间分歧的核心在于，两人对白银在中国和世界经济中的作用有着不同的解释。毕德门认为中国使用白银进行采购，而米尔斯和其他人则认为中国直接采购白银。[21] 毕德门认为，中国主要将白银用作货币从国外购买商品，由于国外每盎司白银的价格较中国更高，因此中国可以获益。他的批评者认为，中国只是将白银作为商品进行购买，作为其出口的交换。米尔斯当时采取的立场现已变为常识，即一个国家的出口最终会用于支付其进口。毕德门认为低银价伤害了中国，而其他人则认为相对黄金偏低的银价，或者至少是灵活的汇率，对中国有益，且这种益处在 20 世纪 30 年代初日益严重的经济危机中尤为明显。米尔斯认为，由银价上涨而导致的任何中国进口增长都是昙花一现，因为它很快就会让该国出口的商品更加昂贵。从实际情况来看，米尔斯的观点是正确的——不仅仅是白银，许多因素都制约着世界贸易。但作为政治家，毕德门更为老练。1933 年和 1934 年，毕德门继续将他以白银为中心的大萧条故事与美国对未开发的中国市场的长期展望联系起来，成为美国金融和货币政策中一个有影响力的声音。

在中国，白银在全球经济衰退中的作用也是一个激烈争论的话题。对马寅初来说，白银是一个十分重要的问题。他认为，在美国，只有白银生产商和代表这些生产商的政治家关心白银价格的波动，但在中国，这些波动与每个人息息相关。[22] 马寅初提醒他的读者，由西方参议员组成的白银集团不一定符合中国利益。[23] 与毕德门不同，他没有强调中国在世界贸易中的重要作用。与米尔斯一样，他认为银价下跌是大萧条的结果而非原因。[24] 在中国从白银低价中获益的观点上，马寅初也与其他中国经济学家意见相左。时任中山大学教授的黄元彬认为，中国并不是最近才从较低的银价中获益的，自 19 世纪 70 年代以来就是如此。[25] 然而马寅初称，过去几年的衰退对中国早已弊大于利。人们不愿意持有白银，便将其换成外汇；由于存在货币风险，外国人不愿意在中国投资；包括企业和政府在内的进口商都失去了购买力。[26] 马寅初总结，廉价白银对中国有利的说法过于乐观。它可能在纸面上看起来很有说服力，但在实践中并不如此。[27]

在此背景下，富兰克林·罗斯福（Franklin Roosevelt）于 1933 年 3 月上任。正如他一贯的风格，罗斯福在竞选过程中对白银利益集团表达了同情，但并未做出任何承诺。在蒙大拿州的一次演讲中，他表示支持召开一次国际会议，就限制白银销售的协议进行谈判，并强调需要促进采矿业健康发展，但他承认，"寻找出路是困难的，在白银问题和恢复太平洋贸易问题上尤为如此"。[28] 罗斯福政府早期的举措旨在防止恐慌，特别是银行部门的恐慌。[29] 罗斯福立即宣布银行暂时休业，并在 3 月 9 日签署了《紧急银行救济法》（*Emergency Banking Act*）。随后，政府还采取了一系列举措，暂时停止使用金本位制的关键组成部分：一项行政令将持有黄金定为犯罪，且在没有获得财政部许可之前禁止出口黄金。罗斯福和他的内阁官员强调这些都是临时性的非常措施。

153

在罗斯福执政的早期，代表西部白银生产者和南部及中西部农业利益的议员们组成了另一联盟，支持"自由白银"和恢复金银复本位制，以期加大货币供应、结束通货紧缩。除此之外，一些人单纯支持法定货币，而另一些人则试图减少美元中的黄金含量。4 月，蒙大拿州民主党参议员伯顿·惠勒（Burton Wheeler）对一项法案提出修正案，要求恢复金银复本位制。参议院于 4 月 17 日进行投票，33 名参议员赞成、44 名反对、19 名弃权。投票反对该法案的参议员不到半数，"某种形式的通货膨胀"因此获得了支持。[30] 在这次投票后不久，俄克拉何马州民主党参议员埃尔默·托马斯（Elmer Thomas）提出了一项农业法案的修正案，拟赋予罗斯福和美联储自由裁量权，通过美联储的公开市场操作、发行绿币、铸造银元、降低美元的黄金含量等措施来加大货币供应。4 月 19 日，《商业周刊》（*Businessweek*）刊登了一篇文章，指出"华盛顿和华尔街都在谈论即将到来的通货膨胀"。[31] 当托马斯修正案通过后，罗斯福叫停了黄金的出口，美元对英镑汇率开始大幅波动。[32]

那年春天，罗斯福政府还为即将在伦敦举行的世界经济会议（World Economic Conference）做准备。《泰晤士报》

（*London Times*）称这次会议是"有史以来为协商而召集的最盛大、最具代表性的政治家聚会"。[33] 尽管前路障碍重重，但是各方仍通过这次会议进行"最后一搏"，希望通过解决债务负担、鼓励国际贸易以及稳定汇率来找到某种方法结束经济衰退。[34]

由于各方对大萧条原因的解释和叙述存在冲突，加之各国国内的政治压力，这次会议难以达成实质性的协议。本次会议本有可能达成协议，稳定多国退出金本位制后波动多时的汇率，但个别政府希望在其国内价格水平的政策上"保持行动自由"，两者成为会议中的主要矛盾。[35] 第二个目标与第一个目标背道而驰。各国在第一次世界大战债务和赔款支付的问题上出现争议，让可能达成的重要协议更为复杂，而法国于 1932年底拖欠战争债务的举动更是雪上加霜。双方在抽象的层面上尚有可能找到一个彼此都能接受的一揽子方案，包括稳定汇率、降低已在世界各地生效的关税和免除战争债务，但这些方案往往因现实问题和联合行动的协调问题而以破裂收场。例如，英国在 1931 年 9 月脱离金本位制后，其价格水平逐渐上升，经济开始复苏。1932 年，英国对进口制成品征收关税，建立了鼓励帝国内部贸易的帝国优惠制度，与不同国家达成双边贸易协议，并努力联合为其贸易提供资金且持有英镑作为货币储备的国家，建立一个英镑集团。这个过程一旦开始就不容易扭转了。同样，虽然作为伦敦协议的一部分，美国能够免除战争债务，但是这在政治上很难实现。[36] 鉴于这些相互冲突的议程和目标，以及对各自执行协议的承诺心存怀疑，历史学家罗伯特·斯基德尔斯基（Robert Skidelsky）后来认为这次会议是"战时最徒劳的会面"。[37] 当英格兰银行行长蒙塔古·诺曼被问及世界可以在会议中期待什么时，他简短地回答说："没什么可期待的。"[38]

6月，在伦敦的代表们为稳定汇率制订了不同的计划。罗斯福总统最终拒绝美国参与其中任何一项计划。在7月3日一份著名的会议致辞中，他批评了"这种似是而非的谬论"，即刺激经济复苏需要稳定汇率的观点。相反，罗斯福写道，美国寻求"让美元在一代人之后的购买力和偿债能力与不久之后的将来相同"。[39] 罗斯福强调需要在国内经济中保持行动自由，他所传达的信息让在汇率稳定、战争债务和赔偿问题上达成广泛协议的希望就此破灭。

但会议并没有停止，讨论仍在继续。事实上，美国代表团成员毕德门希望就银价达成协议。在世界经济会议召开之前，宋子文曾顺便拜访华盛顿特区，讨论这项可能达成的白银协议的内容。在这些初步会谈中，宋子文表示他"不反对提高银价"，但银价应"与总体价格水平同步上升"，"随意"的波动将"造成伤害"。[40] 除了这些一般原则外，宋子文赞成在白银的主要生产国和消费国，即在中国、美国、墨西哥、加拿大和英国之间达成一项协议，以规范白银的销售。[41] 毕德门在伦敦促成了一项交易，让印度、中国和西班牙同意在未来四年内限制其白银销售。印度出售的白银将不超过3500万盎司，西班牙不超过2000万盎司，而中国将不出售通过熔化退出流通的硬币得到的白银。之所以加入这一条款，是因为如果中国脱离了银本位制，熔化和出售的白银数量将抵消协议中其他条款的效果。毕德门将达成白银协议称为"我一生中发生过的最大的事情"。[42]

但并非所有人都赞同这一观点。该协议让美国那些赞成恢复金银复本位制和自由白银制度的人感到失望。这一措施并不到位。参议员惠勒反对这些条款，认为该协议将白银简单地视为一种商品，在使白银重新成为货币方面做得不够。[43] 他甚至称伦敦协议是美国自1873年《铸币法案》以来在白银方面迈出的最为"倒退的一步"。[44] 在中国，马寅初对这一协议相当警惕。他的担忧并非无关紧要；当时，他是立法院经济委员会的主席，该机构本应批准伦敦白银协议。但马寅初认为，稳定银价的努力尚不彻底，这份协议只是一纸空文。[45] 他还认为这笔交易背后有其他动机，虽然白银生产商受益，并刺激美国对华出口。在 1933 年的最后几个月，他愈发担忧美国对白银的意图。

1933 年秋天，在世界经济会议的致辞中宣告其意图之后，罗斯福启动了提高国内价格水平的方案。当时，康奈尔大学的农业经济学家、罗斯福在纽约州北部的邻居乔治·沃伦（George Warren）对总统产生了重要影响。[46] 沃伦强调了黄金价格和农产品价格之间的紧密联系。他认为，若提高黄金的价格，其他商品的价格也会随之提高。9 月，罗斯福命令财政部以相当于任何自由黄金市场最高水平的价格购买任何新产出的国内黄金。但实际上，以什么价格购买黄金并未经过严谨的过程决定。亨利·摩根索是纽约房地产大亨的后代，毕业于康奈尔大学，曾是种植圣诞树的农民，也是罗斯福当年在联邦农场委员会（Federal Farm Board）的朋友。他担心"如果有人知道我们其实是通过幸运数字组合等方法来确定金价的，我想他们会受到惊吓"。[47] 关键的一点是，政府最终购买黄金的价格超出了每盎司 20.67 美元的法定价格。这一黄金购买计划并未产生直接或实质性的后果，关于该计划将持续多久，以及是否要长期对黄金进行重新估值，仍有很多不确定性。[48] 这项政策在经济和法律方面都有争议，导致财政部官员纷纷宣布辞职，这也是让总统任命摩根索为财政部长的一个因素。[49]

在秋天和冬天，毕德门不断致信罗斯福和内阁官员，催促他们着手实施白银收购计划，因为这比黄金购买计划更能刺激价格和整体经济活动。毕德门还强调了这种情况的政治性。他认为，如果罗斯福现在不为白银采取措施，西部各州的参议员将再次尝试立法，要求以 16:1 的比例自由铸造银币。毕德门试图将白银收购计划包装成一项预防性措施，以阻止白银集团提出更雄心勃勃的计划。他建议罗斯福批准一项计划，在白银市场价格为每盎司 44 美分时，以每盎司 64.5 美分购买国内生产的所有白银。[50] 罗斯福在 1933 年 12 月批准了《伦敦白银协定》，并允许以高于市场的价格购买国内生产的白银，毕德门称这个决定是"我收到过的最好的圣诞礼物"，但他为白银进行的游说并没有结束。[51] 毕德门仍然把中国看作白银市场的关键。

然而，到了 1933 年底，毕德门关于银价上涨将有利于中国的论点存在越来越大的压力。1933 年 1 月，纽约每盎司白银的平均价格为 25.4 美分，到 12 月，平均价格上涨为每盎司 43.6 美分，是自 1930 年 4 月以来的最高水平（见表 7）。随着许多国家退出金本位制以及中国货币升值，白银价格开始上涨。当时，大量白银从中国农村地区流向上海。对于带来这一转移的机制，学界存在很大分歧。一些人认为这是由城市（上海）与农村地区之间的贸易失衡所致，另一些人强调当时社会中普遍存在的不安全感，还有一些人则认为南京国民政府债券的高利率吸引了资金流入城市。随着货币升值，中国的出口竞争力下降，批发价格下降，贸易赤字扩大。汇款也减少。1933年，中国出口了近 1.9 亿美元的黄金和 1400 万美元的白银，这是中国自 1918 年以来首次成为白银净出口国。[52] 土地在1929 年至 1931 年是许多贷款的抵押品，通货紧缩也对其价格影响重大。考虑到 1933 年的这些情况，评论家们坚持认为毕德门是错误的。国际联盟于 1933 年对中国经济状况展开调查，其代表阿瑟·索尔特爵士（Sir Arthur Salter）利用这一迅速变化的形势，批评了毕德门在银价和中国繁荣两者关系上的立场。货币条件"正是他（毕德门）眼中应该有利于她（中国）的条件"，但中国的实际情况与他的观点相矛盾。[53]

表7 1933年纽约每盎司白银的月平均价格

单位：美分

月份	价格
1 月	25.4
2 月	26.1
3 月	27.9
4 月	30.7
5 月	34.1
6 月	35.7
7 月	37.6
8 月	36.1
9 月	38.4
10 月	38.2
11 月	43.0
12 月	43.6

资料来源：Y. S. Leong, *Silver: An Analysis of Factors Affecting Its Price* (Washington, D.C.: Brookings Institute, 1934), 159。

正当银价上涨、罗斯福总统在1933年秋季和冬季对货币政策进行思考之时，中国发生了重要的政治变化。财政总长宋子文对蒋介石强调"反共"而非抗击日本在北方的侵略感到不满，因此在10月25日提交辞呈。官方对宋子文辞职的解释是个人身体原因，但鲜有人相信这个说法。相反，正如一位评论家当时所写的那样，自从1931年日本人入侵中国东北地区后，"蒋宋之间的和谐已经被打破"。[54]宋子文的姐夫孔祥熙接替了他的位置。孔祥熙来自一个著名的票号世家，曾在欧柏林学院和耶鲁大学接受教育。回国后，他担任了英美烟草公司（British-American Tobacco）和标准石油公司（Standard

Oil）的销售代理。他还娶了宋氏姐妹中最年长的宋霭龄为妻。
尽管孔祥熙在 1933 年至第二次世界大战一直担任财政总长，
但他的许多同事和接触过他的人认为他在能力和人格力量方面
不如宋子文。

在中国，人们愈发对美国白银政策的最终目的感到忧虑。
马寅初担心，如果银价继续上涨，工业生产和农业将停滞不
前；更值钱的白银将导致国内通货紧缩，与 20 世纪 20 年代
末至 30 年代初发生的情况完全相反。[55] 希望提高银价的美国
利益集团与《伦敦白银协定》的限制相互结合，带来了更加令
人担忧的后果：中国在未来四年内将不能出售通过熔化银币得
到的白银。如果银价继续上涨，货币体系的改革就变得值得考
虑或迫在眉睫了，中国可以通过采用金本位制或金汇兑本位制
来利用银价上涨带来的机会，也可以通过减少一元标准硬币中
的含银量来达到这一目标。所有这些举措都需要在世界市场上
出售通过熔化银币得到的白银，但这违反了最近签署的协定条
款。看上去没有什么好的选择。在马寅初的建议下，南京国民
政府批准了《伦敦白银协定》，但保留了在银价持续上涨的情
况下采取适当行动的自由。[56]

1934 年初，局势愈发紧张。1 月，罗斯福向国会提交了一
项法案，即后来的《黄金储备法案》（*Gold Reserve Act*），使
美元从每盎司黄金 20.67 美元贬值到 35.00 美元。白银可能是
其下一步行动的目标。在 2 月给罗斯福的信中，上海银行公会
写道："除非同时为中国慷慨地提供贷款，否则任何白银价值
的大幅提升都将导致白银从中国外流，并带来通货紧缩和国内
物价水平的崩溃。"[57] 在对外关系委员会的一次演讲中，纽约
一家进出口企业的负责人李国钦强调，中国对稳定银价的渴望
"在美国遭到了很深的误解"。[58] 他反对毕德门有关低银价让中
国受困的说法，并坚持认为，中国的购买力不是由"它拥有的

158

白银的价值"来衡量的,而是由"它的生产力和出口能力"来衡量的。[59] 白银集团参议员的理论"在经济上是站不住脚的",它所取得的任何效果都只是昙花一现,"中国无法长期利用白银出口来支付从美国进口的商品,因为中国所有的白银都需要作为交换媒介使用"。[60] 在给上海著名银行家、宾夕法尼亚大学校友陈光甫的信中,李国钦写道,由于这是国会的大势所趋,向罗斯福抗议是没有用的,因为他也不得不向国会妥协。李国钦敦促陈光甫及其同僚制订计划,"以应对即将发生的事情"。[61] 在李国钦眼中,这一计划可能涉及利用上涨的银价在国外建立黄金储备基金或实行政府干预下的货币制度。

毕德门继续游说总统,试图动摇李国钦和其他怀疑论者的论点。他认为,"中国的银行家、商人和工业家"反对他的立场是因为"银价的上涨无疑会在一定程度上恢复从美国和英国的进口,进而延缓中国的工业发展"。[62] 面对针锋相对的两种解释,罗斯福不想偏向任何一边,他让摩根索任命时任耶鲁大学经济学教授、新政初期的政府顾问詹姆斯·哈维·罗杰斯(James Harvey Rogers)前往中国研究这一问题。

正如摩根索解释的,这次访问的目的是要看看关于中国和白银的哪种"思想流派"是正确的:一派认为"银价上涨将意味着美国对华出口增加";另一派则认为,如果银价上涨,"中国将不得不减少进口"。[63] 白银集团的参议员们自然认为罗杰斯的出访是一种拖延战术,是"愚蠢"的、"无理"的、"愚昧"的,是"对参议院的侮辱"。[64] 罗杰斯对他此次出访并不乐观,任务的结果"很可能令人失望"。[65] 他逗留的时间很短,统计报告在编制过程中亦有问题,加之其缺乏"东方知识",这意味着他的一切都必须从零开始。[66] 尽管有这些疑虑,但是罗杰斯并没有拒绝这个任务,并于1934年4月初抵达中国。在接下来的几个月里,他与中国各地的银行家、商人和政治家进行了会面。

在美国收购白银的潜在影响上，中国各方的看法并不一致，对美国是否真的会采取行动的预期也各不相同。处于观点一端的是中国东北地区的年轻司令张学良，他告诉罗杰斯，他"不了解白银，因此对它不持意见"。[67] 后来，孔祥熙与其展开了广泛的讨论。这位中国财政部长提出了要求美国向中国提供白银贷款的想法，认为这有助于解决"美国的白银问题"并对两国均"有帮助"。罗杰斯表示拒绝，称白银贷款可能会遭到日本的反对，而孔祥熙说，当时的核心问题之一正是"世界和中国准备在多大程度上允许日本发号施令"。[68] 经济和政治的角度是密切相关的。罗杰斯与中国官员会面的总体趋势大致相同，其中只有一个明显的例外，那就是他与宋子文的会面。宋子文告诉罗杰斯，他认为银价的重要性被"过度夸大了"，相比之下，日本日益增长的威胁和中国各省的不稳定局势更为突出。宋子文还认为，美国"没有可能"在国际上提高银价，因此他没有把"（白银）运动当真"。[69] 宋子文在美国待了很长一段时间，且与整个美国社会都有联系，他做出这样的评价令人感到惊讶。

蒋介石对宋子文的态度表示赞同，他告诉这位耶鲁大学教授，银价上涨将"极大地干扰他的工作进程"，他认为还有许多其他问题比银价更重要，但并没有一一列举这些问题。[70] 孙科是革命领袖孙中山的后代，曾邀请埃德温·甘末尔来华，现在，他要求罗杰斯讨论美国的政治动向。罗杰斯坦言，他当时已经离开华盛顿一个月了，"在我启程的时候，这个计划在很大程度上还没有被确定"。[71] 罗杰斯此次出访是一种拖延战术，但它并没有达到这个目的。

在罗杰斯评估中国意见的时候，美国国会正就一项法案展开辩论，该法案将白银、农业和通货膨胀的利益联系在一起。

罗斯福不希望被任何需要强制行动的法案束缚，但他也权衡了选举年的政治考量。5 月 22 日，罗斯福告知国会，他支持立法增加财政部持有的白银储备比例，这需要通过白银收购计划来实现。[72] 1934 年 6 月 11 日，《白银收购法案》在国会获得通过，包含以下关键条款。首先，提高财政部持有的白银与黄金的比例，直至白银储备的货币价值等于黄金储备的货币价值的 1/4。其次，财政部长应该购买白银，直至财政部的金银比例达到既定比例，或者世界市场上的银价达到 1.29 美元。[73] 最后，该法案中的一节规定，当美国白银的自由市场价格达到每盎司 49.5 美分时，白银库存将收归国有。白银在 8 月达到了这一水平，触发了国有化的命令，美国在接下来的 30 年里不存在一个活跃的白银市场。摩根索在其他国际市场上购买了剩余应购的白银。毕德门的目的已经达到了。[74]

部分上海金融界人士对《白银收购法案》的通过反应积极。《上海泰晤士报》(*Shanghai Times*) 指出，在过去几周，由于白银问题的不确定性，"投机者度过了一段快乐的时光，但对他们中的许多人来说，现在是一段悲伤的时光"。在这种类似于"恐慌的情况"中，物价受谣言和虚假报道的影响而起起落落，该报纸将此归咎于罗斯福的"拖拖拉拉"。[75] 在《白银收购法案》通过几天后，罗杰斯在中国中央银行会见了阿瑟·杨格和中国官员。罗杰斯报告说，银行家及其顾问都认为，一旦美国的计划明朗起来，银价稳定的前景"让他们的许多担忧烟消云散"，他们甚至并不特别担心上周发生的白银外流，指出在法案公布之前就已经有更多的白银流出中国。[76] 但这种态度并没有持续很久。

从中央造币厂开业到《白银收购法案》通过的这段时间，多个重要的主题都发展到了高潮。由美国立法者组成的白银集团在如何最好地支持银价上存在分歧，同时也有一些人认为中

国是全球白银市场的关键参与者。这一立场与 19 世纪 70 年
代初贸易银元支持者的立场没有太大区别，而且这一立场还与
美国长期以来对中国庞大市场的看法有关，他们认为中国市场
已经为进口更多的美国商品做好了准备。同样，像毕德门这样
的人认为，影响中国经济、增加从美国的进口，从而启动世界
贸易，易如反掌：只要提高银价，中国消费者就会购买更多商
品，从而结束全球大萧条。这是一个似是而非、漏洞百出的论
点，但由于 1933 年和 1934 年在政治和金融方面存在巨大的不
确定性，这个论点得以屹立不倒。虽然有相反的证据，但毕德
门和《白银收购法案》的其他倡导者确信，他们的利益，以及
他们所代表的白银生产商的最佳利益，与中国的最佳利益是一
致的，都与高涨的银价挂钩。然而，一年后，与毕德门的预测
相反，南京国民政府让中国脱离了银本位制。

161

通往法币之路

从 1934 年夏天到 1935 年秋天，由于美国开始大规模购
买白银，银价急剧上升。银元汇率的上升对出口和海外汇款造
成了不利影响，但国内银价并没有像世界市场上的银价那样因
美国购银而快速上升。这种与国际市场的脱节刺激了白银出
口。在上海货币市场的波动中，有关如何改变货币体系的辩论
在持续几十年后于 1935 年达到高潮。一种悲观的观点认为，
政府没有足够的能力来实施币制改革，国家陷入困境，无路可
走。南京国民政府于是向国外游说，请求援助。它首先呼吁美
国停止购买白银，其次向英国寻求贷款，最后试图向美国出售
其持有的白银。就中国货币体系改革展开辩论的同时，日本强
调其在东亚的特殊利益，并采取措施巩固其地位，导致东亚地
缘政治局势日益紧张。由于美国的白银政策和美日之间日益加

剧的摩擦，在如何最好地处理日益微妙的局势上，美国政府内部的国务院和财政部之间分歧加大。1935 年 11 月，南京国民政府宣布创建法币，并得到了美国的援助，但新货币面临重大挑战。

1934 年秋天，中国的金融状况开始发生变化。1934 年 8 月底，阿瑟·杨格写道，"在过去几周里，白银的出口有了相当大的增长"。[77] 他还指出，上海的白银库存量比一年前要高。纯粹从经济角度来看，杨格认为"白银继续外流在一定程度上是可以承受的，但危险存在于心理层面，即公众可能感到恐慌"。[78] 正如历史学家城山智子所述，当年 8 月和 9 月，中国的外汇供不应求，即使银价上涨，银元的外汇价值仍落于其后。许多市场参与者需要外汇，因为他们认为如果银价过高，政府就会对白银实施禁运或使银元贬值。他们想通过卖出以银元定价的资产来防范这些风险，但这种愿望在世界银价开始上涨时导致银元对外币的汇率下跌。7 月份银元对美元汇率比平价低 4.1%，8 月份低 7.1%，9 月份低 5.8%。[79] 中国的白银出口量在下半年有所增加。詹姆斯·哈维·罗杰斯的助理迪克森·利文斯（Dickson Leavens）后来写道，银元的出口总额从 6 月份的 1300 万元增加到 7 月份的 2400 万元，在 8 月份猛增至 7900 万元。中国海关总税务司估计，在 1934 年有 2.8 亿银元或 2.11 亿盎司的精制白银出口到了国外，其中大多数白银是通过官方渠道而不是走私出去的。[80]

由于银价可能继续波动，且不确定南京国民政府会采取什么行动，上海因此兴起对流动资金的渴望。银行家要求偿还贷款或拒绝在贷款到期后展期，并拒绝像过去几年一样提供房地产抵押贷款。房地产市场崩溃了，在房地产方面风险敞口过大的银行进一步缩减贷款。通货紧缩和信贷紧缩引发了恶性循环。[81]

9月，孔祥熙致信美国国务卿科德尔·赫尔（Cordell Hull），要求美国停止其白银收购计划。他在信中还提到，在目前的条件下，南京国民政府可能不得不考虑实行金本位制，并询问"美国政府是否愿意与中国政府以金换银"。[82] 到了10月，美国的白银政策很显然没有起到预期的作用，至少在中国是这样。罗杰斯认为美国必须避免继续购买白银，并采取一些实际行动来支持中国政府，否则"就几乎没有肩负起在国际上的责任"。[83] 白银收购计划迅速演变为一场"结果悲惨的闹剧"。[84] 在上海的中国银行总经理、中国金融界的关键人物张嘉璈认为当前的局势是一个巨大的讽刺，中国可能不得不脱离银本位制，而"对那些积极支持增加白银需求的人来说"，这是他们"非常不愿意看到的"场景。[85]

阿瑟·杨格向孔祥熙提供了建议，认为现在基本上有两条路可以走。第一条路是什么都不做。这在短期内可行，但从长远来看并不是一个合理的策略，因为"现实肯定会迫使政府采取一些行动"。第二条路是对白银征收出口税。这项政策也存在缺陷，因为"任何征收关税但未到实行禁运的措施都会让人们担心随后关税升高或升级至实施禁运，所以这种措施会刺激白银出口"。[86] 这会向人们发出忧虑的信号，刺激走私。从孔祥熙的角度出发，什么也不做的选择并没有什么吸引力。正如他对中国驻美公使施肇基说的，由于"不作为"，他受到"越来越多来自公众和政府内同僚的批评"。[87] 10月，孔祥熙宣布征收出口税和平衡税，以"保护基本的白银储备，防止汇率上升造成巨大阻碍"。[88] 阿瑟·杨格认为，随着出口关税的征收，中国政府应游说美国将白银的国际价格降至每盎司45美分，或者在币制改革方案上寻求美国的帮助。[89] 平衡税降低了通过透明渠道出口白银的积极性，但走私并未受到影响。在1935年法币改革之前的几个月里，大量的白银通过非法渠道

163

离开中国，据中国海关总税务司估计，其间走私出国的银元高达 2.3 亿。[90]

1934 年底和 1935 年初，中美两国就美国向中国提供贷款或中国派代表到华盛顿进行讨论的问题进行了磋商。施肇基告诉孔祥熙，时任美国国务院远东司司长、前罗德学者（Rhodes Scholar）、师从芮恩施的斯坦利·霍恩贝克（Stanley Hornbeck）暗示，"中国中央银行代表应尽快前来"讨论可能的合作。然而施肇基也报告说，美国国务院"认为没有必要采取进一步的措施来帮助我们"，但"只要处理得当、严格保密，就有希望让财政部采取进一步的行动"。[91] 他提供的这一消息是准确的。

美国国务院担心像宋子文这样的中国知名人士公开访美可能会加剧与日本的紧张关系，特别是在 1934 年 4 月，日本外务省发言人天羽英二宣布日本在东亚负有特殊责任，并反对西方国家对中国提供任何"其所不乐见的援助"。[92] 这一声明发布时，距日本入侵中国东北地区、退出国际联盟不过一年，这使美日关系的走向更为不确定。

1935 年 1 月，日本对中国进行了进一步的军事侵略，还向南京国民政府提供了援助，但南京国民政府也为此付出了高昂的政治代价。当月中旬，日本军队袭击察哈尔，这或许意味着日本试图将该地区纳入新成立的伪满洲国。此后不久，日本驻华公使会见了蒋介石，表示可以向南京国民政府提供财政援助以帮助缓解美国白银政策造成的问题。但获得援助需要付出沉重的代价：承认日本近期在中国东北地区的军事进展。宋子文写信给罗斯福的顾问和友人蒲立德（William Bullitt）说，如果美国的白银收购计划没有改变，那么南京国民政府"将不得不做出选择，或是在沉重的政治和经济条件下接受日本的贷款，或是（面对）出现受日本保护的省级政府的事实"。[93] 南

京国民政府处境艰难，而且在未来几个月里，无论是在政治上
还是经济上，情况都只会变得愈加不稳定。

　　1935 年 2 月，孔祥熙向美国提交了一份正式提案，详细说 164
明了中国如何能在美国的帮助下脱离银本位制，但这个想法引
起了科德尔·赫尔和亨利·摩根索之间的争议。提案中的货币
体系将使用"白银和黄金，以期将货币与美国的货币挂钩"。[94]
孔祥熙提议在 1936 年向美国政府出售两亿盎司白银，以便实
现初步过渡，并在未来扩大出售量。2 月 14 日，美国国务院和
财政部的官员开会讨论应如何回应此提议。摩根索和他的顾问
们，特别是哈里·德克斯特·怀特（Harry Dexter White），
对这个提议表示赞成。怀特新近进入财政部，是部长在国际货
币问题上的最高助手。他们赞成在全球经济充满不确定性以及
美国实行孤立主义的背景下，将财政部作为美国外交政策的一
个活跃分支。可以通过使用冰冷的技术语言，把有关汇率、贷
款或白银收购的协议当作"纯粹的货币问题"处理，从而掩盖
其政治动机和政治意义。

　　此外，如果把一个问题定义为纯粹的货币问题，那么在官
场上留给国务院或任何其他机构发挥作用的空间就很小。果不
其然，科德尔·赫尔对财政部的立场表示反对，并抱怨摩根索
"经常表现得好像他有权力让自己参与外交事务，且有权力开
始对外交政策的进程施加影响"。[95]霍恩贝克同意赫尔的观点，
坚持认为不能因为用货币政策掩盖该问题而忽视其中的一些
"政治因素"，即日本会表示强烈反对。[96]与他们相反，摩根索
认为国务院对日本过于宽容。双方没有立即就对华援助计划达
成共识，国务院与财政部之间的分歧在 1935 年余下的时间里
不断加大。

　　中国政府在向美国请求援助的同时，也向英国发出了类似
的信号。起初，英国政府拒绝了中国在 1935 年 1 月提出的贷

款请求，但在 3 月，它希望把中国的币制改革与更大范围的东
亚政治和外交局势联系起来。英国外交部判断，如果西方和日
本为改变中国的金融体系而进行竞争，双方将会出现不和，这
意味着"所有缓和关系的机会都将消失"。[97] 把白银问题与某
种重大协议联系起来的难点在于这样做可能使该国"与中国交
恶"。[98] 3 月，英国驻美公使会见了斯坦利·霍恩贝克和其他
国务院官员，表示英国政府认为"对中国的外国贷款或信贷不
会带来任何真正或持久的补救作用"，但英国政府也希望在国
际上达成一定的共识以缓和该地区的紧张局势。[99] 英国政府还
要求举行一次正式会议，会见长期停摆的中国银行团与中国财
政部的代表。日本对此表示反对，而美国政府认为提议举行的
会议只是对美国最近的白银政策进行批评的演练。[100] 中国政府
对引入过多参与者也很谨慎。正如孔祥熙在给施肇基的信中所
说，他担心英国政府"认为有义务将它（币制改革计划）告知
其他国家，在这种情况下，该计划几乎一定会遭到泄露，对市
场造成严重冲击"。[101] 因此，政府的行动方针有必要在战略上
保持模糊性。

165

在这种微妙的国际外交中，南京国民政府通过一次重要行
动为后续的币制改革提供了支持：它发动了一次"银行政变"，
控制了中国银行和交通银行。1933~1935 年，孔祥熙与中国银
行总经理张嘉璈之间的冲突不断加剧。中国银行是上海最大和
最有声望的银行，与交通银行一起拥有"中国所有银行资金的
近 $\frac{1}{3}$"。[102] 张嘉璈反对政府依靠银行来购买政府债券的赤字融
资政策，坚持认为政府需要"摒弃所有不必要的开支与浪费"。[103]
张嘉璈说到做到。从 1931 年 12 月到 1934 年 12 月，中国银
行持有的政府证券数量大幅下降，使孔祥熙无法获得大量银行
资源。[104] 美国通过《白银收购法案》之后出现的通货紧缩和流
动性不足使银行对政府债券融资更加抵触。

　　1935 年 3 月底，孔祥熙宣布政府将接管这两家银行，"以增加银行的信贷能力，更好地对抗大萧条"。[105] 政府要求这两家银行增发股票，然后用总额为一亿元的债券向银行购买了这些股票。孔祥熙随后任命他的妻弟宋子文为中国银行的新董事长。此举使政府控制了两家银行的白银和外汇储备，并在信贷供应中扮演了重要角色。[106] 蒋介石对这一举动表示支持，他写道："国家和社会正面临破产，其关键原因是无法统一货币供应。"他继续说道，这个计划必须执行，"以拯救濒临灭亡的党国"。[107]

　　有关中国应该如何处理银价波动的辩论历时数十年，并在 1935 年春夏之交达到高潮，商人、学者和政策制定者对这一问题做出不同的判断，并提出各自的解决措施。上海著名报纸《申报》刊登了一系列经济学家的文章，他们一致认为危机的根源是贸易逆差，这导致白银外流以平衡中国的国际收支。他们认为没有必要放弃白银，因为它不是国家经济问题的根源。多年来，中国的进口持续超过出口，但一直通过来自国外的大量汇款来保持国际收支的平衡。20 世纪 30 年代初，由于银价上涨和世界各地经济状况恶化，这些汇款已经枯竭。[108]

166

　　国际联盟驻华顾问阿瑟·索尔特爵士的提议为这场辩论提供了另一个视角。索尔特认为，南京国民政府应发行以英镑为单位、由英国政府提供信贷支持的纸质债券，与银币和其他金融工具一起流通。年轻的经济学家姚庆三不赞成这个想法，因为它仍不够彻底；他认为，中国应该将其货币完全与英镑挂钩。姚庆三认为，在 20 世纪 30 年代初加入新兴英镑集团的国家，如丹麦和瑞典，已经很好地从大萧条中恢复过来。[109] 很多人都大肆嘲讽索尔特的提议和姚庆三后来提出要把中国货币与英镑挂钩的观点。国民党经营的一份报纸《上海党声》称索尔特的想法荒谬，并认为其目的是使上海成为第二个伦敦。与1904年精琪访华期间出现的论调一样，该报坚持认为中国不应接受或实施任何类型的币制改革，因为这将使中国的主权受到侵犯。[110]

尽管必须采取行动，但是马寅初对这一问题持悲观态度，认为南京国民政府心有余而力不足。他认为中国正处于一个尴尬而危险的境地，因为中国已不能继续使用白银作为货币，但也不能采用黄金或管理货币等另一种本位制。马寅初认为有以下两个障碍。首先，白银当时分散在全国各地以及位于条约口岸的外国银行金库中，他怀疑政府是否有能力或权力将这些白银库存收归国有。其次，他怀疑政府是否有能力集中发行纸币。用什么来支持新的货币，以及应把货币维持在什么汇率水平更是无从谈起。货币应该与美元还是与英镑挂钩？政府将如何采购外汇来支持该货币？这些问题似乎是无法解决的。马寅初认为中国已经陷入绝境，失去了自救的能力。[111]卡梅伦·福布斯（Cameron Forbes）是在1935年夏天对中国经济状况进行调查的另一个美国人，马寅初在一份写给他的小册子中提到，中国唯一的应对办法是改变美国的白银收购计划。既然是美国造成的麻烦，就应该由美国负责解决。[112]曾在南京国民政府任职的马寅初不相信政党或国家机构有能力使中国摆脱这场危机。要解决危机，有太多的事情必须得到纠正。

9月，英格兰银行官员弗雷德里克·李滋罗斯（Frederick Leith-Ross）爵士抵达中国，与孔祥熙和宋子文进行讨论。李滋罗斯希望说服中国政府脱离银本位制，将新货币与英镑挂钩，成为英镑集团的一部分。[113]新的中国货币将由英国和日本联合贷款提供资金支持，作为交换，南京国民政府需要在外交上承认日本在中国东北地区成立的伪满洲国。[114]这种潜在的妥协在很大程度上是"银行家"对一个复杂政治问题的"解决方案"，展现了财政部在英国外交政策界日益增长的影响力。英国财政部主张采取低成本的防御态势，推动英镑地区的经济增长和稳定。英国财政部观点的一个必然推论是，这种情况下必须在东亚对日本做出让步，承认日本在中国东北地区的地位。[115]

李滋罗斯还访问了日本，向金融和政治领域的领导人宣传这一建议。这些领导人对该计划的框架表示赞同。此时，他们正在日本领土内重塑本国的贸易和金融关系网，并处理由此引发的复杂问题。1932年初，高桥是清出任日本大藏大臣。在他的指导下，日本采取了扩张性的财政和货币政策。在摆脱了"黄金枷锁"之后，日本经济在1933年至1935年得到了恢复。尽管美国在大萧条之前是日本的一个重要市场，但是日本并非通过对美国出口的反弹实现经济复苏，而是通过向亚洲其他国家以及附属殖民地市场的出口。亚洲内部贸易的增长并没有赚取外汇。日本向中国东北地区等地的出口均用新创的日元支付，并带来了通货膨胀，高桥对此尤为警觉。驻扎在中国东北地区的关东军对这一立场表示强烈反对，他们希望在该地区建立一个自给、自足、自主的经济集团，这一愿望日益高涨。1932~1935年，高桥坚持认为伪满洲国的货币应以白银为支持，使当地保持与中国其他地区的金融联系，同时也是为了不让关东军的官员控制关键机构，从而无法在伪满洲国制造与日元效力相同的货币。除了货币问题，李滋罗斯的计划还要求日本重新加入国际联盟，而关东军对这一点持怀疑态度，因为这样做会限制其对所占华北领土的控制。[116]

在中国，对南京国民政府来说，李滋罗斯的建议在政治上是不可能实现的，因为这将是对日本彻底屈服的表现。孔祥熙、宋子文和李滋罗斯花了大量时间讨论其他经济改革（即平衡预算）的重要性，这些经济改革会成为币制改革的基础。[117]

168　虽然李滋罗斯未能让南京国民政府同意英国的这宗"大交易"，但他确实成为之后币制改革的重要支持者，并向英国银行施加压力，要求其交出金库中的白银。在整个 1935 年以及 1936 年春天，李滋罗斯一直留在中国，日本和美国都对其角色心存怀疑。

　　1935 年夏秋之际，南京国民政府的关键人物——蒋介石、孔祥熙和宋子文——对币制改革的性质、目标和时机产生了分歧。这种矛盾大多源自三人对"兑现"和"公库"的定义和范围有着不同理解。1934 年底，蒋介石告诉记者，政府不会推行不可兑换的纸币，因为它不符合国情，而且会损害人民的利益。蒋介石赞成建立一个兑现公库来监督全国范围内纸币和白银的兑换。他希望有一种统一的纸币，可用于兑换白银。孔祥熙认为，南京国民政府无法维持白银兑换，并主张建立一个储备公库收集全国的金银。这种储备金将用来购买外国货币，用以支持新的中国货币并可与其进行兑换。在公众刚刚交出他们的硬通货后，政府便不再允许持票人用纸币兑换白银。孔祥熙和宋子文希望等待英国或美国更明确地表态支持，而蒋介石则更想看到两国采取行动。在李滋罗斯抵达中国的前一周，蒋介石发表演讲，重申了孙中山关于钱币革命的号召。孔、宋二人建议在英国人到达中国之前不要宣布任何币制改革的消息，蒋介石在后来的一篇日记中对这一建议表示愤怒。对蒋介石来说，来自日本的威胁与日俱增，李滋罗斯的到来不会对此产生任何影响。[118]

　　此处重要的一点是，在 1935 年秋天，南京国民政府高层对币制改革的范围和目的存在分歧。这些分歧削弱了萨金特和勃兰特的部分论点，即"中国的货币体系是在其政府的驱使下与白银脱钩的，原因在于政府想从银价上涨中分得一杯羹"。[119]两人把南京国民政府看作一个统一的实体，认为他们很容易达成共识，而实际上他们却并不和谐。

李滋罗斯在华期间，孔祥熙和宋子文继续做美国方面的工作。1935 年 9 月初，孔祥熙让施肇基询问美国政府是否有兴趣购买两亿盎司白银以支持中国的币制改革计划。到月底，这一提议变得更加具体，中国提出在两个月内交付 5000 万盎司白银，四个月内再交付 5000 万盎司白银，美国还有权决定未来是否要再购买 1 亿盎司白银。孔祥熙还指示施肇基告诉摩根索，提议的币制改革并不意味着中国"放弃银币"，中国"在未来几年内还需要大量铸造银币"。[120] 这种花言巧语在 1935 年和 1936 年经常出现在中美交流之中。施肇基写道，摩根索特别担心自己会受到白银集团的攻击，"因为他帮助中国与白银脱钩，并且（或者）将新货币与另一个国家的金本位制挂钩"。[121] 这位财政部长通过声称中国实际上并没有放弃白银获得了一些政治掩护。摩根索还希望中方承诺出售白银的收益将用于支持新货币，而非购买弹药。摩根索意识到与国务院和科德尔·赫尔之间的分歧，希望能将出售白银作为一个纯粹的货币问题进行辩护。

当然，摩根索对美国援助中国的经济和政治意义了然于胸。他告诉罗斯福，此刻是"我们的机会，如果他们（南京国民政府）让这一切秘密进行，那么我们可以让他们的货币与美元而不是英镑挂钩"。[122] 他继续说，"李滋罗斯在中国坐镇，而中国人却与我们合作，这就很有趣了"。[123] 11 月 2 日，摩根索告诉孔祥熙，他同意购买 1 亿盎司白银，但有几个条件，其中最重要的是新货币要按照美国规定的汇率与美元挂钩。[124]

在美国的支持下，南京国民政府于 1935 年 11 月 3 日宣布创立一种新的货币——法币。孔祥熙在解释这一变化时说，这是为了防止"一场金融灾难"。[125] 在宋子文看来，宣布创立

169

法币"在大多数人眼中是一种无法避免的措施"。[126] 新的货币法规定，白银作为货币流通是非法的。所有人都必须上缴所持有的白银，以换取新的法币。从这一点来看，只有中央银行、中国银行和交通银行发行的纸币才是法定货币。其他金融机构以前发行的纸币将不再流通，而银行用来支持这些纸币的白银储备也必须上缴给新成立的、负责监督新货币体系的货币储备委员会。法币的价值在于可以兑换成外国货币，但公告中没有提及法币与美元、英镑或日元直接挂钩的问题。为了避免在语言和措施上与"挂钩"搭上关系，南京国民政府选择了一种更微妙的政策：它试图同时维持新货币对美元和英镑的汇率。事实证明这种政策很难实施。中央银行、中国银行和交通银行将以每法币兑换 29.5 美分和 30 美分的价格不限量买入和卖出美元，以每法币兑换 $14\frac{3}{8}$ 便士和 $14\frac{5}{8}$ 便士的价格买入和卖出英镑。这种安排之所以能够实现，是因为美元与英镑之间的汇率一直稳定在 4.92 美元 / 英镑。如果美元对英镑的汇率发生急剧变化，法币对两种货币的汇率将无法维持在既定水平。

在描述白银在未来货币体系中的作用时，南京国民政府用词也十分谨慎。在财政部发行的一本解释新货币体系的小册子中，政府认为这一体系实际上并没有脱离银本位制：中央造币厂仍然在进行生产，且白银是法币的基础，因为人们根据他们上缴的白银数量来换取新货币。[127] 这种说法虽然虚伪，但有其必要性。[128] 事实上，南京国民政府在 1934 年 10 月就已经在严格意义上放弃了银本位制，因为当时的出口税和平衡税打破了银币价值与白银价值之间的联系。然而，保持国家没有放弃白银的表象十分重要，特别是考虑到政府将要与美国进行谈判，以获得更多的资金来稳定新货币。

法币早期的挑战与成功

1935年11月，法币能否取得成功尚不确定。从一个非常基础的层面上来说，中国人民是否会接受这种货币还不得而知。此外，南京国民政府没有足够的外汇储备来支持这种货币，因此无法保证法币能够以宣布的汇率兑换外币。所以政府需要出售白银库存。在1935年12月和1936年1月，美国开始削减白银购买量，银价的下跌创造了套利机会，对法币构成了威胁。此外，日本金融机构在军事行动的背景下，通过将新发行的法币兑换成美元和英镑，挤兑了法币。尽管国内外都持怀疑态度，但是新货币还是进入了流通领域，南京国民政府有能力出售白银兑换外汇，新货币也稳定在其报价上。中国脱离了银本位制。世界历史上的白银时代宣告结束。

考虑到以前对南京国民政府实施币制改革能力的怀疑，以及实施改革所需的技术与话术，新制度在1935年11月至12月顺利启动是件相当了不起的事。在公布法币的同一天，英国政府在李滋罗斯的支持和许可下发布了一条法律，命令在外国通商港口的英国银行遵守新的法律，上缴他们持有的白银。[129] 在中国的大多数外国银行都遵循了这一法律，只有日本的金融机构除外。和最初想象的情况不同，将外国金融机构金库中的白银收归国有并不是个重大阻碍。在江苏、浙江、安徽、福建、河南、湖南、湖北、四川、贵州等政府直接控制的地区，改革比较容易实施。

其他地区，特别是河北、山东、山西等北方省份以及北京和天津周边地区，对待改革的态度则更为谨慎。他们在名义上支持法币，但没有将其控制的白银上缴政府。最初反对最强烈的是南方的广东、广西、云南等省。[130] 但对局外人来说，即使在国民党控制比较薄弱的地区，法币体系的表现也优于预期。天津银行家"迫不及待赞赏和支持新体系"，华北地区都普遍如此，让李滋罗斯感到十分惊讶。[131] 政府银行承诺的美元和英镑交易新汇率保持稳定。国内物价水平在 1935 年的最后两个月开始上涨，扭转了 1932~1935 年的通货紧缩趋势；商品价格在上升，出口规模也在扩大。中国海关在 1936 年初做出判断，"随着改革的进行，事态似乎出现了转机"。[132] 到目前为止，南京国民政府的币制改革计划进展顺利，观察家认为这超出了他们的能力和水平。

然而挑战依然存在。11 月，日本军队进一步向中国华北地区（主要是在现在的内蒙古地区）推进。尽管科德尔·赫尔进行了温和的批评，但是日本随后还是宣布在该地区建立另一个傀儡政权。日本银行公开反对法币，在 11 月和 12 月对其进行了突袭。11 月 10 日，日本银行抛售了价值 125 万美元的法币，以施加贬值压力，并布下了疑云，让民众对中国银行和南京国民政府无限量提供外汇的能力产生怀疑。中国满足了这些最初的外汇需求，但对南京国民政府来说，获得更多的外汇至关重要。

12 月中旬，孔祥熙指示施肇基与摩根索进行接触，试探后者对再购买 1 亿盎司中国白银的态度。孔祥熙希望尽快完成一次大规模的白银出售，以避免支持法币的外汇储备出现不确定性。[133] 如果民众开始怀疑新货币体系，这些怀疑无须外力推动便会愈演愈烈、难以遏制。施肇基报告，摩根索对他之前从中国购买的白银没有到货感到"很不高兴"；摩根索还抱怨，他对中国币制改革的确切性质"完全不知情"。[134]

此时法币也受到了直接威胁。到 1935 年冬天，华盛顿的许多官员已经对白银收购计划失去了信心。要求使全球银价保持在高位的政治压力不大，只要国内生产商继续从政府的购买

172

中获益就已足够。在 1935 年 12 月至 1936 年 1 月，美国财政部对购买白银兴致缺缺，银价从每盎司 65 美分下降到每盎司 45 美分。[135] 然而，如果银价跌到每盎司 40 美分以下，在中国用白银换取法币并立即用后者兑换美元就会存在套利空间，而由于南京国民政府已承诺无限制地提供美元兑换，这种情况将耗尽中国的外汇储备，导致新的货币体系在建立后不久就宣告崩溃。[136] 到 1936 年 1 月，以美元计价的白银价格继续下跌，"再继续跌的话，向中国出口白银、打破新制度可能变得有利可图"。[137] 在这种情况下，银价对中国政府而言不再是萨金特和勃兰特口中的福音，反而是威胁。在这种微妙而多变的情况下，摩根索和施肇基商定由中国派代表访问华盛顿。

南京国民政府选择了陈光甫担任此次出访的代表。陈光甫在 1915 年创建了上海商业储蓄银行，到 20 世纪 30 年代，该行的外汇交易量在私营银行中居首位。《时代》杂志在描述陈光甫时，称其"身材微胖，戴着眼镜，做事谨慎"，除了日夜不停地工作外，没有任何爱好或兴趣。[138] 如果派遣像宋子文这样的人物，政治色彩将过于明显，可能招致日本的反对。中美双方均赞成派遣陈光甫，因为这样可以佯装即将进行的讨论是纯粹的货币问题。[139] 陪同陈光甫出访的，还有另一位在美国接受过教育的年轻金融家顾翊群，他担任陈的助理。此次出访，就像赫维特的费城造币厂之行一样，通过掩饰严加保密。表面上看，陈光甫前往美国是为了参加中国银行纽约代理机构的开业典礼并处理一些个人事务。

孔祥熙就如何进行谈判给了陈光甫激进、详尽的指示。孔祥熙告诉他，核心问题是在 1936 年初政府控制的银行储备总额中，71% 是银币，只有 29% 是黄金和外汇。然而，整个法币系统的基础是保持法币可以在固定汇率下兑换外汇。孔祥熙希望扭转银行储备的构成比例，使其大部分由黄金和外汇组成。他告诉陈光甫，中国政府准备出售多达 2 亿盎司的白银，出售的具体时机和价格则由陈光甫定夺。如果摩根索和美国财政部不想额外购买白银，陈光甫则需要说服美国人不要让银价跌至每盎司 40 美分以下，以防产生套利机会、削弱新货币。孔祥熙说，陈光甫应该便宜行事，向美方保证白银在中国的银行储备中会占有一定比例，并继续在辅币中得到使用。孔祥熙在这里再次强调了中国不会放弃银本位制的想法。最后，孔祥熙告诉陈光甫，要避免在美元与法币之间建立任何直接联系。在这个全球"货币持续不确定"的时期，中国应保留其改变"官方"汇率的能力，且"没有未来与任何一种货币同升同贬的义务"。此外，与另一种货币产生直接联系具有"政治意义"，而这是孔祥熙希望避免的。[140] 陈光甫面临的任务并不轻松，但他认为保持乐观态度也是合理的，特别是考虑到迄今为止法币一直顺利流通。[141]

摩根索和财政部官员并不认同孔祥熙的目标。摩根索首先希望限制谈判的范围。一份预先拟好的新闻稿称，即将举行的会议涉及"一般的金融和货币事务"。摩根索不同意这种说法。他希望清楚地说明并让众人知晓此次谈判的唯一议题是"货币稳定"，因为只有这样，国务卿科德尔·赫尔才会同意让摩根索在没有国务院参与的情况下进行谈判。[142]

谈判开始时，摩根索告诉陈光甫和施肇基，他需要中国政府满足两方面的条件。第一，他希望中国保证其新货币不会与英镑挂钩。尤其是李滋罗斯仍在中国，美国对中国新货币与英镑挂钩的担忧并非毫无根据。摩根索向两人抱怨说，他总是听到"李滋罗斯干了这，李滋罗斯干了那""李滋罗斯向中国政府说这说那"，但此时正在购买白银的是美国而不是英国，这让他感到"生气"。[143] 摩根索说这是一个"面子"问题，因为英国"现在可以说中国属于英镑地区"。[144] 从 1935 年 11 月到 1936 年 4 月，法币对英镑的汇率没有变动，但法币对美元的汇率发生了变化。这一证据使摩根索相信，中国新货币与英镑挂钩。哈里·德克斯特·怀特在陈光甫访问期间的一份备忘录中写道，美元与英镑之间的竞争愈发扩大，中国的新货币与这一竞争息息相关。后来在 1944 年的布雷顿森林会议上，怀特与约翰·梅纳德·凯恩斯就二战后货币体系的形式产生了矛盾，认为法币与英镑挂钩代表了象征性和实质性上的胜利，而英国正需要这种胜利，因为"英国对外贸的需求更大，也符合传统上它在国际金融中的角色。还有一部分是因为美国是一个冉冉升起的国家，而英国正在走下坡路。"[145] 由于法币挂钩英镑对英国具有重要意义，而且能够限制美国的贸易，怀特敦促摩根索对其表示反对。

第二，作为财政部长，摩根索希望中国对未来用于"铸造硬币、支持货币和制作艺术品"的白银数量做出保证。[146] 他指出，白银集团的政治家对他的白银收购计划"十分满意"，因而他再也不会被这一群体烦恼了。[147] 虽然他不再有收购白银的直接压力，但是也不能让人认为他帮助中国放弃了银本位制。谈判期间，摩根索与毕德门保持联系，以保护财政部不受指责，这样就无法批评他们在白银集团没有任何参与的情况下帮助中国放弃银本位制。在提出这些要求时，摩根索有相当大的筹码，因为中国财政部需要获得美元储备，如果他允许银价进一步下跌，法币将受到套利机会的巨大威胁。

陈光甫和施肇基花了大量的时间努力打消摩根索的顾虑。他们解释说，虽然看起来法币是与英镑挂钩，但是实际情况并非如此。施肇基先前告诉摩根索，这些规定"在起草时相当谨慎，让法币不与任何货币挂钩"。[148] 摩根索和财政部的其他官员要求中国代表团研究加元的例子，这种货币的浮动与美元及英镑都有关系。如果中国能够在纸面上和实际汇率操作中都遵循这一原则，那将是最理想的。陈光甫和施肇基认为，中国政府已经在这样做了。1935 年 11 月开始实行法币制度时，美元与英镑之间的汇率为 4.92 美元 / 英镑。1936 年 1 月，英镑升值至 5 美元 / 英镑。如果中国政府保持报价不变，就会产生套利机会：投机者可以卖出美元购入法币，再用他们的法币购买英镑，从中获利。为了防止这种机会的产生，南京国民政府改变了法币对美元的报价。

正如陈光甫和施肇基所解释的，政府必须调整法币对英镑或美元的其中一个汇率，但出于心理原因，它不想下调对英镑的汇率，因为这可能会削弱人们对新制度的信心，所以政府必须表明法币对美元已经升值。相反，如果美元对英镑升至 4.88 美元 / 英镑，中国政府就将保持对美元报价的稳定并调整对英镑的汇率。在这种情况下，法币看上去就是与美元挂钩了。汇率管理机制包含了这两个方面的内容，但到目前为止，美元对英镑汇率的变化只体现了这个机制的其中一个方面。[149] 他们认为，法币是一种独立的货币，不与美元或英镑挂钩（见图 5）。

这次会议也与国际政治，特别是中、日、美三国关系有关。美国的白银政策也影响了伪满洲国的货币。在南京国民政府于 1935 年 11 月宣布放弃银本位制后，伪满洲国货币与白银脱钩，并正式加入日元货币区。[150] 此后不久，1935 年 12 月，日本大藏大臣高桥是清提出并通过了一项强调财政紧缩的预算，终结了他自 1932 年以来一直推行的扩张性财政政策。这个预算在军方中引发了强烈反对，其中那些驻扎在中国的军队反应尤大，军方普遍认为东京的政治家是在束缚他们的手脚。1936 年 2 月底，一群激进的年轻军官因反对他们所认为的高级文官与武官的腐败政策与做法，试图发动政变。高桥等人被刺杀。这些年轻军官遭到了军队中其他派别以及天皇本人的反对，政变并未成功；然而，由于之后的财政官员不愿意拒绝军

JUST BY HERSELF

By SAPAJOU

图 5　1936 年 8 月 4 日《北华捷报》的漫画

图片来源：Sapajou cartoon reproduced by kind permission of the *The North China Daily News Online*
允许后重新印制，August 4，1936，12，ed. Peter O'Connor (Leiden, Netherlands: Brill, 2016)。

方的要求，在这次失败的政变后，军方对日本政府的控制有所加强。在 1936 年 2 月发生的一系列事件加强了军方对日本政府的控制和影响，日本在中国采取了更具侵略性的政策，同时更加强调所谓"自给自足经济集团"的重要性。[151]

　　在这一时代背景下，就在陈光甫与摩根索对话的同时，日本驻英国、法国和美国财务官富田勇太郎访问了华盛顿特区，要求与财政部长会面。摩根索告诉陈光甫和施肇基，这位日本访客"无疑是来了解我正在（中国问题上）采取什么行动。他将毫无收获！"[152] 4 月 22 日，摩根索会见了日本驻外财务官富田以及斯坦利·霍恩贝克。在寒暄和讨论各种金融话题之后，财政部长表示新的中国货币体系有一个"非常好"的开局，并询问为什么在中国的日本银行拒绝将其金库中的白银交给中国政府。富田回答说，日本银行不认为这些措施会取得成功。在这次紧张的交锋之后，会议很快就结束了。事后，摩根索在与霍恩贝克商谈时说，他"不得不向"日本代表团"提及这事"，因为该国在法币问题上采取了不合作的态度。[153]摩根索虽然没有承诺额外购买白银，但显然支持中国的立场。尽管他说要把正在进行的谈判当作一个纯粹的技术问题，但是他不可能忽视东亚整体的军事和外交紧张局势，特别是考虑到中国新货币公布后可能引发的事件。这位财政部长希望帮助中国，以此确保美国的影响力，并防止法币加入英镑区，同时保护好自己，以免受到指控说他帮助中国脱离银本位制。这个微妙的政策很难管理妥当。

富田离开后，一份协议于 5 月逐渐成形。南京国民政府将保留一定比例的白银作为法币的储备，在费城造币厂铸造面值为 1 元和 5 角的银币，并取消原先国有化行动中对在艺术和商业中使用白银的限制。作为交换，摩根索同意在未来几个月内购买 7500 万盎司的中国白银。达成了这些要点之后，孔祥熙在 5 月 18 日发表了关于币制改革的第二份声明。他重申了中国货币的独立地位，即不受任何其他国家的控制，并宣布政府已经获得了对法币的支持，但没有披露细节。为了安抚美国，他提到了关于使用白银铸币的政策，以及放宽对将白银用于商业和艺术的限制。[154]摩根索也就该协议发表了一份声明，但没有提到他购买白银的数量或价格。对中国货币问题仍然颇感兴趣的毕德门对协议条款表示满意，甚至夸大了该协议的重要性，称其为"脱离金本位制导致国际汇兑混乱以来，为了稳定世界货币所迈出的最有力的一步"。[155]这样看来，陈光甫成功完成了他的出访任务。

但该协议甫一达成就差点被推翻。在有关铸币的技术讨论中，中国代表团同意制造成色至少为 0.720 的 1 元银币，保证

美国白银生产商的市场。然而孔祥熙认为这些银币是不切实际
的。在一封确认协议各项原则的信中，他并未承诺在费城造币
厂铸造这种银币。孔祥熙在给陈光甫和施肇基的电报中解释，
他认为中国承诺的是使用"最少的白银，而不是成色为 0.720
的白银"。[156] 相反，孔祥熙认为中国应该使用一种由五成白银
与铜、镍、锌共同组成的合金。这一立场使陈光甫和施肇基感
到震惊。陈光甫给孔祥熙发电报称，毕德门认为这个突然的提
议"不可接受"，如果中国政府坚持这一点，他们可能会推翻
整个协议。[157] 铸币问题看起来可能是一个小问题，但陈光甫和
施肇基告诉孔祥熙，"整个协议都危在旦夕"。[158] 对中国来说，
重要的是需要表示自己至少会尝试一下铸造这种银币。

　　孔祥熙在中国代表团的劝说下改变了立场，同意从费城
造币厂订购这些银币。美国财政部官员对这些突然的变动感到
"非常困惑"，但摩根索声称在孔祥熙重申他对银币成色的承
诺之前，自己"对这些变化一无所知"。[159] 这份协议转危为安。
6 月初，陈光甫和他的助手顾翊群回到中国，第一批中国白银
运往美国。两人在回国途中借道伦敦，在与英格兰银行的代表
会面时，顾翊群"有些担心美国可能会停止购买白银，价格可
能不可避免地下跌，中国会被迫回到银本位制"。[160] 法币仍然
前途未卜。

　　令许多人感到惊讶的是，法币从 1935 年底到 1938 年初一
直相当稳定。正如《经济学人》在 1937 年 1 月所观察到的，许
多人曾"预言"币制改革会失败，"但过去一年的经验已经驳斥了
这种预言。中国正在复苏"。[161] 对法币的信心正在"增长"。[162]
南京国民政府按当时的汇率满足了对外汇的大量需求。[163] 中
央银行仍然是外汇"可信赖的卖家"。[164] 在与美国达成最初的
白银协议后，南京国民政府最终向摩根索和美国财政部出售了

1.87 亿盎司白银，并获得了近 1 亿美元来支持新货币。[165] 1936 年和 1937 年初，中国物价上涨，贸易量增加。白银市场相对平静，1936 年"可能是大萧条开始以来最平静的（年份）之一"。[166] 中国有能力偿还债务，同时还能发行比以往价格更高、利率更优的债券。

1935 年 11 月之后，中国的货币体系发生了巨大的变化，观察家们试图理解和解释法币将对经济、政府和社会产生什么影响。尽管南京国民政府起初宣称没有放弃白银，但是中国大多数观察家都意识到这一立场充其量是一种混淆视听的行为，或者在最坏的情况下，这一立场就是纯粹的谎言。法币是一种管理货币，通过承诺以一定的汇率无限制地购买和出售外汇来获得支持。财政部长孔祥熙用孙中山钱币革命的思想来解释这一系列改革，但孙中山并没有要求将中国的货币与其他国家的货币挂钩，而是希望摆脱外国金融力量的影响。[167]

虽然许多人都认可法币在短期所起的积极效果，但是新货币体系的长期稳定性还不确定。马寅初认为发生通货膨胀的可能性相当高，因为国家已经落入了一个陷阱：政府希望通过平衡预算来支持法币，但在政府开支增加的同时，收入却出现减少。[168] 林维应和马寅初同为哥伦比亚大学的经济学博士，他撰写的一篇文章是有关新货币制度最早的几篇长篇英文评论之一，他同样担心政府的高额赤字会导致通货膨胀并削弱人们对新货币制度的信心。虽然法币在最初几个月中的流通效果优于所有人的预期，但他警告，不要对"未来抱有过度的乐观，也不要抱有无条件的悲观"。[169]

其他观察家对法币的批评虽然角度不同，但是似曾相识。国民党的支持者章乃器愈发支持共产主义，他担心未来的通货膨胀，但更担心中国牺牲了它的主权。他担忧，在固定汇率下，外国产品和资本会涌入中国。此外，汇率之所以稳定，只是因为向美国出售白银后得到了美方的支持，这使南京国民政府过于依赖外国合作，而这种合作并非每一次都可以达成。新制度的支持者认为法币是一种独立的货币，章乃器对此并不认同。[170]

但在许多方面，当时这些有关新货币短期前景的即时评论都忽略了更重要的一点：法币改革为世界历史上的白银时代画上了句号。几个世纪以来，中国通过白银这一机制与世界其他国家建立联系。法币的诞生标志着这一时代的结束。在白银时代中，银价是商人、银行家和政策制定者关注的问题。但在1935年之后，白银不再是世界货币争论的中心。中国应该如何改变其货币体系是推动前几章叙事的关键问题，这个问题现在已经有了答案。在未来几年内和第二次世界大战开始时，货币事务主要集中在另一个问题上，即南京国民政府应该如何捍卫新的货币体系。这个问题与19世纪70年代至1935年影响中国货币争论的问题有着根本不同。中国在1935年取消了银本位制后，少有人主张再重新回到银本位制。

在白银时代开始时，中国在新兴的全球贸易网络中发挥了重要作用，在白银时代结束时也是如此。

结　语
关于全球白银时代终结的思考

　　货币史并不是电视黄金时段的常客。即使在黄金时段出现也是以可预测的、呆板的纪录片形式，而非通过明星云集的大制作呈现的。因此，当 2014 年中国最受欢迎的电视连续剧之一在核心上与币制改革有关时，不禁令人惊讶。《北平无战事》记录了南京国民政府在 20 世纪 40 年代末为控制通货膨胀、加强统治而做出的最后努力。但那时问题重重。中国银行北平分行的经理是该剧的主人公之一，但负责银行大部分业务的他的亲信实际上是中国共产党的一个地下领导人。银行经理的公子是一名获得过功勋的战斗机飞行员，也与共产党有联系。抗议和不满情绪蔓延，国民党政权腐败现象严重，币制改革看起来前景黯淡。法币的购买力不断受到削弱。法币每天甚至每小时都在贬值，主导民众对该货币记忆的正是法币的这段历史，而不是它的成功与早期的稳定。该剧没有过多提及白银。然而，在 20 世纪 40 年代末，关于南京国民政府是否可以通过回到银本位制来摆脱货币危机，曾有过短暂的辩论。第二次世界大战的政治和经济变化让此计划彻底成为不可能。

　　1937 年 7 月，全面抗日战争爆发，日本占领了大片领土，这表明南京国民政府能够"持续经营"非常重要。[1] 1938 年 3 月后，日本创立了一个在华北发行货币的联合储备银行，一场

全面的货币战争就此展开。日本可以迫使联合储备银行发行的纸币进入流通领域，用以兑换法币，然后用法币向上海的银行

换取外汇，削弱人们对法币的信心并削减其储备。此后不久，南京国民政府宣布集中出售外汇，但法币兑换外汇的范围仅限于合法且必要的交易。与前三年不同的是，外汇是限量的。在1938年余下的时间里，法币的交换价值下跌了约45%，但这一下跌是有序的；阿瑟·杨格认为外汇政策是成功的：南京国民政府不应"逆势而为"，应允许汇率下降到一个可以得到支持的水平。[2]

那年秋天，陈光甫又一次来到华盛顿，与美国国务卿摩根索会面，争取美国对中国货币和抗战的支持。就像1936年一样，他的任务很艰巨。孔祥熙在给他的信中写道，中国需要援助，但又不能给人留下这样的印象：中国"太弱了，不值得他（摩根索）帮助"。[3]陈光甫获得了一些援助，但并非用于支持货币。1939年，中国政府和英国银行建立了一个稳定基金，帮助支持法币，1941年4月，英国、美国和中国政府建立了另一个独立的稳定基金。在国民党重要官员汪精卫选择与日本人合作后，他在南京的傀偏政权也发行了一种新的货币，让货币格局变得更为复杂。正如哈里·德克斯特·怀特所说，中国相互竞争的各种货币使南京国民政府财政总长的职位成为"世界上最困难的货币工作"。[4]各方都力图削弱其他货币，同时维持公众对自己货币的信心。

20世纪40年代初，由于政府采取印钞票的方式为巨额战争开支带来的赤字提供资金，通货膨胀开始困扰国民党控制下的中国部分地区。1943年，南京国民政府提议利用美国提供的一些贷款来购买黄金，然后在国内出售。它希望销售黄金可以"清理"一些流通中的货币以缓解通货膨胀。这个想法的支持者承认这"不是一个正统的"建议，但坚持认为应该将其视作"战时权宜之计"予以实施。[5]哈里·德克斯特·怀特对出售黄金的效果持疑，认为"如果与此同时没有货物贸易，就会证明

（它们）只是一种暂时的缓解措施，而且可能造成损害"。[6] 由于战争肆虐，日本的封锁仍在继续，怀特认为，在控制通货膨胀方面不可能有所作为。美国官员还对腐败表示担忧。他们担心黄金最终会落入中国的少数特权阶层手中，这些人可以以较低的官方价格收购黄金，并利用官方价格与黑市价格之间的巨大差异获利。南京国民政府坚持认为，美国之所以存在对腐败以及官方与黑市黄金价差的担忧，是因为美国财政部没有向中国提供足够的黄金来缩小两者的价差。只要美国能供应足够的黄金，销售黄金就能发挥作用。黄金之争后来成为历史争议的其中一个关键话题。一些人认为，如果更早、更果断地采取稳定法币的行动，南京国民政府或许就可以避免20世纪40年代后期发生的恶性通货膨胀。[7]

1945年，世界战争结束，中国内战开始，通货膨胀依然存在。1946年，南京国民政府的支出增加了3.2倍，而收入只够支付这些支出的37%。[8] 1946年，军事支出占总支出的60%，1947年占55%。[9] 1946年末至1947年，每月流通货币增速达到了10%。[10] 1947年12月至1948年6月，流通中的法币量从34万亿元上升到250万亿元；在接下来的一个半月里，这个数字上升到600万亿元至700万亿元。[11] 其间，国民党都在与中国共产党作战，争夺中国的控制权。

就在这时，南京国民政府就恢复银本位制是否可能与可行进行了短暂的讨论。事实上，中央造币厂在1948年已开始重新铸造孙中山银元，但这是由危机催生的一种措施。[12] 阿瑟·杨格当然不认为恢复银本位制对解决当前问题有长期效果。首先，在1944年，中国签署了管理战后货币世界的布雷顿森林协议，这一系列协议几乎没有关注白银的作用。即使没有这个协议，杨格也认为在辅币或标准货币中使用白银并不可取。当时的中国没有足够的白银用于铸币。世界上的大部分白银此时都为美国财政部所有，或囤积在某处。如果国民党政权以某种方式获得了足够的白银并采用 1933 年的旧标准币，由于银价已经上涨，这种银币的价值将超过 50 美分，汇率必定过高，"一个贫穷国家难以负担这样的高价"。杨格认为，那些主张恢复使用白银的人错误地认为法币作为一种管理货币已经失败了。而他与这些人持相反观点，认为法币是成功的。法币之所以遭到破坏，是因为发生了第二次世界大战和国共内战，以及缺乏援助，而不是因为政府无能、管理不力。[13]

马寅初也不认为有可能恢复银本位制。他与国民党政权势不两立，因蒋介石认为他在战时过度批评政府而于 20 世纪 40 年代初被捕。重获自由后，他仍是国民党的眼中钉，并逐渐转向支持中国共产党。1948 年春，马寅初呼应了杨格的立场，认为没有必要恢复银本位制，也没有可能恢复。中国没有足够的白银。即使有，所有的老问题也会重新出现：银价已经超出中国的控制范围，此时已经在美国的掌握之中。马寅初的结论是，回到银本位制就相当于作茧自缚。[14]

1948 年 8 月，国民党政权提出了一项货币兑换计划，希望产生一些积极的心理作用，为政府进行更多的根本性改革争取时间。如果政府能够表现"自助"的能力，就可能会得到来自美国的更多支持，特别是在之后的总统大选中，共和党人托马斯·杜威（Thomas Dewey）很有可能获胜，与杜鲁门相比，他更加同情蒋介石和国民党。[15] 中国的银行纷纷关闭，为调整做准备，政府也指示民众上缴手中所有的货币，包括法币、外汇、黄金和任何其他货币金属，将其换成新的货币——金圆券。然而，新货币实际上并不能兑换成黄金。政府还承诺将商品价格维持在 8 月 19 日的水平上。这一政策本应在全国推行，但只有蒋介石的儿子蒋经国在上海真正地将其落实。在通过逮捕、惩罚甚至处决等手段实施政策之后，上海"在恐吓下实现了货币平衡的状态"。[16]

然而，由于国统区的其他地方政策实施力度不如上海，上海很快就出现了货物短缺，因为商人拒绝向该市运送产品。到10月底，预算赤字节节攀升，规定的价格上限失效，流通中的金圆券总数飙升至其规定限额的8倍。[17] 1948年秋天，国民党政权的军事和财政状况严重恶化。随着中国共产党在华北取得一系列重要胜利，中国其他地区的通货膨胀再次抬头。马寅初于1949年初逃亡到华北的解放区。蒋介石将国民党政权的首都从南京迁至广州。广东钱局铸造了印有袁世凯和孙中山两人头像的银元，但国民党政权继续撤退，先是退到重庆，后来到台湾。[18] 随着形势的发展，中国共产党推出了人民币。白银作为货币早已不复存在。

中国、美国和世界历史中的白银

当故事在19世纪70年代初开始时，白银在世界范围内前途未卜。在19世纪的大部分时间里，白银相对于黄金的价格都保持稳定，但此时却开始摇摆、波动，随后下跌，这种下跌是暂时趋势还是永久状态尚不明确。尽管从图表中来看，19世纪70年代到20世纪30年代的银价呈现明显的下降趋势（见附录），但是我们应该重新认识这一时期与白银有关的全球金融与政治不确定因素。我们通过这一视角看问题，并聚焦于实行银本位制的最后一个国家，即中国，会对一些学术问题产生新的认识。

本书追溯了世界历史上白银时代结束的两个原因：第一，在银价下跌的情况下，外国竞相影响中国的币制改革；第二，在政治权力分散的情况下，中国国内产生有关如何改革其货币体系的争论。对外而言，特别是对美国和那些追随它的国家来说，白银时代的结束起初意味着他们在放弃了金银复本位制后把目光投向中国，试图为其白银库存找到一个出路。随着银价下跌，中国的白银进口量上升。此时，清朝官员开始重新认识国家在经济和货币事务中的作用，在许多领域采取了更积极的方法来巩固政权。洋务运动期间，各省官员进口铸币设备，开始生产自己的银币，且必须反对西班牙、墨西哥和美国银元在中国流通。虽然铸造银币的举动并没有创立一种全国性的货币，也没有阻止外国银元的流通，但是它标志着清朝在如何看待自身与世界货币体系的相互作用方面实现了重大突破。

本书的后半部分将国内外的线索结合起来，聚焦有关中国是否能够和应该采用金本位制或金汇兑本位制的辩论。这个问题产生的背景是银价在义和团运动后急剧下跌，以及 1904 年精琪访华。精琪未能说服清朝采用金汇兑本位制，但他的建议在中国收获了一批人的支持，并为接下来 30 年的讨论奠定了基调。讨论的问题包括中国的货币体系与世界其他国家的关系目前如何，应该如何；银价下跌对中国而言是有利还是有弊；中国是否应该通过金汇兑本位制将其货币与美国、英国或日本的货币挂钩。

20 世纪第二个十年银价上涨，在 20 年代又急剧下跌，其间这些问题一直没有定论。清朝覆灭后，1912~1928 年，中国的政治格局松散，但交通与通信网络的不断发展以及金融机构数量的增长使金融一体化不断深化，令中国从中获益。1928年，南京国民政府希望实施重大的币制改革以巩固政权，但面临重重阻碍，包括银价下跌、日本的威胁、经济危机，且国内金融界对改革的范围也存在冲突。1933 年，银两记账单位被废除，中国由此进入了单一的银本位制，但持续时间不长。这个故事的国际和国内部分在 1934 年和 1935 年分别达到了高潮。大萧条不断加剧，美国白银集团的成员在中国看到了希

185

望。只要中国的银价上涨，美国的出口就会增加，经济条件也会改善。1934年《白银收购法案》通过后，中国陷入危机，英国、美国和日本都希望对中国新货币体系的架构施加影响。1935年11月，南京国民政府脱离了银本位制，主要的政策问题变为南京国民政府是否会使法币维持在既定的汇率上，以及会为此采取什么措施。

在中国历史上，货币本位制是历届政权在国家建构中不可回避的问题，值得在现代中国的历史学中占据更重要的位置。这一问题包括两个部分：不同的政权如何统一货币体系，以及金银在国家货币、领土货币中扮演怎样的角色。到20世纪初，在使用白银作为货币的国家中，中国拥有最多人口，但并没有一个统一的银本位制。相反，中国在多年的商业习惯中发展出了不同的流通媒介和记账单位。白银起到了约束机制的作用，因为金融机构必须准备足够的白银，满足人们以汇票兑换白银的需求。相比之下，1935年改用法币后，南京国民政府承诺用美元和英镑来兑换新货币，这成为对南京国民政府的约束。

本书将白银和货币本位制问题作为论述的中心，为了解中国历史上众人熟知的人物和思想提供了一些新的角度，并阐述了他们关于改革中国货币体系的观点。他们希望建立一种不受任何外国控制的统一国家货币体系，但对如何做到这一点却存在分歧。张之洞希望确立银本位制，梁启超认为金汇兑本位制最能为他心目中缺乏本位制概念的货币体系带来秩序和效率，孙中山则呼吁通过完全摆脱白银来进行钱币革命。马寅初的观点随着形势的发展而改变：他先是反对金汇兑本位制，后来认为银价的下跌速度太快，影响太大，转而支持了金汇兑本位制。关于币制改革的辩论远不是一个狭隘的技术问题，而是由不断变化的政治、经济、思想与外交话语交织而成的。

把中国的故事快进至今天，我们可以发现，数百年来，中国货币的价值都随着银价的变化而波动，这一点十分有趣。法币改革后，国民党政权和后来的中华人民共和国都非常关注本币汇率与外币汇率的关系。新中国从国民党政权那里接手了汇率管理的难题，并且至今仍然面临这个问题。

　　从美国历史的角度看，不应仅把白银当作一个国内问题，因为美国在 19 世纪和 20 世纪成为金融大国后，白银成为其外交政策的一个关键部分。如果把注意力过多地集中在 19 世纪末美国国内关于金银复本位制和金本位制的冲突上，话题将受到局限，时间线索也会变得狭隘。美国面临的不确定性、窘境和战略选择都源于一个简单的事实：在 20 世纪伊始，美国坚持金本位制，但同时又是世界上最大的白银生产国之一。代表西部白银生产者的政治游说团体采用了各种策略来支持白银：有时敦促恢复金银复本位制，有时主张由美国政府购买白银，而且他们经常在支持白银的论点中加入有关中国的言论。他们坚持认为，美国白银矿工、商人和中国公民的最大利益是一致的。那些在 19 世纪 70 年代支持创立贸易银元、在 20 世纪初支持精琪访华以及在 20 世纪 30 年代支持《白银收购法案》的人就持有这样的观点。白银将两国联系在一起，而且正如许多美国人士所坚持的那样，美国在中国的币制改革中拥有重要的利益。

　　然而，在这一时期，主导中国币制改革的做法与美国在东亚更广泛的政治和经济目标之间的关系并不明确。特别是在 1898 年美西战争后，美国成为太平洋地区的一个大国，但前路并不清晰。一个关键问题是美国应如何尽可能地确保其在中国的金融利益，是通过独立行动还是与其他外国势力合作。在新获得的殖民地，美国不费吹灰之力便可实施金汇兑本位制，但说服中国这样做、说服其他国家一起做的难度则大得多。美国在 1910 年组建国际银行团，1913 年退出该集团，后来在

1919 年对该组织进行改组。美国在这些事件中的角色从最根本的层面上揭示了这种窘境以及国务院和财政部之间的分歧。

讽刺的是，在 20 世纪末和 21 世纪初，许多美国政策制定者实现了他们在 20 世纪初的梦想：美元与中国货币之间有了直接联系。然而，在美国并没有多少人称赞这一进展。事实上，他们对此表示强烈抗议。相较于当下，本书所研究的时期存在一个重要不同，即在 19 世纪末和 20 世纪初，中国的进口多于出口，而过去几十年里的情况正好相反。在 20 世纪初，美国政策制定者希望将中国货币与美元挂钩是为了鼓励美国向中国出口，而不是从中国进口。白银不再将美国与中国的经济联系在一起，但美国继续试图影响中国的货币，但鉴于长期以来的历史，美国很可能高估了自己的能力。

就经济史而言，本书着重指出了白银在全球经济中的重要性，而大多数文献在 1870 年至 1880 年这一从金银复本位制转向金本位制的关键十年后就忽视了白银的重要性。人们聚焦于金本位制的"金光"，由此产生思想上的封闭，最终导致了对"金融全球化""国际货币"等术语的狭隘理解，并忽略了中国的货币历史，而中国是一直到 20 世纪都采用银本位制的国家中面积最大、人口最多的国家。我还希望通过精心设计一个充满发展、变化与转折的叙述主线来使货币去自然化。微小的决定会造成巨大的后果。1873 年，美国将 5 美元以下的贸易银元定为法定货币，产生了不可预见的影响，持续了十多年。1901 年的庚子赔款引发了一系列的争端，将中国、墨西哥与美国联系在一起，但也造成了误解和冲突。总而言之，当 19 世纪 70 年代银价开始下跌时，从纯粹的经济学角度无法肯定或预测白银时代将走向终结。

最后，在最宏观的层面上，即就世界历史而言，始于 16 世纪的白银时代是全球经济中的一个重要方面，本书解释了这一时代是如何落下帷幕的。世界历史的课堂或教科书通常会强调白银时代的开端,即波托西(Potosi)的矿藏的发现以及中国、欧洲与拉丁美洲之间的贸易。然而,白银的故事从 19 世纪和 20 世纪的诸多事件中消失了,为中国史、美国史和经济史的主导叙述所掩盖,这种情况也十分常见。相比之下,关注影响白银地位的全球不确定因素让我们能够连贯地看待这 60 年的世界历史,并阐明了不同领域之间的联系。

188

本书把读者带到了一个与我们今天生活的世界大不相同的货币与物质世界。现在,白银并不像以前那样重要了,不再受到政策制定者、银行家和商人关注,也不是各国政府间一个重要且有争议的问题。而任何货币体系的变革都是有争议且充满偶然性的,这一经验不仅适用于 19 世纪 70 年代至 20 世纪 30 年代,在任何时代同样适用。

附 录

伦敦银条价格，1833~1933

以下价格是伦敦每盎司英制标准（0.925 纯度）银条的平均价格，以每盎司 1.000 纯度的美国金币为单位，按平均价格和汇兑平价计算。伦敦价格以 1931 年 9 月 21 日以后的贬值货币表示（见表 A.1）。

表 A.1　1833~1933 年伦敦银条价格

单位：英镑

日期	价格	日期	价格
1833−01−01	1.297	1848−01−01	1.304
1834−01−01	1.313	1849−01−01	1.309
1835−01−01	1.308	1850−01−01	1.316
1836−01−01	1.315	1851−01−01	1.337
1837−01−01	1.305	1852−01−01	1.326
1838−01−01	1.304	1853−01−01	1.348
1839−01−01	1.323	1854−01−01	1.348
1840−01−01	1.323	1855−01−01	1.344
1841−01−01	1.316	1856−01−01	1.344
1842−01−01	1.303	1857−01−01	1.353
1843−01−01	1.297	1858−01−01	1.344
1844−01−01	1.304	1859−01−01	1.360
1845−01−01	1.298	1860−01−01	1.352
1846−01−01	1.300	1861−01−01	1.333
1847−01−01	1.308	1862−01−01	1.346

日 期	价 格	日 期	价 格
1863-01-01	1.345	1892-01-01	0.871
1864-01-01	1.345	1893-01-01	0.780
1865-01-01	1.338	1894-01-01	0.635
1866-01-01	1.339	1895-01-01	0.654
1867-01-01	1.328	1896-01-01	0.676
1868-01-01	1.326	1897-01-01	0.604
1869-01-01	1.325	1898-01-01	0.590
1870-01-01	1.328	1899-01-01	0.602
1871-01-01	1.326	1900-01-01	0.620
1872-01-01	1.322	1901-01-01	0.596
1873-01-01	1.298	1902-01-01	0.528
1874-01-01	1.279	1903-01-01	0.543
1875-01-01	1.242	1904-01-01	0.579
1876-01-01	1.164	1905-01-01	0.610
1877-01-01	1.202	1906-01-01	0.677
1878-01-01	1.154	1907-01-01	0.662
1879-01-01	1.124	1908-01-01	0.535
1880-01-01	1.145	1909-01-01	0.520
1881-01-01	1.132	1910-01-01	0.541
1882-01-01	1.136	1911-01-01	0.539
1883-01-01	1.109	1912-01-01	0.615
1884-01-01	1.111	1913-01-01	0.605
1885-01-01	1.065	1914-01-01	0.553
1886-01-01	0.995	1915-01-01	0.519
1887-01-01	0.979	1916-01-01	0.686
1888-01-01	0.940	1917-01-01	0.895
1889-01-01	0.935	1918-01-01	1.042
1890-01-01	1.046	1919-01-01	1.250
1891-01-01	0.988	1920-01-01	1.346

日期	价格	日期	价格
1921-01-01	0.805	1928-01-01	0.586
1922-01-01	0.754	1929-01-01	0.536
1923-01-01	0.700	1930-01-01	0.387
1924-01-01	0.745	1931-01-01	0.320
1925-01-01	0.703	1932-01-01	0.391
1926-01-01	0.629	1933-01-01	0.391
1927-01-01	0.571		

资料来源：圣路易斯联邦储蓄银行（Federal Reserve Bank of St. Louis），FRED 数据库，2012 年 8 月 16 日更新，https://fred.stlouisfed.org /series/AO4O18GB0OLONA286NNBR。

注　释

引言　循着钱的足迹

1.　《河滩上百群众挖银元》,《大河报》, 最后修改于 2016 年 3 月 23 日, http://he.people.com.cn/n2/2016/0323/cl92235-27995080.html。

2.　James Rickards, *The New Case for Gold* (London: Penguin Books, 2016).

3.　Benjamin E. Chiu. "Chinese Student's View of Currency Reform," *Journal of the American Asiatic Association* 10, no.7 (August 1910): 208–209.

4.　Eric Helleiner, *The Making of National Money: Territorial Currencies in Historical Perspective* (Ithaca, NY: Cornell University Press, 2003), 3.

5.　Thomas Sargent and Francois Velde, *The Big Problem of Small Change* (Princeton, NJ: Princeton University Press, 2002).

6.　Helleiner, *Making of National Money, 2.*

7.　Helleiner, *Making of National Money,* 8.

8.　Helleiner, *Making of National Money,* 9.

9.　Helleiner, *Making of National Money,* 10.

10.　Julia C. Strauss, *Strong Institutions in Weak Politics: State Building in Republican China, 1927–1940* (Oxford: Oxford

University Press, 1998), 2.

11. Stephen Halsey, *Quest for Power: European Imperialism and the Making of Chinese Statecraft* (Cambridge, MA: Harvard University Press, 2015), 5.

12. 例如，见 William Kirby, "Engineering China: Birth of the Developmental State, 1928–1937," in *Becoming Chinese: Passages to Modernity and Beyond,* ed. Yeh Wen–Hsin (Berkeley: University of California Press, 2000), 137–160; Morris Bian, *The Making of the State Enterprise System in Modern China: The Dynamics of Institutional Change* (Cambridge, MA: Harvard University Press, 2005); Philip Thai, *China's War on Smuggling: Law, Economic Life, and the Making of the Modern State, 1842–1965* (New York: Columbia University Press, 2018)。

13. He Wenkai, *Paths toward the Modern Fiscal State* (Cambridge, MA: Harvard University Press, 2013), 4–5.

14. He, *Paths,* 3.

15. Halsey, *Quest for Power,* 5.

16. 我在此处的观点并不是支持被保罗·科恩等人批评的中国近代史"冲击－反应"模式，而只是想指出，许多因素影响了世界白银市场。见 Paul Cohen, *Discovering History in China: American Historical Writing on the Chinese Past* (New York: Columbia University Press, 1984), 9–56。

17. Tomoko Shiroyama, *China during the Great Depression: Market, State and the World Economy, 1929–1937* (Cambridge, MA: Harvard University Press, 2008), 4.

18. 英语文献见 Richard Von Glahn, *Fountain of Fortune: Money and Monetary Policy in China, 1100–1700* (Berkeley:

University of California Press, 1996); Lin Man-Houng, *China Upside Down: Currency, Society, Ideologies, 1808– 1856* (Cambridge, MA: Harvard University Press, 2007); Niv Horesh, *Shanghai's Bund and Beyond: British Banks, Banknote Issuance, and Monetary Policy in China, 1842–1937* (New Haven, CT: Yale University Press, 2009); Niv Horesh, *Chinese Money in Global Context: Historic Junctures Between 600 BCE and 2012* (Stanford, CA: Stanford University Press, 2013); Frank H. H. King, *Money and Monetary Policy in China, 1845–1895* (Cambridge, MA: Harvard University Press, 1965)。中文的重要文献，见彭信威《中国货币史》，上海：上海人民出版社，2007；杨端六编著《清代货币金融史稿》，北京：三联书店，1962；戴建兵《中国近代银两史》，北京：中国社会科学出版社，2007；戴建兵《白银与中国近代经济（1890~1935）》，上海：复旦大学出版社，2005。

19. 这种只关注 20 世纪 30 年代而忽略了更早时代的最新案例，见 William Silber, *The Story of Silver: How the White Metal Shaped America and the Modern World* (Princeton, NJ: Princeton University Press, 2019), 60–89。

20. 见 Allen Weinstein, *Prelude to Populism: Origins of the Silver Issue, 1867–1878* (New Haven, CT: Yale University Press, 1970); Milton Friedman and Anna Schwartz, *A Monetary History of the United States* (Princeton, NJ: Princeton University Press, 1971)。

21. 见 Andre Gunder Frank, *ReORIENT: Global Economy in the Asian Age* (Berkeley: University of California Press, 1988); Dennis Flynn, *World Silver and Monetary History in the 16th and 17th Centuries* (London: Routledge, 1996); Dennis

Flynn and Arturo Giraldez, eds., *China and the Birth of Globalization in the 16th Century* (London: Routledge, 2010)。

22. Steven Bryan, *The Gold Standard at the Turn of the Twentieth Century: Rising Powers, Global Money and the Age of Empire* (New York: Columbia University Press, 2010); Barry Eichengreen, *The Gold Standard in Theory and History* (Princeton, NJ: Princeton University Press, 1996); Mark Metzler and Simon James Bytheway, *Central Banks and Gold: How Tokyo, London and New York Shaped the Modern World* (Ithaca, NY: Cornell University Press, 2016).

23. Marc Flandreau, *The Glitter of Gold: France, Bimetallism, and the Emergence of the International Gold Standard, 1848– 1873* (Oxford: Oxford University Press, 2004), vii.

24. 有关这些争论的概述，见Marc Flandreau, "The French Crime of 1873: An Essay on the Emergence of the International Gold Standard, 1870–1880," *Journal of Economic History* 56, no. 4 (1996): 862–897。也见 Charles Kindieberger, *A Financial History of Western Europe* (London: George Allen & Unwin, 1984), 67–69; Angela Redish, *Bimetallism: An Economic and Historical Analysis* (Cambridge: Cambridge University Press, 2000), 202–206。

25. Mark Metzler, *Lever of Empire: The International Gold Standard and the Crisis of Liberalism in Prewar Japan* (Berkeley: University of California Press, 2006), 38.

26. Von Glahn, *Fountain of Fortune,* 15.

27. Von Glahn, *Fountain of Fortune,* 15.

28. Robert Solow, "Economic History and Economics," *American Economic Review* 75, no. 2 (May 1985): 331. 在这里，索洛引

用了另一名作家阔特（W. H. B. Court）的话语。

29. Kenneth Arrow, "Maine and Texas," *American Economic Review* 75, no. 2 (May 1985): 322.

30. "China Conversations, Julia Lovell: Translating China's Past," *Los Angeles Review of Books,* China Channel, last modified July 24,2019, https://chinachannel.org/2019/07/24 /julia-lovell/.

1. 清朝货币体系初探

1. "The Currency and Coin of China," *The Economist,* June 12,1858, 652.

2. 引自 Srinivas Wagel, *Chinese Currency and Banking* (Shanghai: North China Daily News & Herald Limited, 1915), 42。

3. 见 Helen Dunstan, "Safely Supping with the Devil: The Qing State and Its Merchant Suppliers of Copper," *Late Imperial China* 13, no. 2 (December 1992): 42–81，以及 Hans Ulrich Vogel and Jin Cao, eds., *Southwest China in a Regional and Global Perspective* (Leiden, Netherlands: Brill, 2018)。

4. 清朝也承认前朝钱币的合法性。见 Lin M., *China Upside Down,* 33。

5. William Rowe, "Provincial Monetary Practice in Eighteenth Century China: Chen Hongmou in Jiangxi and Shaanxi," in *Chinese Handicraft Regulations of the Qing Dynasty: Theory and Application,* ed. Hans Ulrich Vogel (Munich: ludicum, 2005), 348.

6. 见 Jin Cao, "Mint Metal Mining and Minting in Sichuan 1700–1900: Effect on the Regional Economy and Society"

(PhD diss., University of Tubingen, 2012), 230–240。

7. King, *Money and Monetary Policy,* 43.

8. Von Glahn, *Fountain of Fortune,* 127–129. 关于白银为何流入中国的辩论概况，见 Von Glahn, *Fountain of Fortune,* 4–7。也见 William Atwell, "Another Look at Silver Imports into China, ca. 1635–1644," *Journal of World History* 16, no. 4 (December 2005): 467–489; Dennis O. Flynn and Arturo Giraldez, "Arbitrage, China, and World Trade in the Early Modern Period," *Journal of Economic and Social History of the Orient* 38, no. 4 (1995): 429–448。

9. Timothy Brook, *Confusions of Pleasure: Commerce and Culture in Ming China* (Berkeley: University of California Press, 1998), 238.

10. Brook, *Confusions of Pleasure,* 238.

11. Von Glahn, *Fountain of Fortune,* 72–73.

12. Von Glahn, *Fountain of Fortune,* 147–148.

13. Von Glahn, *Fountain of Fortune,* 156–157.

14. Lin M., *China Upside Down,* 29.

15. Lin M., *China Upside Down,* xxiii.

16. King, *Money and Monetary Policy,* 28.

17. 王业键:《中国近代货币与银行的演进（1644~1937）》，王业键编《清代经济史论文集》（一），台北：稻乡出版社，2003，第 215 页。

18. 戴建兵:《中国近代银两史》，第 66 页。

19. King, *Money and Monetary Policy,* 29.

20. Lin M., *China Upside Down,* 2.

21. Akinobu Kuroda, "Concurrent but Non-Integrable Currency Circuits: Complementary Relationships among Monies in

Modern China and Other Regions," *Financial History Review* 15, no. 1 (2008): 20.

22. 见 Richard Von Glahn, "Foreign Silver Coins in the Market Culture of Nineteenth Century China," *International Journal of Asian Studies* 4, no. 1 (2007): 58。

23. Kuroda, "Concurrent," 18.

24. Kuroda, "Concurrent," 18.

25. 王宏斌:《晚清货币比价研究》, 开封: 河南大学出版社, 1990, 第 2~5 页。

26. Hans Ulrich Vogel, "Chinese Central Monetary Policy, 1644–1800," *Late Imperial China* 8, no. 2 (December 1987): 10.

27. Vogel, "Chinese Central Monetary Policy," 8.

28. William Rowe, *Saving the World: Chen Hongmou and Elite Consciousness in Eighteenth-Century China* (Stanford, CA: Stanford University Press, 2001), 205

29. Von Glahn, *Fountain of Fortune,* 168.

30. Lin M., *China Upside Down,* 33.

31. Lin M., *China Upside Down*, 22–23. 中国白银价格上涨背后的确切因果机制众说纷纭, 但这不是本书的重点。关于这场争论的详细概述, 见 William Rowe, "Money, Economy, and Polity in the Daoguang-Era Paper Currency Debates," *Late Imperial China* 31, no. 2 (December 2010): 70–72。

32. 收缴税款而来的不同种类白银必须熔化铸成标准的银锭, 这一过程会造成一定数量的白银损耗。征税人要求民众上缴更多白银来弥补这一损失。见 Madeleine Zelin, *The Magistrate's Tael: Rationalizing Fiscal Reform in Eighteenth Century Ch'ing China* (Berkeley: University of California Press, 1984), 72–116。

33. Lin Man-Houng, "The Devastation of the Qing Mints, 1821–1850," in *Money in Asia (1200–1900): Small Currencies in Social and Political Contexts,* ed. Jane Kate Leonard and Ulrich Theobald (Leiden: Brill, 2015), 155–187.

34. Lin M., *China Upside Down,* 10.

35. Lin M., *China Upside Down,* 20.

36. Rowe, "Money, Economy, and Polity," 75.

37. 见 William Rowe, *Speaking of Profit: Bao Sichen and Reform in Nineteenth-Century China* (Cambridge, MA: Harvard Asia Center, 2018)。

38. 王业键：《中国近代货币与银行的演进》，第 270 页。

39. Lin M., *China Upside Down,* 22.

40. Liuyan Zhao and Yan Zhao, "Alfred Marshall, Silver and China," *Australian Economic History Review* 58, no. 2 (2018): 153–175.

41. 见 Andrea McElderry, *Shanghai Old-Style Banks 1800–1935: A Traditional Institution in a Changing Society* (Ann Arbor: Center for Chinese Studies, University of Michigan, 1976); Linsun Cheng, *Banking in Modern China: Entrepreneurs, Professional Managers and the Development of Chinese Banks, 1897–1937* (Cambridge: Cambridge University Press, 2003), 14–16。

42. Cheng, *Banking in Modern China,* 10–14. 也见李永福《山西票号研究》，北京：中华工商联合出版社，2007。

43. 见 Frank H. H. King, *The History of the Hongkong and Shanghai Banking Corporation,* Vol. 1, *The Hongkong Bank in Late Imperial China 1864–1902: On an Even Keel* (Cambridge: Cambridge University Press, 1988); Geoffrey

Jones, *British Multinational Banking, 1830–1990* (Oxford: Oxford University Press, 1993)。

44. 有关不同平价计算机制的详情，见 Eduard Kann, *The Currencies of China: An Investigation of Silver and Gold Transactions Affecting China* (Shanghai: Kelly & Walsh, 1927), chaps. 1–4。该范例引用自 Shiroyama, *China during the Great Depression,* 28–31，该书引自 Dickson Leavens, *The Ratio between the T. T. Rate and the Silver Price* (Shanghai: Chinese Government Bureau of Economic Information, 1928)。同样有帮助的材料包括 William Spalding, *Foreign Exchange and Foreign Bills in Theory and Practice* (London: Sir Isaac Pitman and Sons, 1915); 宋佩玉《近代上海外汇市场研究（1843~1949）》，上海：上海人民出版社，2014。这里需要注意的是，上述的汇款也是通过银点机制发挥作用的。上海对中国银两的需求相对于其他外国货币增加，一旦高于理论平价，白银就会流入。同样，见 Shiroyama, *China and the Great Depression,* 33。

45. Kann, *Currencies of China,* 104–105.

46. Yen-p'ing Hao, *The Commercial Revolution in Nineteenth Century China: The Rise of Sino-Western Mercantile Capitalism* (Berkeley: University of California Press, 1986).

47. 见 Ghassan Maozzin, "Networks of Capital: German Bankers and Financial Internationalisation of China 1885–1919," (PhD diss., University of Cambridge, 2017)。

48. 见 Horesh, *Shanghai's Bund and Beyond,* 35–36; 以及戴建兵《中国近代银两史》，第 54~62 页。

49. Chau-nan Chen, "Flexible Bimetallic Exchange Rates in China 1650–1850: A Historical Example of Optimum Currency

Areas," *Journal of Money, Credit and Banking* 7, no. 3 (August 1975): 363.

50. 见 Benjamin Cohen, *The Geography of Money* (Ithaca, NY: Cornell University Press, 2000)。

51. 引自 Walter Bagehot, *Some articles on the depreciation of silver and on topics connected with it* (London: H. S. King, 1877), 41–42。

2. 白银衰落的开始: 美国贸易银元的全球流通, 1873~1887

1. Bagehot, *Some articles,* 3.

2. *Annual Report of the Director of the Mint, 1883* (Washington, D.C.: Government Printing Office, 1883), 17.

3. 见 Paul O' Leary, "The Scene of the Crime of 1873 Revisited," *Journal of Political Economy* 68, no. 4 (1960): 390–392; Milton Friedman, "The Crime of 1873," *Journal of Political Economy* 98, no. 6. (1990): 1159–1194; Milton Friedman, *Monetary Mischief: Episodes in Monetary History* (New York: Harcourt Brace, 1994), 51–79; Irwin Unger, *The Greenback Era: A Social and Political History of American Finance, 1865-1879* (Princeton, NJ: Princeton University Press, 1964); Samuel DeCanio, "Populism, Paranoia, and the Politics of Free Silver," *Studies in American Political Development* 25, no. 1 (2011): 1–26。

4. 换一种说法, 1792 年《铸币法案》规定每盎司白银的铸币价格为 1.29 美元, 每盎司黄金的铸币价格为 19.39 美元。

5. Donald Taxay, *The U.S. Mint and Coinage: An Illustrated*

History from 1776 to the Present (New York, NY: Arco, 1966), 48–49.

6. Neil Carothers, *Fractional Money: A History of the Small Coins and Fractional Paper Currency of the United States* (New York: Augustus M. Kelly, 1967), 75.

7. Carothers, *Fractional Money,* 75.

8. 见 William Schell, "Silver Symbiosis: Reorienting Mexican Economic History," *Hispanic American Historical Review* 81, no. 1 (February 2001): 89–133; Maria Alejandra Irigoin, "The End of a Silver Era: The Consequences of the Breakdown of the Spanish Peso Standard in China and the United States, 1780s–1850s," *Journal of World History* 20, no. 2 (2009): 207–244。

9. Carothers, *Fractional Money,* 92. 也见 Taxay, *U.S Mint and Coinage,* 194–199; Peter Temin, *The Jacksonian Economy* (New York: Norton, 1969); J. Laurence Laughlin, *A History of Bimetallism in the United States* (New York: D. Appleton, 1898)。

10. 威廉·谢尔（William Schell）和亚历杭德罗·伊里戈因（Alejandra Irigoin）在解读 1834 年《铸币法案》时认为，该法案让美国流失了大量的白银，并让美国更为依赖伦敦开具的汇票，为对华贸易提供资金。在另一点上，1837 年的《铸币法案》也略微降低了银元的合金含量，使当时的标准硬币重 412 格令。

11. Carothers, *Fractional Money,* 105. 银元按规定等同于 371.25 格令白银，在 1834 年《铸币法案》规定的 1∶16 的铸币比例下，这意味着 1 金元等同于 23.2 格令黄金。当市场比价下降到 1∶15.45 时，23.2 格令黄金可以购买 15.45 倍的白银，即

357.25 格令白银，少于法定银元。这种差异意味着银元硬币实际上比其 1 美元等价金币更有价值，而且并不流通。

12. Carothers, *Fractional Money,* 108.

13. Bagehot, *Some articles, 2.*

14. Bagehot, *Some articles, 2.*

15. Luca Einaudi, *Money and Politics: European Monetary Unification and the International Gold Standard, 1865–1873* (Oxford: Oxford University Press, 2001), 28.

16. Flandreau, "French Crime of 1873," 869, 864.

17. Flandreau, "French Crime of 1873," 866.

18. David Martin, "1853: The End of Bimetallism in the United States," *Journal of Economic History* 33, no. 4 (December 1973): 833.

19. Martin, "End of Bimetallism?" 840.

20. Martin, "End of Bimetallism?" 837.

21. David Q. Bowers, *Silver Dollars and Trade Dollars of the United States* (Wolfeboro, NH: Bowers and Merena Galleries, 1993), 804.

22. 引自 Einaudi, *Money and Politics, 4*。

23. Flandreau, "French Crime of 1873," 862.

24. 见 Grant H. Smith, *The History of the Comstock Lode* (Reno: University of Nevada Press, 1998); Ronald James, *The Roar and the Silence: A History of Comstock Lode and Virginia City* (Reno: University of Nevada Press, 1998)。

25. John Niven, *Salmon P. Chase: A Biography* (New York: Oxford University Press, 1995), 250.

26. John Sherman, *John Sherman's Recollections of Forty Years in the House, Senate and Cabinet* (Chicago: Werner, 1895), 259.

27. 见 Michael Caires, "Rethinking the Second American Revolution: Legal Tender and National Banking in the Civil War Era," *Constitutional Commentary* 29, no. 3 (Summer 2014): 511。

28. 见 Matthew Jaremski, "State Banks and the National Banking Acts: Measuring the Response to Increased Financial Regulation, 1860–1870," *Journal of Money, Credit and Banking* 45, no. 2–3 (March–April 2013): 379–399; John A. James and David F. Weiman, "The National Banking Acts and the Transformation of New York City Banking during the Civil War Era," *Journal of Economic History* 71, no. 2 (June 2011): 338–362。

29. Robert Sharkey, *Money, Class, and Party: An Economic Study of Civil War and Reconstruction* (Baltimore: Johns Hopkins University Press, 1960), 51.

30. Friedman and Schwartz, *Monetary History,* 58.

31. Friedman and Schwartz, *Monetary History,* 58.

32. Friedman and Schwartz, *Monetary History,* 27.

33. Unger, *Greenback Era,* 16.

34. *Annual Report of the Secretary of the Treasury* (Washington, D.C.: Government Printing Office, 1865), 4.

35. Friedman and Schwartz, *Monetary History,* 24.

36. 见 Steven P. Reti, *Silver and Gold: The Political Economy of International Monetary Conferences, 1867–1892* (Westport, CT: Greenwood, 1998), 33–61. Einaudi, *Money and Politics,* 37–61。

37. Flandreau, "French Crime of 1873," 873.

38. Walther Lotz, "The Monetary Situation in Germany," *Annals of the American Academy of Political Science* 4 (July 1893):

61–81; Einaudi, *Money and Politics,* 167–188.

39. Flandreau, "French Crime of 1873," 883.

40. Flandreau, "French Crime of 1873," 887–888.

41. 见 Flandreau, *Glitter of Gold*; Chris Meissner, "The Limits of Bimetallism," in *Current Federal Reserve Policy under the Lens of Economic History: Essays to Commemorate the Federal Reserve System's Centennial,* ed. Owen Humpage (New York: Cambridge University Press, 2015), 194–216。

42. Sherman, *Recollections,* 465.

43. "Pollock to M. R. Levenson," November 27, 1872, Letters Sent by the Director of the Mint and Superintendent of the Mint 1866–1900, box 3, Record Group 104 (以下称 RG) National Archives and Records Administration, National Archives at Philadelphia (以下称 NARA)。

44. "Henry Linderman to John Jay Knox," January 25, 1870, "A Report of John Knox Giving the Correspondence of the Department Relative to the Revision of the Mint and Coinage Laws of the United States," 41st Congress, 2nd Session, House of Representative Executive Document 307, 31–32.

45. Carothers, *Fractional Money,* 277.

46. Henry Linderman, "The Production of Gold and Silver," *Bankers' Magazine* 33 (March 1873): 710.

47. Linderman, "Production," 710.

48. Linderman, "Production," 712.

49. Linderman, "Production," 712.

50. George Bailey, "Banking Facilities between the United States and China," 42nd Congress, 3rd Session, House of Representatives Document No. 159, 2.

51.　Bailey, "Banking Facilities," 2.

52.　Bagehot, *Some articles,* 33.

53.　Bagehot, *Some articles,* 33.

54.　Bailey, "Banking Facilities," 3.

55.　Bailey, "Banking Facilities," 3.

56.　Weinstein, *Prelude to Populism,* 23.

57.　在更大范围的白银问题上，有一个争论与之相关：为什么贸易银元是法定货币。林德曼在1878年写道，它"在无意中成了法定货币"。见 Henry Linderman, *Money and Legal Tender* (New York: G. P. Putnam's Sons, 1877), 56。尼尔·卡罗泽斯（Neil Carothers）认为贸易银元是"故意被列入法案……目的是让新的钱币地位更优"。见 Carothers, *Fractional Money,* 234。也见 Weinstein, *Prelude to Populism,* 8–32。

58.　O'Leary, "Scene of the Crime," 390–392.

59.　Sherman, *Recollections,* 466.

60.　现在的证据表明，"1873的罪行"与美国西部而非东部地区金融家的利益有关。塞缪尔·德卡尼奥（Samuel DeCanio）认为，林德曼和其他几位官员是在为加州银行（Bank of California）行长威廉·拉尔斯顿（William Ralston）打工，这一点令人信服。拉尔斯顿担心来自欧洲的非货币化白银会涌入美国兑换黄金，从而降低银价，并威胁到他以加州的银行和康斯托克矿区银矿为基础的商业帝国的根基。拉尔斯顿买通了林德曼和其他官员，要求将白银非货币化并创造一种用于出口的银币。见 DeCanio, "Populism, Paranoia"。

61.　"The New Trade Dollar," *San Francisco Bulletin,* March 19,1873.

62.　"Linderman to Pollock," June 24,1873, U.S. Mint 1791–1936 General Correspondence, 1792–1899, box 92, RG 104,

NARA.

63. "Linderman to Pollock," June 27,1873, U.S. Mint 1791–1936 General Correspondence, 1792–1899, box 92, RG 104, NARA.

64. "The New Trade Dollar," *Philadelphia North American,* October 16, 1873.

65. Chief Assayer to the Director of the Philadelphia Mint, October 13,1873, U.S. Mint 1791–1936 General Correspondence, 1792–1899, box 94, RG 104, NARA.

66. "Competition for the Trade Dollar," *San Francisco Bulletin,* May 4, 1874.

67. "Triumph of Trade Dollar," *San Francisco Bulletin,* February 6,1875.

68. "Triumph of Trade Dollar."

69. "American Silver Currency," *The Economist,* August 5,1876, 915.

70. "Coinage Reform," *The Economist,* July 14, 1877, 820.

71. "German Silver and the Eastern Absorption," *The Economist,* December 2, 1876, 1399.

72. "France," *The Economist,* May 24,1879, 593.

73. *Annual Report of the Director of the Mint, 1878* (Washington, D.C.: Government Printing Office, 1878), 10.

74. *Annual Report of the Director of the Mint, 1878,*10.

75. "George Seward to Hamilton Fish," February 29, 1876, *Foreign Relations of the United States* (以下称 *FRUS) , 1876* (Washington, D.C.: Government Printing Office), 45。

76. "O. N. Deny to George Seward," February 14, 1878, *FRUS, 1878–1879,* 143.

77. "O. N. Deny to George Seward," 143.

78. "The Chamber of Commerce of Shanghai to George Seward," *FRUS, 1878–1879,* 146.

79. "Edward Lord to George Seward," March 30,1878, *FRUS, 1878–1879,*146.

80. *Annual Report of the Director of the Mint, 1878,*42.

81. *Annual Report of the Director of the Mint, 1878,*42.

82. "J. A. Henderson to Seward," May 2, 1878, *FRUS, 1878–1879,* 146.

83. "Mr. De Lano to Mr. Seward," March 4, 1878, *FRUS 1878–1879,* 144.

84. "Mr. Henderson to Mr. Seward," May 2, 1878, *FRUS 1878–1879,* 146.

85. "Mr. Henderson to Mr. Seward," 146.

86. *Report from British Parliament Select Committee on Depreciation of Silver* (London: House of Commons, 1876), iv.

87. Flandreau, "French Crime of 1873," 887–891.

88. Bagehot, *Some articles,* 59.

89. Bagehot, *Some articles,* 73.

90. Bagehot, *Some articles,* 45.

91. Bagehot, *Some articles,* 23.

92. Marc Flandreau and Kim Oosterlinck, "Was the Emergence of the International Gold Standard Expected? Evidence from Indian Government Securities," *Journal of Monetary Economics* 59, no. 7 (2012): 649–669.

93. 译自 "Foster to Fish," March 28,1876, *FRUS, 1876,* 394–395。

94. "The Trade Dollar, the Poor Man's Money," *Philadelphia North American,* February 5, 1878.

95. 1877~1888 年，费城造币厂厂长的信件中有许多表达了来自中西部和东海岸广大地区的类似情绪。见 General

Correspondence, 1792–1899, boxes 113—115, RG 104, NARA。

96. "Stick to Your Trade Dollars," *Inter-Ocean,* August 31, 1878.

97. Redish, *Bimetallism,* 236.

98. Eugene E. Agger, "Our Large Change: The Denominations of the Currency," *Quarterly Journal of Economics* 32, no. 2 (February 1918): 262. 有关《布兰德－艾利森法案》的更多背景，见 Sherman, *Recollections,* 544–546。

99. "The Trade Dollar," *St. Louis Globe Democrat,* August 26, 1878.

100. *Annual Report of the Director of the Mint, 1883,* 17.

101. *Annual Report of the Director of the Mint, 1883,* 17.

102. Chester A. Arthur, "Third Annual Message to Congress," December 4,1883, American Presidency Project, University of California Santa Barbara，http://www.presidency.ucsb.edu/ws/index.php?pid=29524#axzzllM5pmqbK，最后访问日期：2011 年 12 月 15 日。

103. *Annual Report of the Director of the Mint, 1883,* 17.

104. *Annual Report of the Director of the Mint, 1883,* 17.

105. 引自 John Willem, *The United States Trade Dollar: America's Only Unwanted, Unhonored Coin* (New York: self-published, 1959), 137。

106. *Annual Report of the Direction of the Mint, 1887,* 24–25.

107. Carothers, *Fractional Money,* 280.

108. Bagehot, *Some articles,* 54–55.

3. 省级银币与四分五裂的中国货币体系，1887~1900

1. Lin M., *China Upside Down,* 279.

2. 关于 19 世纪中期铸币技术的重要性，见 Sargent and Velde, *Big Problem,* 50–55; Helleiner, *Making of National Money,* 45–55; Niv Horesh, "The Great Money Divergence: European and Chinese Coinage Before the Age of Steam," *Journal of Chinese Studies* 55 (July 2012): 103–136。

3. Halsey, *Quest for Power,* 83.

4. 见 King, *Money and Monetary Policy,* 219–220; 何汉威《从银贱钱荒到铜元泛滥——清末新货币的发行及其影响》，《"中央研究院"历史语言研究所集刊》第 62 本第 3 分，1993 年，第 393~396 页。

5. 见杨端六编著《清代金融货币史稿》，第 44~50 页。杨端六还为确定铜钱生产的损益提供了计算范例。

6. 王宏斌:《晚清货币比价研究》，第 114~115 页。

7. 〔英〕傅兰雅（John Fryer）、钟天纬译《铸钱工艺》，上海:江南制造总局，1875。

8. 钟天纬:《扩充商务十条》，林庆彰编《晚清四部丛刊》第 6 册，台中:文听阁图书馆公司，2011，第 151~152 页。

9. 见 Guo Wu, *Zheng Guanying: Merchant Reformer of Late Qing China and His Influence on Economics, Politics, and Society* (New York: Cambria, 2010)。

10. 《易言:铸银》，夏东元编《郑观应集》，上海:上海人民出版社，1982，第 192~193 页。

11. 夏东元编《郑观应集》，第 692 页。

12. 《御史陈启泰折——请变通钱法铸银钱》，1883 年 2 月 15 日，中国人民银行总行参事室金融史料组编《中国近代货币史资料》，北京:中华书局，1964，第 632 页。关于资料来源 20 世纪 60 年代的《中国近代货币史资料》的简要注释:这几册书往往只节选了某一文献的部分内容。文献全文刊载于之后的中国学术期刊和出版文集中。

13. 《侍讲龙湛霖片——建议仿铸藏式银钱》，1884 年 1 月 16 日，《中国近代货币史资料》，第 633 页。

14. King, *Money and Monetary,* 215. 也见《中国近代货币史资料》，第 512~559 页。

15. King, *Money and Monetary Policy,* 227.

16. 戴建兵：《中国近代币制的转折点——机制制钱研究》，《中国钱币》1993 年第 3 期，第 27 页。

17. 关于更多张之洞早年的生活与职业生涯，见吴剑杰编著《张之洞年谱长编》，上海：上海交通大学出版社，2009。

18. 所有张之洞奏章均选自中国第一历史档案馆编《光绪朝朱批奏折》第 91 辑，北京：中华书局，1996，第 687~691 页。

19. King, *Money and Monetary Policy,* 225. 何汉威用略微不同的表达提出了类似观点，他认为张之洞的建议是基于经济民族主义提出的。见何汉威《从银贱钱荒到铜元泛滥——清末新货币的发行及其影响》，《"中央研究院"历史语言研究所集刊》第 67 本第 3 分，1993 年，第 400 页。

20. 《大学士阎敬铭等为遵议张之洞奏广东购机铸钱并试铸银元事奏折》，1887 年 3 月 29 日，丁进军《晚清各省铸造银圆史料选辑》（上），《历史档案》第 3 期第 1 则，第 44~45 页。

21. 同上注，第 45 页。

22. 合同与 Ralph Heatons & Sons Ltd. 签订，该公司于 1889 更名为 The Mint, Birmingham, Ltd. 。见 Richard N. J. Wright, *The Modern Coinage of China 1866–1949* (London: Spink, 2012), 18。

23. David Hartill, *Qing Cash* (London: Royal Numismatic Society, 2003), 132.

24. 叶世昌、李宝金、钟祥财：《中国货币理论史》，厦门：厦门大学出版社，2003，第 213 页。也见 Wright, *Modern Coinage of China,* 62。

25.　"The Canton Mint," *North China Herald,* March 25,1892.

26.　Robert Chalmers, *A History of Currency in the British Colonies* (London: Eyre and Spottiswoode, 1893), 375.

27.　根据 Robert Chalmers 引用的英国财政部第 21 份铸币报告，1890 年 5 月 22 日至 1891 年 12 月 31 日，广东钱局的钱币总产量如下：1 元硬币 43933 枚；5 角硬币 17847 枚；2 角硬币 5667381 枚；1 角硬币 16098579 枚；5 分硬币 1158945 枚。此外，皇家铸币厂对广东钱币的检测发现，它们的成色低于规定的水平。1 元、5 角和更小面值的硬币的成色分别应该是 0.900、0.860 和 0.820。检测发现，1 元硬币的成色为 0.884，5 角硬币为 0.848，2 角硬币为 0.807，1 角硬币为 0.808，而 5 分 硬 币 为 0.811。Robert Chalmers, *History of Currency,* 375。

28.　"The Chinese Prize Essay on the Advantages of a Mint," *North China Herald,* December 19,1890.

29.　"Chinese Prize Essay."

30.　有关张之洞在这一阶段实施的不同项目，见陈锋、张笃勤主编《张之洞与武汉早期现代化》，北京：中国社会科学出版社，2003。

31.　引自 Wright, *Modern Coinage of China,* 286。

32.　张之洞:《张文襄公全集》第 1 册，北京：中国书店，1990，第 398~399 页。 更多有关解决钱币短缺的政策，见 Kenneth Pomeranz, *The Making of a Hinterland: State, Society, and Economy in Inland North China, 1853–1937* (Berkeley: University of California Press, 1993), chap. 1。

33.　张之洞:《张文襄公全集》第 1 册，第 400 页。

34. 更多关于军机处的信息，见 Beatrice Bartlett, *Monarchs and Ministers: The Grand Council in the Mid Ch'ing, 1723–1820* (Berkeley: University of California Press, 1994)。

35. 《署两江总督张之洞片——各省铸造银钱请统由官办不准商人搭股及自行铸造》，1896 年 2 月 5 日，《中国近代货币史资料》，第 683 页。

36. 《署两江总督张之洞片——各省铸造银钱请统由官办不准商人搭股及自行铸造》，1896 年 2 月 5 日《中国近代货币史资料》，第 683~684 页。

37. 《福建总督边宝泉为银圆局奏折》，1896 年 11 月 7 日，宫中档案全宗，中国第一历史档案馆，04-01-35-064-1114。本章中使用的资料亦可在其他几处来源查阅。《中国近代货币史资料》出版于 1964 年，包含中国第一历史档案馆编纂并发表在期刊《历史档案》中的更多补充文献。通常而言，我采用的方法是引用我查阅的已发表材料中包含的原始档案材料。

38. 何汉威：《从银贱钱荒到铜元泛滥——清末新货币的发行及其影响》，《"中央研究院"历史语言研究所集刊》第 67 本第 3 分，1993 年，第 401 页。

39. 《江西道监察御史陈其璋为请饬各省广铸银元事奏折》，1893 年 10 月 1 日，军机处录副奏折——货币金融，中国第一历史档案馆，03-168-07-9531-59。

40. 人们抱怨征税人夸大这一费用以及铜银比例，以从农民那里占得便宜。

41. 《直隶总督王文韶为北洋试造银圆添购机器议定价值等银数事奏折》，1896 年 4 月 6 日，宫中档案全宗，04-01-35-1374-028。

42. 《黑龙江将军恩泽等为请将部拨俸饷解鄂鼓铸银圆事奏折》，

1896 年 4 月 29 日，军机处录副奏折——货币金融，03–168–07–9532–28。

43. Oberlin Smith and Henry Janvier, "Coining Machinery in Chinese Mints," *Cassler's Magazine* 24, no. 1 (May 1903): 3.

44. Oberlin Smith, "Minting Machinery for China," *American Machinist,* October 22, 1903, 1490.

45. "April 11,1898," Henry Janvier Papers, Hagley Archives, Wilmington, DE (以下称 HJP), box 1.

46. "April 16, 1898," HJP, box 1.

47. "May 12, 1898," HJP, box 1.

48. "Adventures in Money Making," *Bridgeton Evening News,* December 10,1939, HJP, box 1.

49. "Adventures in Money Making."

50. "Adventures in Money Making."

51. "Adventures in Money Making."

52. "April 11, 1899," HJP, box 1.

53. Wright, *Modern Coinage of China,* 290.

54. "Mints and Railways in China," *North China Herald,* October 22,1897.

55. "Mints and Railways in China."

56. "Mints and Railways in China."

57. 军机处上谕档，1898 年 9 月 10 日，第 4 则，1438（盒号）：1（册号）。我引用自中国第一历史档案馆提供的电子档案。

58. 何汉威：《从银贱钱荒到铜元泛滥——清末新货币的发行及其影响》，《"中央研究院"历史语言研究所集刊》第 67 本第 3 分，1993 年，第 405~406 页。

59. 更多背景，见 Luke S. K. Kwong, *A Mosaic of the Hundred Days: Personalities, Politics and Ideas of 1898* (Cambridge,

MA: Harvard University Press, 1984); Rebecca Karl and Peter Zarrow, eds., *Rethinking the 1898 Reform Period: Political and Cultural Change in Late Qing China* (Cambridge, MA: Harvard University Press, 2002)。

60. 1898 年 6 月 22 日，军机处全宗，03-5362-001。

61. 1898 年 8 月 30 日，军机处录副奏折——货币金融，03-168-67-9534-61。

62. 《督理农工商总局大臣端方等为请于京师鼓铸机制铜银圆事奏折》，1898 年 9 月 9 日，军机处录副奏折——货币金融，03-168-07-9534-64。

63. 《北洋委用道傅云龙为请于京师设立银圆总局事奏折》，1898 年 9 月 20 日，军机处录副奏折——货币金融，03-168-07-9534-73。

64. 《总理各国事务大臣奕劻折——反刘庆汾等铸银铜圆议》，1898 年 11 月 15 日，军机处录副奏折——货币金融，03-168-07-9534-81。

65. 1899 年 6 月 6 日，军机处上谕档，第二则，1442:1。

66. 《直隶总督裕禄为请允准北洋机器局照旧铸造银元事》，1899 年 7 月 6 日，宫中档案全宗，04-01-35-1375-037。

67. 《两江总督刘坤一奏请允准江南银元局与鄂粤二省一体办理事》，1899 年 7 月 7 日，宫中档案全宗，04-01-35-1375-038。

68. 1899 年 7 月 10 日，军机处上谕档，第一则，1442:3. 仍然关停的。币厂位于福建、安徽、湖南、浙江、山东、山西。

69. 1899 年 6 月 5 日，军机处上谕档，第三则，1442:1；以及 1899 年 7 月 3 日，军机处上谕档，第四则，1442:2。

70. 见 1899 年 8 月 19 日，宫中档案全宗，04-01-35-1375-043；以及《浙江巡抚刘树堂为浙省铸造银元机器调拨京局事片》，1899 年 11 月 18 日，军机处录副奏折——货币金融，03-

168–07–9535–60。

71. 见 1900 年 2 月，军机处全宗，03–137–6684–058, 03–137–6684–63, 03–137–6684–64。第一份文件讨论了代表不能前往北京的原因，在后两份文件中他讨论了建造造币厂时要审查的问题。

72. 有关义和团运动的更多信息，见 Joseph Esherick, *The Origins of the Boxer Uprising* (Berkeley: University of California Press, 1988); 以及 Paul Cohen, *History in Three Keys: The Boxers as Event, Experience, and Myth* (New York: Columbia University Press, 1998)。

73. Halsey, *Quest for Power,* 5–7.

4. 金汇兑本位制和列强在中国的竞争，1901~1905

1. "Conger to Hay," February 23,1904, Dispatches from U.S. Ministers to China, 1843–1906, U.S. Department of State, record group 59, M92 (以下称 Dispatches), roll 125, National Archives。

2. "Jenks to Kemmerer," October 15, 1928, Edwin Kemmerer Papers, Mudd Manuscript Collection, Princeton University (以下称 EKP), box 103, folder 24。

3. Bryan, *Gold Standard,* 5.

4. Michael D. Bordo and Hugh Rockoff, "The Gold Standard as a 'Good Housekeeping Seal of Approval,' " *Journal of Economic History* 56, no. 2 (June 1996): 390.

5. 见 Marc Flandreau and Mathilde Maurel, "Monetary Union, Trade Integration, and Business Cycles in the 19th Century,"

Open Economies Review 16, no. 2 (2005): 135–52； 以及 J. Ernesto Lopez–Cordova and Christopher Meissner, "Exchange-Rate Regimes and International Trade: Evidence from the Classical Gold Standard Era,*" American Economic Review* 93, no. 1 (2003): 344–53; Christopher Meissner, "A New World Order: Explaining the International Diffusion of the Gold Standard, 1870–1913," *Journal of International Economics* 66 (2005): 385–406。

6. Hugh Henry Hanna, Charles Arthur Conant, and Jeremiah Whipple Jenks, *Report on the Introduction of the Gold-Exchange Standard in China, the Philippines Islands, Panama and Other Silver-Using Countries and on the Stability of Exchange* (Washington, D.C.: Government Printing Office, 1904) (以下称 *Report on the Introduction), 45*。

7. Bryan, *Gold Standard,* 47.

8. J. Laurence Laughlin, "The Gold-Exchange Standard," *Quarterly Journal of Economics* 41, no. 4 (August 1927): 645.

9. John Maynard Keynes, *Indian Currency and Finance* (London: MacMillan, 1913), 12.

10. Laughlin, "Gold-Exchange Standard," 645–646.

11. Laughlin, "Gold-Exchange Standard," 660.

12. Metzler, *Lever of Empire,* 37–38.

13. Keynes, *Indian Currency and Finance,* 4.

14. 与白银和黄金的市场价格相比，该法案高估了白银价值。财政部必须拿可以用白银或黄金赎回的国库券购买白银。投资者发现了获利空间，便向财政部出售白银，然后用收到的票据来兑换黄金，对黄金储备造成了威胁。

15. 有关《谢尔曼购银法案》与 19 世纪 90 年代霸菱兄弟（Barings

Brothers）公司倒台后的国际经济情况，见 Ron Chemow, *The House of Morgan: An American Banking Dynasty and the Rise of Modem Finance* (New York: Simon and Schuster, 1990), 71–78。

16.　Emily Rosenberg, *Financial Missionaries to the World: The Politics and Culture of Dollar Diplomacy, 1900–1937* (Durham, NC: Duke University Press, 2003), 4.

17.　引用自 Peter James Hudson, *Bankers and Empire: How Wall Street Colonized the Caribbean* (Chicago: University of Chicago Press, 2018), 6。

18.　Emily Rosenberg, "Foundations of United States International Financial Power: Gold Standard Diplomacy, 1900–1905," *Business History Review* 59, no. 2 (Summer 1985): 173.

19.　E. W. Kemmerer, "The Establishment of the Gold Exchange Standard in the Philippines," *Quarterly Journal of Economics* 19, no. 4 (August 1905): 593.

20.　见 Allan Lumba, "Imperial Standards: Colonial Currencies, Racial Capacities, and Economic Knowledge during the Philippine American War," *Diplomatic History* 39, no. 4 (June 2014): 603–628。

21.　Keynes, *Indian Currency and Finance,* 17.

22.　尽管 1897 年日本的金本位制法规表示黄金是货币体系的储备，但到了 20 世纪初，把日本形容为金汇兑本位制更为准确。

23.　见 Michael Schiltz, *The Money Doctors From Japan: Finance, Imperialism, and the Building of the Yen Bloc, 1895–1934* (Cambridge, MA: Harvard University Press, 2012), chap. 2; 以及 Niv Horesh, "Between Copper, Silver and Gold: Japanese Banks of Issue in Taiwan, Northeast China and Korea, 1879–

1937," *China Report* 48, no. 4 (2012): 375–392。

24. A. Piatt Andrew, "The End of the Mexican Dollar," *Quarterly Journal of Economics* 18, no. 3 (May 1904): 322.

25. Richard Weiner, "Battle for Survival: Profirian Views of the International Marketplace," *Journal of Latin American Studies* 32, no. 3 (2000): 648. 更多背景见 Noel Maurer, *The Power and the Money: The Mexican Financial System, 1876–1932* (Stanford, CA: Stanford University Press, 2002)。

26. William Schell, "Money as Commodity: Mexico's Conversion to the Gold Standard, 1905," *Mexican Studies / Estudios Mexicanos* 12, no. 1 (Winter, 1996): 36.

27. Schell, "Money as Commodity," 34.

28. Thomas P. Passananti, "The Politics of Silver and Gold in an Age of Globalization: The Origins of Mexico's Monetary Reform of 1905," *America Latina en la Historia Economica* 30 (2008): 76–77.

29. Passananti, "Politics of Silver and Gold," 82.

30. Frank H. H. King, "The Boxer Indemnity—'Nothing but Bad'," *Modern Asian Studies* 40, no. 3 (July 2006): 664.

31. 周育民:《晚清财政与社会变迁》，上海：上海人民出版社，2000，第 380 页；King, "Boxer Indemnity," 668。

32. 庚子赔款中，1 银两和其他货币的汇率为：3.055 德国马克、3.595 奥地利克朗、3.75 法国法郎、1.407 日元、1.796 荷兰弗罗林和 1.412 俄国卢布。

33. 王树槐:《庚子赔款》，台北："中央研究院" 近代史研究所，1974 年，第 88 页。

34. King, "Boxer Indemnity," 668–669.

35. King, "Boxer Indemnity," 669.

36. 故宫博物院明清档案部编《义和团档案史料》下册，北京：中华书局，1959，第 1197~1198 页。

37. 见周育民《晚清财政与社会变迁》，第 387 页。

38. 申学锋：《晚清财政支出政策研究》，北京：中国人民大学出版社，2006，第 91~93 页。

39. 见中国第一历史档案馆编《庚子事变清宫档案汇编》第 11 册，北京：中国人民大学出版社，2006，第 20、56、65~67、102、107、118 页。

40. 王树槐：《庚子赔款》，第 190~192 页。

41. 见 King, "Boxer Indemnity," 674; 王树槐：《庚子赔款》，第 192 页。

42. 王树槐：《庚子赔款》，第 193 页。

43. "The Chinese Indemnity," *New York Timies,* April 10, 1903.

44. "Mexico and the Silver Problem," *The Economist,* December 13, 1902, 1931.

45. "La Cuesti6n de Dia: Perspectivas de la Plata," *El Impartial,* November 28,1902.

46. "The Chinese Indemnity: Will the Creditor Nations Break Concessions, or Force China into Bankruptcy," *Washington Post,* January 8, 1903.

47. "Probable Alza de la Plata," *El Impartial,* December 30,1902.

48. "Battered Silver," *Journal of American Asiatic Association* 3, no.l (February 1903): 13.

49. Edward S. Little, "The Chinese Currency Question," *Journal of American Asiatic Association* 3, no.2 (March 1903): 50.

50. Little, "Chinese Currency Question," 50.

51. *Report on the Introduction,* 45.

52. 《对美提出稳定银价》，1903 年 5 月 9 日，《中国近代货币史资料》，第 1113~1114 页。

53. Hugh Henry Hanna, Charles Arthur Conant, and Jeremiah Whipple Jenks, *Stability of International Exchange: Report on the Introduction of the Gold–Exchange Standard in China, the Philippines Island, Panama and Other Silver–Using Countries* (Washington, D.C.: Government Printing Office, 1903) (以下 称 *Stability of International Exchange), 40*。与前面引用的汉 纳、科南特和精琪的报告相比，这份报告是在精琪访华之前 提交给国会的，涵盖了大部分初步工作，而另一份则是精琪 回国之后提交的报告。

54. *Stability of International Exchange*, 40

55. *Stability of International Exchange*, 41.

56. *Stability of International Exchange*, 41.

57. *Stability of International Exchange*, 44.

58. *Stability of International Exchange*, 44.

59. *Stability of International Exchange*, 45.

60. *Stability of International Exchange*, 40.

61. Rosenberg, *Financial Missionaries*, 23.

62. Rosenberg, *Financial Missionaries*, 19.

63. Carl Parrini, *Heir to Empire: United States Economic Diplomacy, 1916–1923* (Pittsburgh, PA: University of Pittsburgh Press, 1969), 102.

64. 关于科南特的更多信息，见 Jeffrey Sklansky, *Sovereign of the Market: The Money Question in Early America* (Chicago: University of Chicago Press, 2017), 207–245。

65. Charles A. Conant, *The United States in the Orient: The Nature of the Economic Problem* (New York: Houghton Mifflin, 1900), 16.

66. Rosenberg, *Financial Missionaries*, 24.

67. Rosenberg, *Financial Missionaries*, 27.

68. Martin J. Sklar, *The Corporate Reconstruction of American Capitalism, 1890–1916: The Market, the Law and Politics* (Cambridge: Cambridge University Press, 1988), 62.

69. "China and Silver," *New York Times*, February 3, 1903, 8.

70. "Fixing the Value of Silver," *The Economist,* February 7,1903, 244.

71. "Fixing the Value of Silver," 244.

72. "The Currency Problem in China," *The Economist,* October 10, 1903, 1719–1720.

73. 有关该团队工作的概况，见李经野《财政处奏咨辑要》，北京：官书局，1906。

74. 见 David Faure, "The Mackay Treaty of 1902 and Its Impact on Chinese Business," *Asia Pacific Business Review 7*, no. 2 (2000): 79–92; Dong Wang, *China's Unequal Treaties: Narrating National History* (Lanham, MD: Lexington Books, 2008)。

75. 《出使大臣梁诚致外务部咨呈——为精琪来华事》，1903年6月5日，《中国近代货币史资料》，第1115~1118页。

76. "To Even Silver and Gold," *New York Times*, May 14, 1903.

77. Observer, "Putting China on the Gold Standard," *Journal of the American Asiatic Association* 3, no. 9 (October 1903): 262.

78. *Stability of International Exchange*, 111.

79. 《驻法大臣孙宝琦致外务部电——报告精琪在法国会议情形》，1903年7月17日，《中国近代货币史资料》，第1119页。

80. "Loomis to Conger," July 23, 1903, Dispatches, roll 124.

81. "Loomis to Conger."

82. *Stability of International Exchange*, 112.

83. *Stability of International Exchange*, 121–122.

84. C. C. Lai, J. J. Gau and T. K. Ho, "Professor Jeremiah Jenks of Cornell University and the 1903 Chinese Monetary Reform," *Hitotsubashi Journal of Economics* 50 (2009): 45. 他们进行了一项反事实的实验，以了解拟议的金汇兑本位制在一段时间内的表现。他们发现，该制度在 1904 年至 1916 年将保持不变，但此后则不然。

85. *Stability of International Exchange*, 117.

86. *Stability of International Exchange*, 117.

87. *Stability of International Exchange*, 118.

88. *Stability of International Exchange*, 117.

89. *Stability of International Exchange*, 117.

90. *Stability of International Exchange*, 97.

91. "Hay to Conger," November 28,1903, and "Prince Ch'ing to Conger," December 5, 1903, Dispatches, roll 125.

92. 《银价驳议》，1904 年 3~4 月，《中国近代货币史资料》，第 1180~1185 页。

93. 更多有关 20 世纪初东亚关于"埃及化"的忧虑，见 Michael Schiltz, "Money on the Road to Empire: Japan's Adoption of Gold Monometallism, 1873–97," *Economic History Review* 65, no. 3 (2012): 1156。有关埃及的背景情况，见 David Landes, *Bankers and Pashas: International Finance and Economic Imperialism in Egypt* (Cambridge, MA: Harvard University Press, 1958); Edwin Kemmerer, "The Fiscal System of Egypt," *Publications of the American Economic Association* 1, no. 3 (August 1900): 189–216; Shuang Wen,

"Mediated Imaginations: Chinese-Arab Connections in the Late Nineteenth and Early Twentieth Centuries" (PhD diss., Georgetown University, 2014)。

94. *Report on the Introduction,* 66.

95. 《上海钱业商业对于精琪银价条议的意见》，1904 年 7~8 月，《中国近代货币史资料》，第 1194~1195 页。

96. *Report on the Introduction*, 16.

97. "Conger to Root," May 26, 1905, Dispatches, roll 128.

98. *Report on the Introduction*, 17.

99. 《精琪与户部及外务部官员会议记录》，1904 年 8 月 24 日，《中国近代货币史资料》，第 1123~1125 页；以及赵尔巽全宗，中国第一历史档案馆，第 15 卷。《赵尔巽全宗》尚未数字化，通过微缩胶片保存。保存精琪与赵尔巽会议记录的胶片的微缩号为 0015，《赵尔巽全宗》卷 79。《中国近代货币史资料》仅包含对话内容的节选。

100. "Conger to Hay," September 7,1904, Dispatches, roll 126.

101. "Conger to Hay."

102. "The Chinese Currency," *New York Times*, August 31, 1904.

103. "China and Mexico and the Gold Standard," *The Economist*, October 15,1904,1649.

104. "China and Mexico and the Gold Standard," 1649.

105. "China and Mexico and the Gold Standard," 1649.

106. 《虚定金价改用金币不合情势折》（下称《虚定金价》），1904 年 10 月 8 日，张之洞《张文襄公全集》第 2 册，第 51 页。

107. 《虚定金价》,1904 年 10 月 8 日，张之洞《张文襄公全集》第 2 册，第 52~53 页。

108. 《虚定金价》,1904 年 10 月 8 日，张之洞《张文襄公全集》第 2 册，第 54~55 页。

109. 《虚定金价》，1904 年 10 月 8 日，张之洞《张文襄公全集》第 2 册，第 55~56 页。

110. 《试铸一两银币折》，张之洞《张文襄公全集》第 2 册，第 56~58 页。

111. Jospeh Levenson, *Liang ch'i-ch'ao and the Mind of Modern China* (Berkeley: University of California Press, 1959), 70.

112. 梁启超:《中国货币问题》，《饮冰室合集》第 6 册，北京：中华书局，1941，第 105~106 页。

113. 赖建诚:《梁启超的经济面向》，台北：联经出版公司，2006，第 30 页。

114. Peter Zarrow, *After Empire: The Conceptual Transformation of the Chinese State, 1885–1924* (Stanford, CA: Stanford University Press, 2012), 104, 109.

115. 梁启超:《中国货币问题》，《饮冰室合集》第 6 册，第 115~120、124 页。

116. 梁启超:《中国货币问题》，《饮冰室合集》第 6 册，第 123 页。

117. 梁启超:《中国货币问题》，《饮冰室合集》第 6 册，第 123~124 页。

118. "Conger to Jenks," November 14, 1904, Dispatches, roll 127.

119. 马金华:《外债与晚清政局》，北京：社会科学文献出版社，2011，第 328~329 页。

120. Edwin Kemmerer, "The Recent Rise in the Price of Silver and Some of Its Monetary Consequences," *Quarterly Journal of Economics* 26, no. 2 (February 1912): 215.

121. Kemmerer, "Recent Rise," 218. 他指的是英国标准白银的价格，这种白银的成色为 0.925。

122. Kemmerer, "Recent Rise," 230–234.

123. Kemmerer, "Recent Rise," 240–254.

124. Kemmerer, "Recent Rise," 263.

125. Schell, "Mexico's Conversion," 79.

126. "Rockhill to Root," December 11, 1905, Dispatches, roll 130.

127. Metzler, *Lever of Empire,* 38.

5. 世界最后的"白银阵线"的钱与权：币制改革 与开发贷款，1910~1924

1. 见 Zheng Xiaowei, *The Politics of Rights and the 1911 Revolution in China* (Stanford, CA: Stanford University Press, 2018); Li Xuefeng, "Zaifeng and Late Qing Railway Policy," in *China: How the Empire Fell,* ed. Joseph Esherick and C. X. George Wei (London: Routledge, 2013), 89–106。

2. "Straight to Francis Huntington Wilson," February 18,1911, Willard Straight Papers (以下称 WSP), reel 3, Cornell University。

3. 引自 Chernow, *House of Morgan*, 135。

4. E-Tu Zen Sun, "The Constitutional Missions of 1905–1906," *Journal of Modern History* 24, no. 3 (September 1952): 266.

5. 刘增合：《"财"与"政"：清季财政改制研究》，北京：三联书店，2014。

6. 《度支部尚书载泽等折——先行试铸通用七钱二分银元以利推行》，1907 年 5 月 10 日，《中国近代货币史资料》，第 736~737 页。

7. 《直隶总督袁世凯等折——主张铸造一两重十足成色银币》，1907 年 8 月，《中国近代货币史资料》，第 742 页。

8. 魏建猷：《中国近代货币史》，合肥：黄山书社，1986，第 123 页。

9. Edward J. M. Rhoads, *Manchus and Han: Ethnic Relations and Political Power in Late Qing and Early Republican*

China, 1861–1928 (Seattle: University of Washington Press, 2000), 133.

10. 《度支部尚书载泽折——一两重币制仍有窒碍请再行妥议》，1909 年 2 月 4 日，《中国近代货币史资料》，第 763~764 页。

11. 《度支部尚书载泽折——厘定币制拟定则例》，1910 年 5 月 23 日，《中国近代货币史资料》，第 783~785 页。

12. 见丁文江、赵丰田编《梁启超年谱长编》，上海：上海人民出版社，1983，第 535~536 页。

13. 梁启超:《读币制则例及度支部筹办诸折书后》,《饮冰室合集》第 9 册，第 99 页。

14. 梁启超:《读币制则例及度支部筹办诸折书后》,《饮冰室合集》第 9 册，第 102 页。

15. 叶世昌、李宝金、钟祥财:《中国货币理论史》，第 280~281 页。

16. "Acting Secretary Adee to the Chinese Minister," June 13, 1910, FRUS, 1912, 89.

17. "Calhoun to Acting Secretary of State Adee," October 2,1910, FRUS, 1912, 90.

18. Frank H. H. King, The Hongkong Bank in the Period of War and Imperialism, 1895–1918: Wayfoong, the Focus of Wealth (Cambridge: Cambridge University Press, 1988), 446.

19. "Calhoun to Acting Secretary of State Adee," FRUS, 1912, 90.

20. Michael Hunt, Frontier Defense and the Open Door: Manchuria in Chinese-American Relations, 1895–1911 (New Haven, CT: Yale University Press, 1973), 107.

21. Hunt, Frontier Defense, 21.

22. Hunt, Frontier Defense, 89.

23. Charles Vevier, The United States and China, 1906–1913:

A Study of Finance and Diplomacy (New Brunswick, NJ: Rutgers University Press, 1955), 18.

24. Vevier, *United States and China*, 22.

25. Eric Rauchway, "Willard Straight and the Paradox of Liberal Imperialism," *Pacific Historical Review* 66, no. 3 (August 1997): 363.

26. Vevier, *United States and China*, 48–49, 68–69.

27. Vevier, *United States and China*, 78–82.

28. Hunt, *Frontier Defense*, 173.

29. Vevier, *United States and China*, 84.

30. Vevier, *United States and China*, 92.

31. 引自 Chernow, *House of Morgan*, 132。

32. 更多背景资料见 King, *Hongkong Bank*, 378–433。

33. Walter V. Scholes and Marie V. Scholes, *The Foreign Policies of the Taft Administration* (Columbia: University of Missouri Press, 1970), 135.

34. Rauchway, "Willard Straight," 385.

35. "President Taft to Prince Chun," July 15, 1909, *FRUS, 1909,*178.

36. Hunt, *Frontier Defense*, 204.

37. Hunt, *Frontier Defense*, 216–217, 226.

38. Hunt, *Frontier Defense*, 225.

39. Scholes and Scholes, *Foreign Policies*, 192.

40. "Calhoun to Knox," October 2,1910, Records of the Department of State Relating to the Internal Affairs of China, 1910–1929, record group 59, National Archives, College Park, MD (以下称 DS), 893.51/134。

41. John Van Antwerp MacMurray, *Treaties and Agreements with*

and concerning China, 1894–1919, Volume 1 (Washington, D.C.: Carnegie Endowment for International Peace, 1921), 851.

42. Scholes and Scholes, *Foreign Policies*, 198.

43. "Knox to Calhoun," September 29,1910, DS, 893.51/122.

44. Scholes and Scholes, *Foreign Policies*, 198.

45. 见 Frederick Field, *American Participation in the China Consortiums* (Chicago: University of Chicago Press, 1931), 44–45; MacMurray, *Treaty and Agreements*, 828–833。

46. "Calhoun to Knox," November 7,1910, DS, 893.51/183.

47. "Calhoun to Knox," December 19, 1910, DS, 893.51/292.

48. "Calhoun to Knox," December 19, 1910.

49. "Calhoun to Knox," December 19, 1910.

50. 《盛宣怀档案》，103620-2, 1910 年 12 月 21 日，上海市图书馆。

51. 《盛宣怀档案》，004555, 1911 年 3 月 9 日。

52. 《盛宣怀档案》，004556, 1911 年 3 月 20 日。

53. 《盛宣怀档案》，004556, 1911 年 3 月 20 日。

54. "Willard Straight to Lydia Straight," April 2, 1911, WSP, reel 4.

55. 《盛宣怀档案》，022251, 022262。章宗元的这份简报确切时间不明，但预计也在 1911 年 3 月。

56. 吴心伯:《金元外交与列强在中国》，上海：复旦大学出版社，1997, 第 101 页。

57. "Willard Straight to Dorothy Straight," January 16,1911, WSP, reel 3.

58. "Willard Straight to Dorothy Straight," January 15,1911, WSP, reel 3.

59. "Calhoun to Knox," January 23,1911, DS, 893.51/287.

60. Scholes and Scholes, *Foreign Policies*, 209. 也见 "Straight to the American Group," February 15, 1911, WSP, reel 3。

61. 吴心伯:《金元外交与列强在中国》, 第 102~105 页。

62. MacMurray, *Treaties and Agreements*, 842.

63. 预计币制改革的费用共 73333330 两, 东三省发展费用共 40000000 两。

64. MacMurray, *Treaties and Agreements*, 844.

65. MacMurray, *Treaties and Agreements*, 848.

66. "Francis Huntington-Wilson to Calhoun," September 27,1911, DS, 893.51/570.

67. "J. P. Morgan to Knox," October 14, 1911, DS, 893.51/601.

68. "Straight to H. P. Davison," November 12, 1911, WSP, reel 4.

69. "Copy of Cable from H. H. Harjes to Messrs J. P. Morgan & Co," November 9,1911, DS, 893.51/652.

70. 《财政总长熊希龄对沪报界谈民国财政和借外债问题》, 1912 年 4 月 26 日, 中国人民银行总行参事室编《中华民国货币史资料》第 1 辑, 上海: 上海人民出版社,1986, 第 71~72 页。

71. 见 Scholes and Scholes, *Foreign Policies,* 210–220。有关法俄两国的金融联系, 见 Jennifer Siegel, *For Peace and Money: French and British Finance in the Service of Tsars and Commissars* (New York: Oxford University Press, 2014)。关于俄国对银行团的态度, 见刘蜀永《沙俄与币制实业借款》,《学习与思考》1982 年第 3 期, 第 63~76 页。

72. Field, *American Participation*, 101–109.

73. Ernest Young, *The Presidency of Yuan Shikai: Liberalism and Dictatorship in Early Republican China* (Ann Arbor: University of Michigan Press, 1977), 103.

74. "J. P. Morgan and Company to the Secretary of State," April 8,1912, DS, 893.51/834.

75. 银行团对卫斯林的建议不以为然，称其"令人失望"，因为他"完全回避了实际问题"，即金汇兑本位制在当前中国的政治条件下是否可行。见 *FRUS, 1913*,195–196。

76. 叶世昌、李宝金、钟祥财：《中国货币理论史》，第 286 页。

77. E. Young, *Presidency of Yuan Shikai*, 106.

78. "Calhoun to Knox," June 11, 1912, DS, 893.51/981.

79. "Calhoun to Knox," June 11, 1912.

80. "Calhoun to Knox," June 11, 1912.

81. "Knox to H. P. Davison," February 20, 1913, DS, 893/51/1342.

82. "Willard Straight to Secretary of State," March 9, 1913, DS, 893.51/1336.

83. "President Wilson's Statement," March 19, 1913 DS, 893.51/1356a.

84. Vevier, *United States and China*, 204.

85. 关于威尔逊决定的更多讨论，见 Jerry Israel, *Progressivism and the Open Door: America and China, 1905–1921* (Pittsburgh, PA: University of Pittsburgh Press, 1967), 107–112; Parrini, *Heir to Empire*, 172。

86. Koji Hirata, "Britain's Men on the Spot in China: John Jordan, Yuan Shikai, and the Reorganization Loan, 1912–1914," *Modern Asian Studies* 47, no. 3 (May 2013): 926.

87. "Calhoun to Secretary of State," July 23, 1912, DS, 893.51/1034.

88. "Chinese Minister to the Representative of the American Group," April 11,1913, *FRUS, 1913,* 196.

89. *FRUS, 1913,* 197–198. See the five short telegrams between

the American banking group and the State Department.

90. "American Charge d'Affairs to the Secretary of State," September 11,1913, *FRUS, 1913*, 189.

91. 《英、德、法三国银行团代表致代理财政总长梁士诒函》，1913 年 9 月 13 日，《中华民国货币史资料》第 1 辑，第 74 页。

92. 《北京汇丰银行致伦敦三国银团电》，1913 年 9 月 24 日，《中华民国货币史资料》第 1 辑，第 75 页。

93. 《北京汇丰银行致伦敦三国银团电》，1913 年 9 月 24 日，《中华民国货币史资料》第 1 辑，第 75 页。

94. Richard N. J. Wright, "The Yuan Shih-k'ai Dollar (Y. 329)— a Review," *Numismatic Chronicle,* no. 163 (2003): 313–314.

95. 《五国银行团首席代表熙立尔致熊希龄函》，1914 年 1 月 24 日，《中华民国货币史资料》第 1 辑，第 86~87 页。

96. 《国务总理兼财政总长熊希龄复五国银行团首席代表熙立尔函》，1914 年 3 月 16 日，《中华民国货币史资料》第 1 辑，第 87~88 页。

97. 《国币条例及施行细则理由书》，1914 年 3 月，《中华民国货币史资料》第 1 辑，第 91 页。

98. "Minister Reinsch to the Secretary of State," February 6, 1914, *FRUS, 1914,* 62.

99. 《"币制借款"的始末》，1914 年 7 月 3 日，《中华民国货币史资料》第 1 辑，第 84~85 页。

100. "Minister Reinsch to the Secretary of State," February 6, 1914, *FRUS, 1914*, 63.

101. John Pomfret, *The Beautiful Country and the Middle Kingdom: America and China, 1776 to Present* (New York: Henry Holt, 2016), 142.

102. "Minister Reinsch to the Secretary of State," January 26,

1914, DS, 893.515/9.

103. Metzler, *Lever of Empire,* 92. 也见 Frederick Dickinson, *War and National Reinvention: Japan in the Great War, 1914–1919* (Cambridge, MA: Harvard University Press, 1999)。

104. Metzler and Bytheway, *Central Banks and Gold*, 48.

105. Metzler and Bytheway, *Central Banks and Gold*, 55.

106. Noriko Kawamura, *Turbulence in the Pacific: Japanese-U.S. Relations during World War* I (Westport, CT: Praeger, 2000), 3.

107. Schiltz, *Money Doctors from Japan*, 22.

108. Barry Eichengreen, Arnaud Mehl, and Livia Chitu, *How Global Currencies Work: Past, Present and Future* (Princeton, NJ: Princeton University Press, 2018), 181.

109. 更多有关第一次世界大战期间金融变化的信息，见 Adam Tooze, *The Deluge: The Great War, America and the Remaking of the Global Order 1916–1931* (New York: Penguin, 2015)。

110. Xu Guoqi, *China and the Great War: China's Pursuit of a New National Identity and Internationalization* (Cambridge: Cambridge University Press, 2005), 1.

111. 有关这些事件的详情，见 Xu, *China and the Great War*, chaps. 5 and 6。

112. Schiltz, *Money Doctors from Japan*, 138.

113. Kawamura, *Turbulence in the Pacific*, 86.

114. Kawamura, *Turbulence in the Pacific*, 77–78.

115. Kawamura, *Turbulence in the Pacific*, 86.

116. "July 9,1919," box 2, diary 7 folder, Breckinridge Long Papers, Manuscript Division, Library of Congress, Washington, D.C. (以下称 BLP)。

117. Frank C. Langdon, "Japan's Failure to Establish Friendly

Relations with China in 1917-1918," *Pacific Historical Review 26,* no. 3 (August 1957): 245-246. 也 见 Seiji Saito, "Terauchi naikaki to Nishihara Kamezo"［The Terauchi cabinet and Kamezo Nishihara］, *Kokusai seiji* 75 (October 1983): 12-29; 及 Seiji Saito, "Terauchi naikaki ni okeru endan seisaku kakuritsu no keii"［The circumstances under which the Terauchi cabinet adopted the policy to assist Duan］, *Kokusai seiji* 83 (October 1986): 143-161。

118. Bytheway and Metzler, *Central Banks and Gold,* 56.

119. Schiltz, *Money Doctors from Japan,* 136,142.

120. Schiltz, *Money Doctors from Japan,* 137.

121. "Reinsch to Lansing," August 6, 1917, DS, 893.51/1793.

122. "Movement of the Price of Silver," *Federal Reserve Bulletin* 3, no. 11 (November 1, 1917): 842.

123. "The Hong Kong and Shanghai Banking Corporation," *The Economist,* May 12, 1917,821.

124. David S. Jacks, Se Yan, and Liuyan Zhao, "Silver Points, Silver Flows: Measure of Chinese Financial Integration," National Bureau of Economic Research Working Paper No. 22747, Cambridge, MA, October 2016, 8.

125. "British Charge d'Affairs to the Secretary of State," August 21,1917, *FRUS, 1917,* 137.

126. 丁文江、赵丰田编《梁启超年谱长编》，第 840 页。以及 Schiltz, *Money Doctors from Japan,* 146。

127. "Minister Reinsch to the Secretary of State," October 11,1917, *FRUS, 1917,* 148.

128. "Minister Reinsch to the Secretary of State," October 11,1917, 148.

129. 《币制借款事》，1917 年 10 月 20 日，北洋政府外交部档案，台北："中央研究院"，03-22-005-02-004。

130. "The Minister of Foreign Affairs to Minister Reinsch," November 5,1917, *FRUS, 1917*, 156.

131. "McAdoo to Lansing," December 10, 1917, DS, 893.51/1841.

132. "Lansing to McAdoo," December 15, 1917, DS, 893.51/1841.

133. "E. T. Williams to Long," January 23, 1918, DS, 893.51/1868-9.

134. Schiltz, *Money Doctors from Japan*, 146.

135. Metzler, *Lever of Empire*, 107-108; and Schiltz, *Money Doctors from Japan*, 148-149.

136. "The British, French, Japanese, and Russian Groups to the Chinese Minister of Finance," August 16, 1918, *FRUS, 1918*,157.

137. 见 1918 年 9 月 2 日，北洋政府外交部档案，03-22-006-02-017。

138. "MacMurray to Lansing," August 17, 1918, DS, 893.51/1963.

139. 中国社会科学院近代史研究所、中国第二历史档案馆史料编辑部编《五四爱国运动档案资料》，北京：中国社会科学出版社，1980，第 22~23 页。

140. "December 31,1918," box 1, diary 6 folder, 131, BLP.

141. 见《密件》，1918 年 9 月 11 日，北洋政府外交部档案，03-22-006-02-021; *FRUS, 1918*, 158。

142. "Third Quarterly Report of Conditions and Events in China," November 29,1918, *FRUS, 1918*, 121.

143. "Lansing to Wilson," June 20, 1918, *FRUS, 1918*, 171.

144. Field, *American Participation*, 144-145.

145. "The Minister in China to the Secretary of State," November 8,1918, *FRUS, 1918*, 161.

146. 我此处的"顺应"（going along）和"单打独斗"（going

alone）引自 Richard Smethurst, *From Foot Soldier to Finance Minister: Takahashi Korekiyo, Japan's Keynes* (Cambridge, MA: Harvard University Press, 2007), 268。

147. "Chinese Celebrate Birth of Republic: Six Hundred Assemble," *New York Times*, October 11,1920.

148. "The New Consortium in China," *The Economist*, April 23, 1921, 820.

149. "July 9, 1919," box 2, diary 7 folder, 190, BLP.

150. "July 9, 1919," BLP.

151. 《与四国银行团所定"币制实业借款合同"的取消》,《中华民国货币史资料》第 1 辑，第 674 页。

152. "John V. A. MacMurray to Breckinridge Long," September 19, 1919, box 181, China Loan, July-September 1919 folder, BLP.

153. 梁启超:《民国初年之币制改革》,《饮冰室合集》第 15 册，第 11 页。

154. 梁启超:《民国初年之币制改革》,《饮冰室合集》第 15 册，第 17 页。

6. 上海造币厂和银本位制的建立，1920~1933

1. 更多有关 1918~1919 年的信息，见 "Far Eastern Banking," *The Economist*, May 22, 1920, 1068。

2. "Silver in Great Demand," *Washington Post*, March 2, 1920.

3. 见 Friedman and Schwartz, *Monetary History*, chaps. 5–7; Liaquat Ahamed, *Lords of Finance: The Bankers Who Broke the World* (New York: Penguin, 2009)。

4. 见 Cheng, *Banking in Modern China*, 37–67。

5. Marie-Claire Bergt're, *The Golden Age of the Chinese*

Bourgeoisie, 1911–1937 (Cambridge: Cambridge University Press, 1986). 也见 Parks Coble, *The Shanghai Capitalists and the Nationalist Government, 1927–1937* (Cambridge, MA: Harvard University Press, 1980); 以及 Bryna Goodman, "Dubious Figures: Speculation, Calculation, and Credibility in Early Twentieth-Century Chinese Stock Exchanges," in *The Cultural History of Money and Credit*, ed. Chia Yin Hsu, Thomas Luckett, and Erica Vause (Lanham, MD: Lexington Books, 2016), 111–132。

6. Thomas Rawski, *Economic Growth in Prewar China* (Berkeley: University of California Press, 1989), xxix.

7. 更多有关钱庄在清算中作用的信息，见 McElderry, *Shanghai Old-Style Banks*, 44–45,142。

8. 见 Rawski, *Economic Growth*, 143–145。也见李一翔《近代中国银行与钱庄关系研究》，上海：学林出版社，2005，第 57~111 页。

9. Coble, *Shanghai Capitalists*, 21.

10. Ma Junya, "Traditional Finance and China's Agricultural Trade, 1920–1933," *Modern China* 34, no. 3 (July 2008): 345.

11. Ma Ju., "Traditional Finance," 346.

12. Ma Ju., "Traditional Finance," 347.

13. Rawski, *Economic Growth*, 125.

14. Rawski, *Economic Growth*, 149.

15. 关于这一时期洋厘和套利机会的详细数据与分析，见 Debin Ma and Liuyuan Zhao, "A Silver Transformation: Chinese Monetary Integration in Times of Political Disintegration, 1898–1933," Economic History Working Paper No. 283, London School of Economics, London, July 2018, 1–44。关于 20 世纪早期的金融整合，见 Debin Ma, "Financial Revolution

in Republican China during 1900–1937: A Survey and a New Interpretation," *Australian Economic History Review* 59, no. 3 (February 2019): 242–262。

16. Akinobu Kuroda, "The Collapse of the Chinese Imperial Monetary System," in *Japan China and the Growth of the Asian International Economy, 1850–1949*, ed. Kaoru Sugihara (Oxford: Oxford University Press, 2005), 119.

17. Kuroda, "Collapse," 120.

18. 见 "Shanghai Bankers' Association to Mr. D. Siffert," November 20,1919, British Foreign Office Files, FO 671/451。

19. 邹晓昇:《银元主币流通与上海洋厘行市的更替》,《史学月刊》2006 年第 8 期，第 40~41 页。

20. Fred Israel, *Nevada's Key Pittman* (Lincoln: University of Nebraska Press, 1963), 82.

21. 见 Fred Israel, "The Fulfillment of Bryan's Dream: Key Pittman and Silver Politics, 1918–1933," *Pacific Historical Review* 30, no. 4 (1961): 359–361。

22. 见 Gopalan Balachandran, *John Bullion's Empire: Britain's Gold Problem and India between the Wars* (London: Curzon, 1996), 14–15; David Sunderland, *Financing the Raj: The City of London and Colonial India, 1858–1940* (Woodbridge, UK: Boydell, 2013), 149–151。

23. Gopalan Balachandran, "Britain's Liquidity Crisis and India, 1919–1920," *Economic History Review* 46, no. 3 (August 1993): 575–591.

24. 叶世昌、李宝金、钟祥财:《中国货币理论史》, 第 305 页。

25. 《再论废两改元并答吴经熊先生》,《马寅初全集》第 6 卷, 杭州：浙江人民出版社，1999, 第 34 页。

26. Rawski, *Economic Growth*, 127. 关于这些过程的详细例子，见《银价低落救济问题》，《马寅初全集》第 4 卷，第 23~25 页。

27. 关于 20 世纪第二个十年和 20 年代不同造币厂的报告，见 EKP, box 100, folder 11。也见戴建兵《中国近代银两史》，第 82 页。

28. 《上海造币厂设立之重要》，《马寅初全集》第 1 卷，第 184~185 页。

29. 《银价低落救济问题》，《马寅初全集》第 4 卷，第 26~27 页。

30. 《再论废两改元并答吴经熊先生》，《马寅初全集》第 6 卷，第 33 页。

31. Cheng, *Banking in Modern China*, 141.

32. 《上海造币厂设立之重要》，《马寅初全集》第 1 卷，第 186 页。

33. 《上海造币厂设立之重要》，第 188 页。

34. 《上海各国银行联合会一致同意中国在该埠设造币厂拟具节略请查照由》，1920 年 2 月，北洋政府外交部档案，03-46-026-09-002。

35. 宋佩玉：《上海造币厂筹建始末》，《档案与史学》2002 年第 6 期，第 36 页。也见"The Central Mint of China"，1935 年，上海市档案馆，Q275-1-2827。

36. 《上海造币厂借款银团业务回忆录》，上海市档案馆，S173-1-228-1。该文件是 1921~1929 年的内容汇编。这段引文来自该文件中的一篇剪报，但我未能找到其来源。

37. 1913 年袁世凯"善后大借款"以盐税作抵押。作为贷款条款的一部分，一位名叫理查德·丹恩（Richard Dane）的外国人被安排负责改革中国的盐税征收方式。在他的指导下，来自盐税的收入有所增加，并存入一个中央账户中。盐余，即以盐业收入为抵押的所有相关负债（即贷款还款）得到偿还后的净收入。到 20 世纪第二个十年末，盐余是名义上的北京政府的一个重要收入来源。见 Samuel Adrian Adshead, *The Modernization of the Chinese Salt Administration, 1900–1920* (Cambridge, MA: Harvard University Press, 1970), 97–104。安德鲁·内森（Andrew Nathan）估计，在 20 世纪第二个十年末，盐余每年带来 4000 万元的收入，但每个月的收入不同。见 Andrew Nathan, *Peking Politics, 1918–1923: Factionalism and the Failure of Constitutionalism* (Berkeley: University of California Press, 1976), 78。

38. "Specialist in the 'Making' of Good Money," *China Weekly Review*, May 31, 1930, Clifford Hewitt Papers, American Numismatic Society, New York (以下称 CHP), box 1。

39. 《国华银行唐寿民奉财政部宋子文派任上海造币厂厂长及规划开铸银币、改两为元等事宜与财政部公债同关务署等的来往文书》，上海市档案馆，Q278-1-106。日期不明，但由赫维特编写。

40. "Tianjin Consul to Secretary of State," October 21, 1921, DS, 893.515/60.

41. "Tianjin Consul to Secretary of State."

42. 《上海造币厂订购机器事重请电令该厂修改投标条件并展缓日期由》，1921 年 6 月 30 日，北洋政府外交部档案，03-18-103-04-009。

43. "Francis Alston to W. W. Yen."

44. "Tianjin Consul to Secretary of State."

45. Balachandran, *John Bullion's Empire*, 14.

46. Roberta Albert Dayer, *Finance and Empire: Sir Charles Addis, 1861–1945* (New York: St. Martin's Press, 1988), 112.

47. Dayer, *Finance and Empire*, 112.

48. Dayer, *Finance and Empire*, 112.

49. 见 P. J. Cain and A. G. Hopkins, *British Imperialism 1688–2000* (London: Pearson Education, 2002), 594, 601。

50. "The Central Mint," EKP, box 100, folder 10. 日期不明，可能是 1929 年甘末尔访华时准备的数据。

51. 徐寄顾：《上海造币厂借款问题》，《银行周报》第 6 卷第 30 期，1922 年，第 4~5 页。

52. "China and Her Creditors," *The Economist*, March 31, 1923, 679.

53. Nathan, *Peking Politics*, 79.

54. 宋佩玉：《上海造币厂筹建始末》，《档案与史学》2002 年第 6 期，第 38~39 页。

55. 见《上海造币厂续订借款之舆论各面观》，《银行周报》第 8 卷第 5 期，1924 年，第 5~8 页。 也见《上海造币厂借款引起风潮》，《银行月刊》第 4 卷第 2 期，1924 年，第 1~3 页；"The Position in China," *The Economist*, February 2,1924。

56. 《上海造币厂黑维特技币欠薪业经本部饬同筹发美金 6000 元即日汇寄请查照转复由》，1925 年 7 月，北洋政府外交部档案，03-01-002-08-003。"黑维特"与"赫维特"为同一人，本书采用"赫维特"。

57. 《银价低落救济问题》，《马寅初全集》第 4 卷，第 28~29 页。

58. Coble, *Shanghai Capitalists*, 4.

59. Pomfret, *Beautiful Country*, 192.

60. Margherita Zanasi, *Saving the Nation: Economic Modernity in Republican China* (Chicago: University of Chicago Press, 2006), 88.

61. Coble, *Shanghai Capitalists*, 48.

62. 见 Zanasi, *Saving the Nation*, 84–101。

63. Shiroyama, *China*, 169.

64. Coble, *Shanghai Capitalists*, 49–50.

65. 《标郭接收中央造币厂》,《银行周报》第 12 卷第 50 期, 1928 年, 第 7 页。

66. "Clifford Hewitt to Willis Peck (State Department)," November 26, 1928, DS, 893.515/146.

67. "Kemmerer to Sun Fo," October 21 and October 28,1928, EKP, box 102, folder 41.

68. Marc Flandreau, "Money and Doctors," in *Money Doctors: The Experience of International Financial Advising, 1850–2000*, ed. Marc Flandreau (London: Routledge, 2003), 1.

69. Stephen A. Schuker, "Money Doctors between the Wars: The Competition between Central Banks, Private Financial Advisors and Multilateral Agencies, 1919–1931" in *Money Doctors: The Experience of International Financial Advising 1850–2000*, ed. Marc Flandreau (London: Routledge, 2003), 67.

70. "Jenks to Kemmerer," October 15, 1928, EKP, box 103, folder 24.

71. Flandreau, "Money and Doctors," 45.

72. "Kemmerer Interview with Alfred Sze," November 12,1928, EKP, box 105, folder 57.

73. "Kemmerer Interview with T.V. Soong," February 12, 1929, EKP, box 110, folder 25.

74. Lin Weiying, *China under Depreciated Silver, 1926–1931* (Shanghai: Commercial Press, 1935), 171.

75. Herbert Elliston, "The Silver Problem," *Foreign Affairs* 9, no. 3 (April 1931): 443.

76. F. Israel, "Fulfillment of Bryan's Dream," 363–364.

77. "Protest against Proposal of Currency Commission," *Times of India*, January 3, 1927.

78. 本段中斯特朗的话引用自 Gopalan Balachandran, "Gold, Silver and India in Anglo-American Monetary Relations, 1925–1933," *International History Review* 18, no. 3 (August 1996): 582。

79. Balachandran, *John Bullion's Empire*, 152–153.

80. 马寅初，《印度币制之变迁》，《交大季刊》第 3 期，1930 年，第 16~19 页。

81. Arthur Young, *China's Nation-Building Effort, 1927–1937: The Financial and Economic Record* (Stanford, CA: Stanford University Press, 1971), 46. 也见 Y. S. Leong, *Silver: An Analysis of Factors Affecting Its Price* (Washington, D.C.: Brookings Institute, 1933), 5–10。

82. 见 Fleix Boecking, *No Great Wall: Trade, Tariffs and Nationalism in Republican China, 1927–1945* (Cambridge, MA: Harvard University Press, 2017)。

83. 宋丽智：《20 世纪 30 年代中国经济思想的转变与发展研究——基于世界经济大萧条冲击的视角》，北京：经济科学出版社，2016，第 66 页。

84. A. Young, *China's Nation-Building Effort*, 47.

85. "Commission of Financial Experts Memorandum on Certain Matters Relating to the Currency," March 1929, EKP, box 108, folder 12.

86. "The Price of Silver," *The Economist*, June 28, 1930, 1435.

87. 《耿爱德评甘末尔的〈币制改革方案〉》，《中华民国货币史资料》第 2 辑，第 73 页。

88. 马寅初对于金汇兑本位制的反对在以下两篇文章中得到了最

为清楚的表达:《银价低落救济问题》,《马寅初全集》第 4
卷, 第 11~16 页;《金贵银贱之救济方法》,《马寅初全集》
第 5 卷, 第 125~126 页。

89. 马寅初,《印度币制之变迁》,《交大季刊》第 3 期, 1930 年,
第 17 页。

90. "The Foreign Exchanges," *The Economist*, January 11, 1930,
54.

91. 《救济银荒非亟采虚金本位不可》,《马寅初全集》第 5 卷,
第 211 页。

92. "Specialist in the 'Making' of Good Money," *China Weekly
Review*, CHP, box 1.

93. "The National Central Mint," CHP, box 1.

94. "Report to the Ministry of Finance," CHP, box 1.

95. 关于这种观点支持者的详细信息, 见宋丽智《20 世纪 30 年
代中国经济思想的转变与发展研究——基于世界经济大萧条
冲击的视角》, 第 67~69 页。

96. Shiroyama, *China,* 141.

97. 如先前描述的, 此时在外汇市场上中国货币的价值高于理论
平价, 在上海出售白银换取外汇, 然后进口白银是有利可
图的。

98. Shiroyama, *China,* 140–145.

99. Jay Taylor, *The Generalissimo: Chiang Kai-shek and the
Struggle for Modern China* (Cambridge, MA: Belknap Press
of Harvard University Press, 2009), 89.

100. A. Young, *China's Nation-Building Effort*, 182.

101. Taylor, *Generalissimo*, 90.

102. "T. V. Soong to Clifford Hewitt," January 6, 1931, CHP box 1.

103. "Arthur Young to Clifford Hewitt," February 13, 1931, and

Hewitt to Young, March 23,1931, CHP, box 1.

104. 见 Olivier Accominotti, "International Banking and Transmission of the 1931 Financial Crisis," *Economic History Review* 72, no. 1 (February 2019): 260–285; Olivier Accominotti, "London Merchant Banks, the Central European Panic, and the Sterling Crisis of 1931," *Journal of Economic History*, 72, no. 1 (March 2012): 1–43。

105. Ahamed, *Lords of Finance*, 429.

106. 叶世昌、李宝金、钟祥财:《中国货币理论史》，第 319 页。

107. 这些事件的概况见 Barry Eichengreen, *Golden Fetters: The Gold Standard and the Great Depression, 1919–1939* (New York: Oxford University Press 1995), 187–257。

108. Eichengreen, *Golden Fetters*, 258.

109. 此时长江和淮河沿岸的洪水是 20 世纪造成损害最严重的洪水之一。见 David Pietz, *Engineering the State: The Huai River and the Reconstruction in Nationalist China, 1927–1937* (London: Routledge, 2002)。

110. Louise Young, *Japan's Total Empire: Manchuria and the Culture of Wartime Imperialism* (Berkeley: University of California Press, 1999).

111. 见 Metzler, *Lever of Empire*, 234–235。

112. 关于英格兰与黄金脱钩的更多细节，见 Tooze, *Deluge*, 487–510; 有关日本的情况，见 Metzler, *Level of Empire*, chaps. 10–11. 艾肯格林（Eichengreen）还注意到 1931 年秋季日本军事开支增加与当年 12 月决定脱离金本位制之间的联系。见 Eichengreen, *Golden Fetters*, 308–309。

113. 见 Donald Jordan, *China's Trial by Fire: The Shanghai War of 1932* (Ann Arbor: University of Michigan Press, 2001)。

114. Coble, *Shanghai Capitalists*, 109.

115. 更多详情，见 Coble, *Shanghai Capitalists*, 90–109。

116. 吴景平：《评上海银钱业之间关于废两改元的争辩》，《近代史研究》2001 年第 5 期，第 118 页。

117. 吴景平主编《上海金融业与国民政府关系研究（1927~1937）》，上海：上海财经大学出版社，2002，第 200 页。

118. 吴景平：《评上海银钱业之间关于废两改元的争辩》，《近代史研究》2001 年第 5 期，第 119 页。

119. A. Young, *China's Nation-Building Effort*, 184.

120. 叶世昌、李宝金、钟祥财：《中国货币理论史》，第 319 页。

121. "T. V. Soong to E. S. Cunningham," February 27, 1932, Hoover Institution Archives, Arthur N. Young Papers（以下称 AYP), box 48, Mint 1931–1932 folder。这封信一式两份，一份寄出，一份留存。

122. "Memorandum for Mr. Soong," April 5,1932, AYP, box 45, Currency 1932 folder. 宋子文的评论就写在这份备忘录上。

123. "Hewitt to Robert Grant," May 8, 1932, CHP, box 1.

124. 见吴景平《评上海银钱业之间关于废两改元的争辩》，《近代史研究》2001 年第 5 期，第 131~141 页。

125. "Coinage at the Shanghai Mint," April 12, 1932, AYP, box 45, Currency 1932 folder.

126. McElderry, *Shanghai Old-Style Banks,* 169. 这也是马寅初强调的观点。

127. "Minutes of Fifth Meeting of Committee on Certain Problems in Connection with the Contemplated Abolition of the Tael," July 30, 1932, AYP, box 47, Tael Abolition folder.

128. 李一翔：《近代中国银行与钱庄关系研究》，第 172、181 页。

129. 《论废两改元问题》，《马寅初全集》第 6 卷，第 8~9 页。

130. 《论废两改元问题》，《马寅初全集》第 6 卷，第 10 页。

131. 《论废两改元问题》，《马寅初全集》第 6 卷，第 12 页。

132. "Minutes of Second Meeting of Committee on Certain Problems in Connection with the Contemplated Abolition of the Tael," July 20, 1932, AYP, box 47, Tael Abolition folder.

133. "Minutes of Second Meeting of Committee."

134. 关于完整的废元法规清单，见《中华民国货币史资料》第 2 辑，第 91~94 页。

135. "Young to Kemmerer," February 20, 1933, AYP, box 48, Mint 1933 folder.

136. "Memorandum: Present Conditions Existing in the Central Mint," February 9, 1933, AYP, box 48, Mint 1933 folder.

137. "Central Mint Wheels Grind Out New Cash," *China Press*, March 2, 1933, CHP, box 1.

138. "Presenting Some of the Difficulties Confronting the Minting of Good and Reliable Dollar," March 5, 1933, AYP, box 48, Mint 1933 folder.

139. 叶世昌、李宝金、钟祥财：《中国货币理论史》，第 320 页。

140. "Rising Sun Dollar Not 'Good Joss' Goes into Reserve," *Shanghai Evening Post*, April 21, 1933, CHP, box 1.

141. 见 3 月 19 日、21 日、25 日的电报，CHP, box 1。

142. "China, in Deserting the Tael, Joins a Motley Dollar Group," *New York Times*, May 14, 1933.

7. 法币与全球白银时代的终结，1933~1937

1. Milton Friedman, "Franklin D. Roosevelt, Silver, and China," *Journal of Political Economy* 100, no. 1 (February 1992): 68.

2. Friedman, "Franklin D. Roosevelt," 63.

3. Friedman, "Franklin D. Roosevelt," 63.

4. Loren Brandt and Thomas Sargent, "Interpreting New Evidence about China and U.S. Silver Purchases," *Journal of Monetary Economics* 23 (1989): 49.

5. Brandt and Sargent, "Interpreting New Evidence," 49. 关于这场持续至今日的辩论，见 Kevin Chan, "Commodity Price Shocks and International Finance" (PhD diss., Massachusetts Institute of Technology, 1988); Thomas Rawski, "Milton Friedman, Silver, and China," *Journal of Political Economy* 101, no. 4 (August 1993): 755–758; Tai kuang Ho and Cheng-chung Lai, "Silver Fetters? The Rise and Fall of Chinese Price Level 1928–1934," *Explorations in Economic History* 50 (2013): 446–462。

6. "April 14, 1936," Henry Morgenthau Diaries（以下称 HMD), book 21, April 11–20, 1936, 43。摩根索的日记可以通过罗斯福总统图书馆（FDR Presidential Library）在线查看。

7. John Brennan, *Silver and the First New Deal* (Reno: University of Nevada Press, 1969), 23.

8. F. Israel, *Nevada's Key Pittman*, 42.

9. John Kenneth Galbraith, *Money: Whence It Came, Where It Went* (Boston: Houghton Mifflin, 1975), 202.

10. F. Israel, *Nevada's Key Pittman*, 87.

11. Brennan, *Silver*, 30.

12. F. Israel, *Nevada's Key Pittman*, 70.

13. F. Israel, *Nevada's Key Pittman*, 84.

14. "Key Pittman to Louis Howe," October 28, 1933, Key Pittman Papers, Manuscript Division, Library of Congress,

Washington, D.C. (以下称 KPP), box 142, D-G miscellaneous folder。

15. "Key Pittman to A. G. Prichard," March 23,1931, KPP, box 143, Hearings folder.

16. "Key Pittman to A. G. Prichard."

17. F. Israel, *Nevada's Key Pittman*, 85.

18. "Ogden Mills to Key Pittman," June 9, 1932, KPP, box 142, Departments folder.

19. "Ogden Mills to Key Pittman."

20. "Ogden Mills to Key Pittman."

21. F. Israel, *Nevada's Key Pittman,* 87.

22. 《中国与银问题》,《马寅初全集》第 6 卷,第 385 页。

23. 《中国与银问题》,《马寅初全集》第 6 卷,第 385、388 页。

24. 《中国与银问题》,《马寅初全集》第 6 卷,第 384 页。

25. 叶世昌、李宝金、钟祥财:《中国货币理论史》,第 330 页。

26. 《评黄元彬之银贱有利于中国说》,《马寅初全集》第 6 卷,第 391~392 页。

27. 《评黄元彬之银贱有利于中国说》,《马寅初全集》第 6 卷,第 393 页。

28. Brennan, *Silver*, 58.

29. Eichengreen, *Golden Fetters*, 323–328.

30. Brennan, *Silver*, 64.

31. Eichengreen, *Golden Fetters*, 331.

32. 1933 年 4 月 15 日至 22 日,美元从 1 英镑兑 3.44 美元,贬值至 3.81 美元,最后达到 4.00 美元,见 Eichengreen, *Golden Fetters*, 332。

33. 引自 F. Israel, "Fulfillment of Bryan's Dream," 375.

34. Eichengreen, *Golden Fetters*, 317.

35. Eichengreen, *Golden Fetters*, 333.

36. 见 Eichengreen, *Golden Fetters*, 321–322。

37. Robert Skidelsky, *John Maynard Keynes*, vol. 2, *The Economist as Savior, 1920–1937* (London: Papermac, 1994), 481.

38. 引自 Eichengreen, *Golden Fetters*, 321。

39. Brennan, *Silver*, 79.

40. "Memorandum of Conference at the State Department," May 9, 1933, AYP, box 40, London Agreement folder.

41. "Memorandum of Conference at the State Department."

42. 引自 Silber, *Story of Silver*, 53。

43. F. Israel, *Nevada's Key Pittman*, 93–94.

44. 引自 Silber, *Story of Silver*, 53。

45. 《"白银协定"批准问题》,《马寅初全集》第 7 卷，第 45 页。

46. 沃伦也是约翰·罗辛·巴克（John Lossing Buck）的老师和导师，后者在 20 世纪 20 年代和 30 年代于南京大学推动建立了农业经济学，在这一过程中扮演了重要角色。从 1934 年开始，美国财政部雇用巴克为顾问并支付酬劳，其主要负责提供关于中国白银情况的信息。见 Paul B. Trescott, *Jingji Xue: The History of the Introduction of Western Economic Ideas into China, 1850–1950* (Hong Kong: Chinese University Press, 2007), 167–169, 180, 340。

47. Benn Steil, *The Battle of Bretton Woods: John Maynard Keynes, Harry Dexter White and the Making of a New World Order* (Princeton, NJ: Princeton University Press, 2013), 27.

48. Eichengreen, *Golden Fetters,* 338–341.

49. James Chace, *Acheson: The Secretary of State Who Created the American World* (New York: Simon & Schuster, 1998),

65-68. 财政部长伍丁（Woodin）此时健康状况也不佳。

50. "Pittman to Morgenthau," November 5, 1933, KPP, box 142. 当时白银的法定价格为 1.29 美元，但毕德门建议对购买的白银征收 0.50 美元的铸币税，使有效价格变为 0.64 美元。这一条款进一步激怒了来自西部各州争取白银"自由铸币"的参议员们。见 Friedman and Schwartz, *Monetary History*, 483-484。

51. F. Israel, "Fulfillment of Bryan's Dream," 380.

52. Shiroyama, *China*, 150.

53. Arthur Salter, *China and Silver* (New York: Economic Forum, 1934), 46.

54. Coble, *Shanghai Capitalists*, 131.

55. 《"白银协定"批准问题》,《马寅初全集》第 7 卷，第 45 页。

56. 《"白银协定"批准问题》,《马寅初全集》第 7 卷，第 48~51 页。 也见 A. Young, *China's Nation-Building Effort*, 203。

57. 《上海市银行商业同业公会向美国总统罗斯福请求稳定银价的电稿以及本会向财政部请求稍缓批准伦敦白银协定的电稿和有关文书》，1934 年 2 月 20 日，上海市档案馆，S173-1-94。

58. 《上海商业储蓄银行有关陈光甫的友人函送来的白银问题演说稿等业务报告》，1934 年 4 月 9 日，上海市档案馆，Q275-1-2414。

59. "Li to Chen Guangfu."

60. "Li to Chen Guangfu."

61. "Li to Chen Guangfu."

62. "Memorandum for the President," February 27,1934, KPP, box 142, Departments folder.

63. "Rainy Cancels Silver Bill Vote," *Washington Star*, March 19, 1934, in James Harvey Rogers Papers, MS 421, Manuscripts and

Archives, Yale University Library, (以下称 JHRP), box 52, folder 734。

64. "'Orient Study' Move Angers Silver Bloc," *Evening Journal*, March 20,1934, JHRP, box 52, folder 734.

65. "James Harvey Rogers to Henry Morgenthau," March 2,1934, JHRP, box 13, folder 160.

66. "James Harvey Rogers to Henry Morgenthau."

67. "May 12, 1934," JHRP, box 50, folder 713.

68. "May 1, 1934," JHRP, box 50, folder 713.

69. "April 18, 1934," JHRP, box 50, folder 713.

70. "April 30, 1934," JHRP, box 50, folder 713.

71. "April 17, 1934," JHRP, box 50, folder 713.

72. "Silver Purchases: Message from the President of the United States," May 22,1934, 73rd Congress, 2nd Session, Document No. 181, 1–2.

73. Brennan, *Silver*, 131.

74. 该法案中的一款规定，财政部不能为在美国持有的白银支付超过 50 美分的费用，但罗斯福在 1933 年 12 月做出的决定仍然有效：财政部仍将以每盎司 64.5 美分的价格购买在美国新开采的白银。见 Silber, *Story of Silver*, 63。

75. "Clearer Situation on Silver," *Shanghai Times*, May 19, 1934, JHRP, box 52, folder 734.

76. "June 20,1934," JHRP, box 51, folder 721.

77. "Arthur N. Young to Dickson Leavens," August 28,1934, JHRP, box 15, folder 176.

78. "Arthur N. Young to Dickson Leavens."

79. Shiroyama, *China,* 156–157.

80. 此处，利文斯和城山都认为，最初的白银外流大部分来自国际银行，他们将白银运出中国，用来弥补他们无法通过其他方式弥补的外汇超卖头寸。见 Shiroyama, *China*, 157。也见 Dickson Leavens, *Silver Money* (Bloomington, IN: Principia, 1939), 296,303。

81. Shiroyama, *China*, 161–163.

82. 见 Letters of September 23, 1934, and October 5, 1934, AYP, box 49, 1934 Silver folder。

83. "Rogers to Colonel House," October 4, 1934, JHRP, box 15, folder 186.

84. "Rogers to Morgenthau," October 17,1934, JHRP, box 15, folder 185.

85. "Zhang Jia'ao to Rogers," October 12, 1934, JHRP, box 15, folder 186.

86. "Possible Course of Action regarding the monetary situation," AYP, box 44, Telegrams with U.S. 1934 Silver folder.

87. "Kong to Shi," October 13, 1934, AYP, box 44, Telegrams with U.S. 1934 Silver folder.

88. A. Young, *China's Nation-Building Effort*, 215; Leavens, *Silver Money*, 300–301.

89. "Young to Hornbeck and Johnson," December 19, 1934, AYP, box 44, Telegrams with U.S. 1934 Silver folder.

90. Leavens, *Silver Money,* 303–304. 当时许多人怀疑日本在华机构也参与了从中国走私白银的行动。

91. "Shi to Kong," December 27, 1934, AYP, box 44, Telegrams with U.S. 1934 Silver folder.

92. Shizhang Hu, *Stanley K. Hornbeck and the Open Door Policy, 1919–1937* (Westport, CT: Greenwood, 1995), 180. 关于天羽声明的更多信息，见 Dorothy Borg, *The United States and the*

Far Eastern Crises of 1933–1938 (Cambridge, MA: Harvard University Press, 1964), 46–100。

93. 引自 Silber, *Story of Silver*, 75.

94. "Shi to Secretary Hull," February 5, 1935, *FRUS, 1935*, The Far East, 533.

95. 引自 Silber, *Story of Silver*, 67。

96. "Memorandum by the Chief of the Division of Far Eastern Affairs," February 14, 1935, *FRUS, 1935,* The Far East, 536.

97. Antony Best, "The Leith-Ross Mission and British Policy towards East Asia, 1934–1937," *International History Review* 35, no. 4 (July 2013): 685.

98. "The Silver Situation in China," March 25,1935, FO, 371/19240.

99. "Memorandum by the Under Secretary of State," March 1,1935, *FRUS, 1935*, The Far East, 545–546.

100. "Young to Hornbeck," August 24, 1935, AYP, box 45, Currency Policy Memos 4/1/1935 to 10/31/1935 folder.

101. "Kong to Shi," April 29, 1935, AYP, box 44, Telegrams and Negotiations with US 3/1/35 –10/31/35 folder.

102. Coble, *Shanghai Capitalists*, 173.

103. Coble, *Shanghai Capitalists*, 174.

104. Coble, *Shanghai Capitalists*, 174, 175.

105. Coble, *Shanghai Capitalists*, 180–181.

106. A. Young, *China's Nation-Building Effort*, 223; and Coble, *Shanghai Capitalists*, 182.

107. Brett Sheehan, *Trust in Troubled Times: Money, Banks and State-Society Relations in Republican Tianjin* (Cambridge, MA: Harvard University Press, 2003), 165.

108. 宋丽智：《20 世纪 30 年代中国经济思想的转变与发展研究——基于世界经济大萧条冲击的视角》，第 154~157 页。

109. 宋丽智：《20 世纪 30 年代中国经济思想的转变与发展研究——基于世界经济大萧条冲击的视角》，第 78~80 页。

110. 《辟沙逊之荒谬计划》，《上海党声》第 1 卷第 10 期，1935 年 4 月 6 日。

111. 《我国银本位应放弃乎维持乎？——向美考察团进一忠告》，《马寅初全集》第 7 卷，第 432 页。

112. 《我国银本位应放弃乎维持乎？——向美考察团进一忠告》，《马寅初全集》第 7 卷，第 432 页。

113. Cain and Hopkins, *British Imperialism*, 466–467.

114. Best, "Leith-Ross Mission," 689.

115. 见 Cain and Hopkins, *British Imperialism*, 611。

116. 更多关于日本的讨论，见 Metzler, *Lever of Empire,* 248–255; Schiltz, *Money Doctors from Japan*, chap. 5; 以及 Smethurst, *Foot Soldier*, chaps. 12–13。

117. Shiroyama, *China*, 179–180.

118. 见贾钦涵《"纸币兑现"之争与 1935 年法币改革决策》，《中国社会经济史研究》2016 年第 2 期，第 73~76 页。

119. Brandt and Sargent, "Interpreting New Evidence," 49.

120. "Kong to Shi," October 23, 1935, AYP, box 44, Telegrams and Negotiations with US 3/1/25–10/31/35 folder.

121. "Shi to Kong," November 3, 1935, AYP, box 44, Telegrams and Negotiations with US 11/1/35 to 2/29/36 folder.

122. "October 29, 1935," HMD, book 10, September-October 1935, 180.

123. "October 29, 1935."

124. "Shi to Kong," November 3, 1935, AYP, box 44, Telegrams

and Negotiations with US 11/1/35 to 2/29/36 folder.

125. "Kong Statement on Currency Reform," November 3, 1935, AYP, box 43, Leith– Ross folder.

126. "Mr. Soong on China's Currency Changes," *Kuo Min News Agency*, November 4, 1935, AYP, box 43, Leith-Ross folder.

127. 财政部秘书处编印《财政部新货币制度说明书》，南京：财政部秘书处，1935 年，第 10~11 页。

128. 针对中国仍实行银本位制的立场的详细批评，见《中国之新金融政策》（上），《马寅初全集》第 10 卷，第 218~219 页。

129. Sheehan, *Trust in Troubled Times*, 169.

130. 张连红:《整合与互动：民国时期中央与地方财政关系研究（1927~1937）》，南京：南京师范大学出版社，1999，第 140~144 页。

131. "Leith-Ross to Warren Fisher," November 25, 1935, FO, 371/19337.

132. "Annual Report of Shanghai Commodity Prices," 14, AYP, box 49.

133. "Kong to Shi," December 14, 1935, AYP, box 44, 11/1/35 to 2/29/36 folder.

134. "Shi to Kong," December 19, 1935, and January 9, 1936, AYP, box 44, 11/1/35 to 2/29/36 folder.

135. Allen Everest, *Morgenthau, the New Deal and Silver* (New York: King's Crown, 1950), 60–63.

136. Shiroyama, *China*, 191; and Ho Kwong Shing, "China's Quest for American Monetary Aid: The Role of Chen Guangfu, 1935–1944" (PhD diss., University of Hong Kong, 2010), 34.

137. "Kong to Shi," January 21, 1936, AYP, box 44, Telegrams and Negotiations with US 11/1/35 to 2/29/36 folder.

138. 引自 Pomfret, *Beautiful Country*, 188-189。

139. 上海市档案馆编《陈光甫日记》，上海：上海书店出版社，2002，第 172 页。

140. "Strictly Confidential Instructions," March 14,1936, AYP, box 44, K. P. Chan Mission folder.

141. 上海市档案馆编《陈光甫日记》，第 178~179 页。

142. "April 6, 1936," HMD, book 20, April 10, 1936, 46.

143. "April 14, 1936," HMD, book 21, April 11-20, 1936, 40.

144. "April 14, 1936," 40.

145. Steil, *Battle of Bretton Woods*, 49.

146. "Chen and Shi to Kong," April 21,1936, AYP, box 44, Telegram 3/1/36 to 4/30/36 folder.

147. "April 9, 1936," HMD, book 20, April 10, 1936, 121.

148. "Shi to Kong," November 9, 1935, AYP, box 44, 11/1/35 to 2/29/36 folder.

149. "Memorandum on the Question of the Independence of the Chinese Currency," HMD, book 21, April 11-20, 1936, 246-250.

150. 有关日本在东三省货币政策上陷入两难境地的更多信息，见 Schiltz, *Money Doctors from Japan*, chap. 5。

151. 见 Smethurst, *Foot Soldier*, chap. 13。

152. "April 20, 1936," HMD, book 21, April 11-20, 1936, 230.

153. "Conversation April 22,1936," HMD, book 22, 41-47.

154. 见 1936 年 5 月 15 日、16 日、17 日的电报，AYP, box 44, Telegram 5/1/36 to 7/23/36 folder。

155. "United Press—May 19, 1936," HMD, book 24, May 11-20, 1936, 225.

156. "Kong to Chen and Shi," May 17, 1936, AYP, box 44,

Telegrams 5/1 to 7/23 1936 folder.

157. "Chen to Kong," May 20,1936, AYP, box 44, Telegrams 5/1 to 7/23 1936 folder.

158. "Shi to Kong," May 23,1936, AYP, box 44, Telegrams 5/1 to 7/23 1936 folder.

159. "Shi to Kong," May 24,1936, AYP, box 44, Telegrams 5/1 to 7/23 1936 folder.

160. "Chinese Finance—Record of Conversation between Mr. Fisher and Mr Y. C. Koo," June 16, 1936, FO, 371/20217.

161. "Willow-Pattern Recovery in China," *The Economist*, January 16,1937, 107.

162. "Commercial History and Review of 1936," *The Economist*, February 13,1937,28.

163. Shiroyama, *China*, 193–194. 1936 年 9 月，汇率微调为 14.25~14.75 便士与 29.5~30.5 美分，以更好地适应美元与英镑之间的波动。

164. "Confidential Memo to Kong Xiangxi," June 6,1936, AYP, box 43, Exchange-Raid May-June 1936 folder.

165. Arthur Young, *China's Wartime Finance and Inflation, 1937–1945* (Cambridge, MA: Harvard University Press, 1965), 132.

166. Dickson Leavens, "Silver 1936," *Silver, Engineering and Mining Journal* 138 (February 1937): 55, AYP, box 38, Silver Statistics, general folder.

167. 蔡志新:《孔祥熙经济思想研究》，太原：书海出版社，2007，第 141 页。

168. 《中国之新金融政策》（上），《马寅初全集》第 10 卷，第 224~225 页。

169. Lin Weiying, *The New Monetary System of China: A Personal*

Interpretation (Chicago: University of Chicago Press, 1936), 146.

170. 见宋丽智《20 世纪 30 年代中国经济思想的转变与发展研究——基于世界经济大萧条冲击的视角》，第 83~91 页。

结语　关于全球白银时代终结的思考

1. Arthur Young, *China and the Helping Hand, 1937–1945* (Cambridge, MA: Harvard University Press, 1963), 160.

2. "Secret: Memorandum on the foreign exchange," October 23,1938, AYP, box 71.

3. "Kong to Chen," October 20,1938, AYP, box 88.

4. A. Young, *Helping Hand*, 154.

5. A. Young, *Helping Hand*, 317.

6. Robert Leon Brandfon, "The Young Thesis, the Loss of China, and United States Gold Policy," *International History Review* 9, no. 2 (1987): 232.

7. Brandfon, "Young Thesis," 227–229.

8. Chang Kia-Ngau, *The Inflationary Spiral: The Experience in China, 1939–1950 (New* York: John Wiley & Sons, 1958), 71.

9. Chang, *Inflationary Spiral*, 71.

10. Chang, *Inflationary Spiral*, 72.

11. Lloyd E. Eastman, *Seeds of Destruction: Nationalist China in War and Revolution, 1937–1949* (Stanford, CA: Stanford University Press, 1984), 173.

12. Wright, "Yuan Shih-k'ai Dollar," 328.

13. "Confidential: Should China Return to Silver?" June 24, 1947, AYP, box 91.

14. 《恢复银本位》,《马寅初全集》第 14 卷，第 15 页。

15. Eastman, *Seeds of Destruction*, 179.

16. Chang, *Inflationary Spiral*, 72. 也见 Jay Taylor, *The Generalissimo's Son: Chiang Ching-kuo and the Revolutions in Taiwan and China* (Cambridge, MA: Harvard University Press, 2000), 165–190。

17. Chang, *Inflationary Spiral*, 81.

18. Wright, "Yuan Shih-k'ai Dollar," 328.

参考书目

档案史料

中文档案

北洋政府外交部档案，"中央研究院"。

宫中档案全宗，中国第一历史档案馆。

军机处录副奏折——货币金融，中国第一历史档案馆。

军机处上谕档，中国第一历史档案馆。

上海银行公会，上海市档案馆。

上海商业储蓄银行，上海市档案馆。

盛宣怀档案，上海市图书馆。

赵尔巽档案，中国第一历史档案馆。

英文档案

Arthur Young Papers, Hoover Institute, Stanford University.

Breckinridge Long Papers, Library of Congress.

British Foreign Office Files, 1919–1980.

Clifford Hewitt Papers, American Numismatics Society.

Dispatches of U.S. Ministers to China, National Archives, College Park, Maryland.

Edwin Kemmerer Papers, Princeton University.

Henry Janvier Papers, Hagley Museum and Archive.

Henry Morgenthau Diaries, Roosevelt Presidential Library.

James Harvey Rogers Papers, Yale University.

Key Pittman Papers, Library of Congress.

National Archives and Records Administration, College Park, Maryland.

Records of the Department of State Relating to the Internal Affairs of China, 1910–1929, The U.S. Mint, National Archives and Records Administration, Philadelphia, Pennsylvania.

Willard Straight Papers, Cornell University.

已出版的原始史料集

Annual Report of the Director of the Mint, 1878. Washington, D.C.: Government Printing Office, 1878.

Annual Report of the Director of the Mint, 1883. Washington, D.C.: Government Printing Office, 1883.

Annual Report of the Director of the Mint, 1887. Washington, D.C.: Government Printing Office, 1887.

Annual Report of the Secretary of the Treasury, 1865. Washington, D.C.: Government Printing Office, 1865.

Hanna, Hugh H., Charles Conant, and Jeremiah Jenks. *Stability of International Exchange.* Washington, D.C.: Government Printing Office, 1903.

——. *Reports on the Introduction of the Gold-Exchange Standard in China, the Philippines Island, Panama and Other Silver-Using Countries and on the Stability of Exchange,* Washington, D.C.:

Government Printing Office, 1904.

故宫博物馆明清档案部编《义和团档案史料》，北京：中华书局，1959。

李经野：《财政处奏咨辑要》，北京：官书局，1906。

财政部秘书处编印《财政部新货币制度说明书》，南京：财政部秘书处，1935 年。

Office of the Historian. *Foreign Relations of the United States.* Washington, D.C.: U.S. Department of State, Volumes 1876, 1878–1879, 1912, 1918, 1935.

中国社会科学院近代史研究所、中国第二历史档案馆史料编辑部编《五四爱国运动档案资料》，北京：中国社会科学出版社，1980。

夏东元编《郑观应集》，上海：上海人民出版社，1982。

上海市档案馆编《陈光甫日记》，上海：上海书店出版社，2002。

梁启超：《饮冰室合集》，北京：中华书局，1941。

《马寅初全集》，杭州：浙江人民出版社，1999。

张之洞：《张文襄公全集》，北京：中国书店，1990。

中国第一历史档案馆编《庚子事变清宫档案汇编》，北京：中国人民大学出版社，2006。

中国人民银行总行参事室金融史料组编《中国近代货币史资料》，北京：中华书局，1964。

中国人民银行总行参事室编《中华民国货币史资料》，上海：上海人民出版社，1986。

报纸杂志

Bankers' Magazine

The Economist

El Impartial

Federal Reserve Bulletin

Inter-Ocean

Philadelphia North American

New York Times

San Francisco Bulletin

《上海党声》

St. Louis Globe Democrat

Times of India

Washington Post

《钱行月报》

《银行周报》

二手史料

Accominotti, Olivier. "London Merchant Banks, the Central European Panic and the Sterling Crisis of 1931." *Journal of Economic History* 72, no. 1 (March 2012): 1–43.

——. "International Banking and Transmission of the 1931 Financial Crisis." *Economic History Review* 72, no.1 (February 2019): 260–285.

Adshead, Samuel Adrian. *The Modernization of the Chinese Salt Administration, 1900–1920.* Cambridge, MA: Harvard University Press, 1970.

Agger, Eugene. "Our Large Change: The Denominations of the Currency." *Quarterly Journal of Economics* 32, no. 2 (1918): 257–277.

Ahamed, Liaquat. *Lords of Finance: The Bankers Who Broke the World.* New York: Penguin, 2009.

Andrew, A. Piatt. "The End of the Mexican Dollar." *Quarterly Journal of Economics* 18, no. 3 (1904): 321–356.

Arrow, Kenneth. "Maine and Texas." *American Economic Review* 75, no. 2 (May 1985): 320–323.

Atwell, William. "Another Look at Silver Imports into China, ca. 1635–1644." *Journal of World History* 16, no. 4 (December 2005): 467–489.

Bagehot, Walter. *Some Articles on the Depreciation of Silver and on Topics Connected with It.* London: H. S. King, 1877.

Balachandran, Gopalan. "Britain's Liquidity Crisis and India, 1919–1920." *Economic History Review* 46, no. 3 (August 1993): 575–591.

——. *John Bullion's Empire: Britain's Gold Problem and India between the Wars.* London: Curzon, 1996.

——. "Gold, Silver and India in Anglo-American Monetary Relations, 1925–1933." *International History Review* 18, no. 3 (August 1996): 573–590.

Bartlett, Beatrice. *Monarchs and Ministers: The Grand Council in the Mid Ch'ing, 1723–1820.* Berkeley: University of California Press, 1994.

"Battered Silver." *Journal of American Asiatic Association* 3, no.1 (February 1903): 13–15.

Bell, Stephen, and Hui Feng. *The Rise of the People's Bank of China: The Politics of Institutional Change.* Cambridge, MA: Harvard University Press, 2013.

Bergère, Marie-Claire. *The Golden Age of the Chinese Bourgeoisie, 1911–1937.* Cambridge: Cambridge University Press, 1986.

Best, Antony. "The Leith-Ross Mission and British Policy towards

East Asia, 1934–1937." *International History Review* 35, no. 4 (2013): 681–701.

Bian, Morris. *The Making of the State Enterprise System in Modern China: The Dynamics of Institutional Change.* Cambridge, MA: Harvard University Press, 2005.

Boecking, Felix. *No Great Wall: Trade, Tariffs and Nationalism in Republican China, 1927–1945.* Cambridge, MA: Harvard University Press, 2017.

Bordo, Michael D., and Hugh Rockoff. "The Gold Standard as a 'Good Housekeeping Seal of Approval'." *Journal of Economic History* 56, no. 2 (1996): 389–428.

Borg, Dorothy. *The United States and the Far Eastern Crises of 1933–1938: From the Manchurian Incident through the Initial Stage of the Undeclared Sino-Japanese War.* Cambridge, MA: Harvard University Press, 1964.

Bowers, David. *Silver Dollars and Trade Dollars of the United States.* Wolfeboro, NH: Bowers and Merena Galleries, 1993.

Brandfon, Robert Leon. "The Young Thesis, the Loss of China, and United States Gold Policy." *International History Review* 9, no. 2 (1987): 227–249.

Brandt, Loren, and Thomas Sargent. "Interpreting New Evidence about China and U.S. Silver Purchases." *Journal of Monetary Economics* 23, no. 1 (1989).

Brennan, John. *Silver and the First New Deal.* Reno: University of Nevada Press, 1969.

Brook, Timothy. *Confusions of Pleasure: Commerce and Culture in Ming China.* Berkeley: University of California Press, 1998.

Bryan, Steven. *The Gold Standard at the Turn of the Twentieth*

Century: Rising Powers, Global Money, and the Age of Empire. New York: Columbia University Press, 2010.

蔡志新:《孔祥熙经济思想研究》, 太原: 书海出版社, 2007。

Cain, P. J., and A. G. Hopkins. British Imperialism 1688–2000. London: Pearson Education, 2002.

Caires, Michael. "Rethinking the Second American Revolution: Legal Tender and National Banking in the Civil War Era." Constitutional Commentary 29, no. 3 (Summer 2014): 511–523.

Cao, Jin. "Mint Metal Mining and Minting in Sichuan 1700–1900." PhD diss., University of Tubingen, 2012.

Carothers, Neil. Fractional Money: A History of the Small Coins and Fractional Paper Currency of the United States. New York: Augustus M. Kelly, 1967.

Chace, James. Acheson: The Secretary of State Who Created the American World. New York: Simon & Schuster, 1998.

Chalmers, Robert. A History of Currency in the British Colonies. London: Eyre and Spottiswoode, 1893.

Chan, Kevin. "Commodity Price Shocks and International Finance." PhD diss., Massachusetts Institute of Technology, 1988.

Chang, Kia-Ngau. The Inflationary Spiral: The Experience in China, 1939–1950. New York: John Wiley & Sons, 1958.

Chen, Chau-Nan. "Flexible Bimetallic Exchange Rates in China, 1650–1850: A Historical Example of Optimum Currency Areas." Journal of Money, Credit and Banking 7, no. 3 (1975): 359–376.

陈锋、张笃勤主编《张之洞与武汉早期现代化》. 北京: 中国社会科学出版社, 2003。

Cheng, Linsun. Banking in Modern China: Entrepreneurs, Professional Managers and the Development of Chinese Banks,

1897–1937. New York: Cambridge University Press, 2003.

Chernow, Ron. *The House of Morgan: An American Banking Dynasty and the Rise of Modern Finance.* New York: Simon and Schuster, 1990.

Chiu, Benjamin E. "Chinese Student's View of Currency Reform." *Journal of the American Asiatic Association* 10, no.7 (August 1910): 208–209.

Coble, Parks. *The Shanghai Capitalists and the Nationalist Government, 1927–1937.* Cambridge, MA: Council on East Asian Studies, Harvard University, 1980.

Cohen, Benjamin. *The Geography of Money.* Ithaca, NY: Cornell University Press, 2000.

Cohen, Paul. *Discovering History in China: American Historical Writing on the Recent Chinese Past.* New York: Columbia University Press, 1984.

——. *History in Three Keys: The Boxers as Event, Experience, and Myth.* New York: Columbia University Press, 1998.

Conant, Charles. *The United States in the Orient: The Nature of the Economic Problem.* Boston: Houghton Mifflin, 1900.

Croly, Herbert David. *Willard Straight.* New York: Macmillan, 1924.

戴建兵:《中国近代币制的转折点——机制制钱研究》,《中国钱币》1993 年第 3 期。

戴建兵:《白银与中国近代经济（1890~1935）》,上海：复旦大学出版社，2005。

戴建兵:《中国近代银两史》,北京：中国社会科学出版社，2007。

戴建兵:《一个时代货币思想的进步——孙中山货币思想及实践评议》,《保定学院学报》2010 年第 1 期。

Dayer, Roberta Albert. *Finance and Empire: Sir Charles Addis,*

1861–1945. New York: St. Martin's Press, 1988.

DeCanio, Samuel. "Populism, Paranoia, and the Politics of Free Silver." *Studies in American Political Development* 25, no. 1 (2011): 1–26.

Dickinson, Frederick. *War and National Reinvention: Japan in the Great War, 1914–1919*. Cambridge, MA: Harvard University Press, 1999.

丁进军：《晚清各省铸造银圆史料选辑》（上），《历史档案》第 3 期第 1 则，2003 年。

丁文江、赵丰田编《梁启超年谱长编》，上海：上海人民出版社，1983。

Dunstan, Helen. "Safely Supping with the Devil: The Qing State and Its Merchant Suppliers of Copper." *Late Imperial China* 13, no. 2 (December 1992): 42–81.

——. "Orders Go Forth in the Morning and Are Changed by Nightfall." *T'oung Pao* 82, no. 1/3 (1996):66–136.

——. *State or Merchant: Political Economy and Political Process in 1740s China*. Cambridge, MA: Harvard University Asia Center, 2006.

Eastman, Lloyd. *Seeds of Destruction: Nationalist China in War and Revolution, 1937–1949*. Stanford, CA: Stanford University Press, 1984.

Eichengreen, Barry. *The Gold Standard in Theory and History*. New York: Methuen, 1985.

——. *Golden Fetters: The Gold Standard and the Great Depression, 1919–1939*. New York: Oxford University Press, 1992.

Eichengreen, Barry, Arnaud Mehl, and Livia Chitu. *How Global Currencies Work: Past, Present and Future*. Princeton, NJ: Princeton University Press, 2018.

Einaudi, Luca. *Money and Politics: European Monetary Unification and the International Gold Standard, 1865–1873.* Oxford: Oxford University Press, 2001.

Esherick, Joseph. *Reform and Revolution in China: The 1911 Revolution in Hunan and Hubei.* Berkeley: University of California Press, 1976.

———. *The Origins of the Boxer Uprising.* Berkeley: University of California Press, 1988.

Everest, Allen. *Morgenthau, the New Deal and Silver.* New York: King's Crown, 1950.

Faure, David. "The Mackay Treaty of 1902 and Its Impact on Chinese Business." *Asia Pacific Business Review* 7, no. 2 (2000): 79–92.

Field, Frederick V. *American Participation in the China Consortiums.* Chicago: University of Chicago Press, 1931.

Flandreau, Marc. "The French Crime of 1873: An Essay on the Emergence of the International Gold Standard, 1870–1880." *Journal of Economic History* 56, no. 4 (1996): 862–897.

———, ed. *Money Doctors: The Experience of International Financial Advising 1850–2000.* London: Routledge, 2003.

———. *The Glitter of Gold: France, Bimetallism, and the Emergence of the International Gold Standard, 1848–1873.* Oxford: Oxford University Press, 2004.

Flandreau, Marc, and Mathilde Maurel. "Monetary Union, Trade Integration, and Business Cycles in the 19th Century." *Open Economies Review* 16, no. 2 (2005): 135–152.

Flandreau, Marc, and Kim Oosterlinck. "Was the Emergence of the International Gold Standard Expected? Evidence from Indian

Government Securities." *Journal of Monetary Economics* 59, no. 7 (2012): 649–669.

Flynn, Dennis. *World Silver and Monetary History in the 16th and 17th Centuries.* London: Routledge, 1996.

Flynn, Dennis, and Arturo Giraldez. "Arbitrage, China, and World Trade in the Early Modem Period." *Journal of Economic and Social History of the Orient* 38, no. 4 (1995): 429–448.

——, eds. *China and the Birth of Globalization in the 16th Century.* London: Routledge, 2010.

Friedman, Milton. "The Crime of 1873." *Journal of Political Economy* 98, no. 6 (1990): 1159–1194.

——. "Franklin D. Roosevelt, Silver and China." *Journal of Political Economy* 100, no. 1 (1992): 62–83.

——. *Money Mischief: Episodes in Monetary History.* New York: Harcourt Brace Jovanovich, 1992.

Friedman, Milton, and Anna Schwartz. *A Monetary History of the United States, 1867–1960.* Princeton, NJ: Princeton University Press, 1963.

〔英〕傅兰雅（John Fryer）、钟天纬译《铸钱工艺》, 上海: 江南制造总局, 1875。

Galbraith, John Kenneth. *Money, Whence It Came, Where It Went.* Boston: Houghton Mifflin, 1975.

Goodman, Bryna. "Dubious Figures: Speculation, Calculation, and Credibility in Early Twentieth-Century Chinese Stock Exchanges." In *The Cultural History of Money and Credit,* edited by Chia Yin Hsu, Thomas Luckett, and Erica Vause, 111–132. Lanham, MD: Lexington Books, 2016.

Gunder Frank, Andre. *ReORIENT: Global Economy in the Asian Age.*

Berkeley: University of California Press, 1988.

Halsey, Stephen. *Quest for Power: European Imperialism and the Making of Chinese Statecraft.* Cambridge, MA: Harvard University Press, 2015.

Hao, Yen-p'ing. *The Commercial Revolution in Nineteenth-Century China: The Rise of Sino-Western Mercantile Capitalism.* Berkeley: University of California Press, 1986.

Hartill, David. *Qing Cash.* London: Royal Numismatic Society, 2003.

He, Wenkai. *Paths toward the Modern Fiscal State England, Japan, and China.* Cambridge, MA: Harvard University Press, 2013.

Helleiner, Eric. *The Making of National Money: Territorial Currencies in Historical Perspective.* Ithaca, NY: Cornell University Press, 2003.

Helleiner, Eric, and Jonathan Kirshner, eds. *The Great Wall of Money: Power and Politics in China's International Monetary Relations.* Ithaca, NY: Cornell University Press, 2014.

Hirata, Koji. "Britain's Men on the Spot in China: John Jordan, Yuan Shikai, and the Reorganization Loan, 1912–1914." *Modern Asian Studies* 47, no. 3 (2013): 895–934.

何汉威:《从银贱钱荒到铜元泛滥——清末新货币的发行及其影响》,《"中央研究院"历史语言研究所集刊》第62本第3分,1993年。

Ho, Kwong Shing. "China's Quest for American Monetary Aid: The Role of Chen Guangfu, 1935–1944." PhD diss., University of Hong Kong, 2010.

Ho, Tai kuang, and Cheng-chung Lai. "Silver Fetters? The Rise and Fall of Chinese Price Level 1928–1934," *Explorations in Economic History* 50 (2013): 446–462.

Horesh, Niv. *Shanghai's Bund and Beyond: British Banks, Banknote*

Issuance, and Monetary Policy in China, 1842–1937. New Haven, CT: Yale University Press, 2009.

———. "Between Copper, Silver and Gold: Japanese Banks of Issue in Taiwan, Northeast China and Korea, 1879–1937." *China Report* 48, no. 4 (2012): 375–392.

———. "The Great Money Divergence: European and Chinese Coinage before the Age of Steam." *Journal of Chinese Studies 55* (July 2012): 103–136.

———. *Chinese Money in Global Context: Historic Junctures between 600 BCE and 2012.* Stanford, CA: Stanford University Press, 2013.

Hu, Shizhang. *Stanley K. Hornbeck and the Open Door Policy, 1919–1937.* Westport, CT: Greenwood, 1995.

Hudson, Peter James. *Bankers and Empire: How Wall Street Colonized the Caribbean.* Chicago: University of Chicago Press, 2018.

Hunt, Michael H. *Frontier Defense and the Open Door: Manchuria in Chinese-American Relations, 1895–1911.* New Haven, CT: Yale University Press, 1973.

Irigoin, Maria Alejandra. "The End of a Silver Era: The Consequences of the Breakdown of the Spanish Peso Standard in China and the United States, 1780s–1850s." *Journal of World History* 20, no. 2 (2009): 207–244.

———. "Gresham on Horseback: The Monetary Roots of Spanish American Political Fragmentation in the Nineteenth Century." *Economic History Review* 62, no. 3 (2009): 551–575.

Israel, Fred. "The Fulfillment of Bryan's Dream: Key Pittman and Silver Politics, 1918–1933." *Pacific Historical Review* 30, no. 4 (1961): 359–380.

——. *Nevada's Key Pittman*. Lincoln: University of Nebraska Press, 1963.

Israel, Jerry. *Progressivism and the Open Door: America and China, 1905–1921*. Pittsburgh, PA: University of Pittsburgh Press, 1971.

Jacks, David, Se Yan, and Liuyan Zhao. "Silver Points, Silver Flows: Measure of Chinese Financial Integration," National Bureau of Economic Research Working Paper No. 22747, Cambridge, MA, October 2016.

James, John A., and David F. Weiman. "The National Banking Acts and the Transformation of New York City Banking during the Civil War Era." *Journal of Economic History* 71, no. 2 (2011): 338–362.

James, Ronald. *The Roar and the Silence: A History of Comstock Lode and Virginia City*. Reno: University of Nevada Press, 1998.

Jaremski, Matthew. "State Banks and the National Banking Acts: Measuring the Response to Increased Financial Regulation, 1860–1870." *Journal of Money, Credit and Banking* 45, no. 2–3 (2013): 379–399.

贾钦涵:《"纸币兑现"之争与 1935 年法币改革决策》,《中国社会经济史研究》2016 年第 2 期。

Jones, Geoffrey. *British Multinational Banking 1830–1990*. Oxford: Oxford University Press, 1993.

Jordan, Donald A. *China's Trial by Fire: The Shanghai War of 1932*. Ann Arbor: University of Michigan Press, 2001.

Kann, Eduard. *The Currencies of China: An Investigation of Silver and Gold Transactions Affecting China*. Shanghai: Kelly & Walsh, 1927.

Karl, Rebecca E., and Peter Zarrow, eds. *Rethinking the 1898 Reform*

Period: Political and Cultural Change in Late Qing China.
Cambridge, MA: Harvard University Press, 2002.

Kawamura, Noriko. *Turbulence in the Pacific: Japanese-U.S.
Relations during World War* I . Westport, CT: Praeger, 2000.

Kemmerer, Edwin. "The Fiscal System of Egypt." *Publications of
the American Economic Association* 1, no. 3 (August 1900): 189–
216.

——. "The Establishment of the Gold Exchange Standard in the
Philippines." *Quarterly Journal of Economics* 19, no. 4 (August
1905): 585–609.

——. "The Recent Rise in the Price of Silver and Some of Its
Monetary Consequences." *Quarterly Journal of Economics* 26, no.
2 (February 1912): 215–274.

Keynes, John Maynard. *Indian Currency and Finance.* London:
Macmillan, 1913.

Kindleberger, Charles. *A Financial History of Western Europe.*
London: George Allen & Unwin, 1984.

King, Frank H. H. *Money and Monetary Policy in China, 1845–1895.*
Cambridge, MA: Harvard University Press, 1965.

——. *The History of the Hongkong and Shanghai Banking
Corporation*, Vol. 1, *The Hongkong Bank in Late Imperial China
1864–1902: On an Even Keel.* Cambridge: Cambridge University
Press, 1988.

——. *The Hongkong Bank in the Period of War and Imperialism,
1895–1918: Wayfoong, the Focus of Wealth.* Cambridge: Cambridge
University Press, 1988.

——. "The Boxer Indemnity— 'Nothing but Bad.' " *Modern Asian
Studies* 40, no. 3 (2006): 663–689.

Kirby, William. "Engineering China: Birth of the Developmental State, 1928–1937." In *Becoming Chinese: Passages to Modernity and Beyond*, edited by Yeh-Wen Hsin, 137–160. Berkeley: University of California Press, 2000.

Kuroda, Akinobu. "The Collapse of the Chinese Imperial Monetary System." In *Japan China and the Growth of the Asian International Economy, 1850–1949,* edited by Kaoru Sugihara, 103–126. Oxford: Oxford University Press, 2005.

——. "Concurrent but Non-Integrable Currency Circuits: Complementary Relationships among Monies in Modern China and Other Regions." *Financial History Review* 15, no. 1 (2008): 17–36.

Kwong, Luke S. K. *A Mosaic of the Hundred Days: Personalities, Politics and Ideas of 1898.* Cambridge, MA: Harvard University Press, 1984.

Lai, C. C., J. J. Gau, and T. K. Ho. "Professor Jeremiah Jenks of Cornell University and the 1903 Chinese Monetary Reform." *Hitotsubashi Journal of Economics* 50, no. 1 (2009): 35–46.

赖建诚:《梁启超的经济面向》, 台北: 联经出版公司, 2006。

Landes, David. *Bankers and Pashas: International Finance and Economic Imperialism in Egypt.* Cambridge, MA: Harvard University Press, 1958.

Langdon, Frank. "Japan's Failure to Establish Friendly Relations with China in 1917–1918." *Pacific Historical Review* 26, no. 3 (August 1957): 245–258.

Laughlin, J. Laurence. *A History of Bimetallism in the United States.* New York: D. Appleton, 1898.

——. "The Gold-Exchange Standard." *Quarterly Journal of*

Economics 41, no. 4 (1927): 644–663.

Leavens, Dickson. *The Ratio between the T. T. Rate and the Silver Price.* Shanghai: Chinese Government Bureau of Economic Information, 1928.

——. *Silver Money.* Bloomington, IN: Principia, 1939.

Leong, Y. S. *Silver: An Analysis of Factors Affecting Its Price.* Washington, D.C.: Brookings Institute, 1933.

Levenson, Jospeh. *Liang ch'i-ch'ao and the Mind of Modern China.* Berkeley: University of California Press, 1959.

Li, Xuefeng. "Zaifeng and late Qing railway policy." In *China: How the Empire Fell,* edited by Joseph Esherick and C. X. George Wei, 89–106. London: Routledge, 2013.

李一翔:《近代中国银行与钱庄关系研究》, 上海: 学林出版社, 2005。

李永福:《山西票号研究》, 北京: 中华工商联合出版社, 2007。

Lin, Man-Houng. *China Upside Down: Currency, Society, and Ideologies, 1808–1856.* Cambridge, MA: Harvard University Asia Center, 2006.

——. "The Devastation of the Qing Mints, 1821–1850." In *Money in Asia (1200–1900): Small Currencies in Social and Political Contexts,* edited by Jane Kate Leonard and Ulrich Theobald, 155–187. Leiden, Netherlands: Brill, 2015.

Lin, Weiying. *China under Depreciated Silver, 1926–1931.* Shanghai: Commercial Press, 1935.

——. *The New Monetary System of China: A Personal Interpretation.* Chicago: University of Chicago Press, 1936.

Linderman, Henry. "The Production of Gold and Silver." *Bankers' Magazine* 33 (March 1873): 710–717.

——. *Money and Legal Tender.* New York: G. P. Putnam's Sons, 1877.

Little, Edward S. "The Chinese Currency Question," *Journal of American Asiatic Association* 3, no.2 (February 1903): 50–53.

刘蜀永:《沙俄与币制实业借款》,《学习与思考》1982 年第 3 期。

刘增合:《"财"与"政":清季财政改制研究》,北京:三联书店,2014。

Lopez-Cordova, J. Ernesto, and Christopher M. Meissner. "Exchange-Rate Regimes and International Trade: Evidence from the Classical Gold Standard Era." *American Economic Review* 93, no. 1 (2003): 344–353.

Lotz, Walther. "The Monetary Situation in Germany." *Annals of the American Academy of Political Science* 4 (July 1893): 61–81.

Lumba, Allan. "Imperial Standards: Colonial Currencies, Racial Capacities, and Economic Knowledge during the Philippine American War." *Diplomatic History* 39, no. 4 (June 2014): 603–628.

Ma, Debin. "Financial Revolution in Republican China during 1900–1937: A Survey and a New Interpretation," *Australian Economic History Review* 59, no. 3 (February 2019): 242–262.

Ma, Debin, and Zhao Liuyuan. "A Silver Transformation: Chinese Monetary Integration in Times of Political Disintegration, 1898–1933." Economic History Working Paper No. 283, London School of Economics, London, July 2018.

马金华:《外债与晚清政局》,北京:社会科学文献出版社,2011。

Ma, Junya. "Traditional Finance and China's Agricultural Trade, 1920–1933." *Modern China* 34, no. 3 (2008): 344–371.

马陵合:《晚清外债史研究》,上海:复旦大学出版社,2005。

马寅初:《印度币制之变迁》,《交大季刊》第 3 期，1930 年。

MacMurray, John Van Antwerp. *Treaties and Agreements with and concerning China, 1894-1919, Volume 1.* Washington, D.C.: Carnegie Endowment for International Peace, 1921.

Maozzin, Ghassan. "Networks of Capital: German Bankers and Financial Internationalisation of China 1885-1919." PhD diss., University of Cambridge, 2017.

Martin, David. "1853: The End of Bimetallism in the United States." *Journal of Economic History* 33, no. 4 (1973): 825-844.

Maurer, Noel. *The Power and the Money: The Mexican Financial System, 1876-1932.* Stanford, CA: Stanford University Press, 2002.

McElderry, Andrea. *Shanghai Old-Style Banks (Ch'ien-Chuang), 1800-1935: A Traditional Institution in a Changing Society.* Ann Arbor: Center for Chinese Studies, University of Michigan, 1976.

Meissner, Christopher. "A New World Order: Explaining the International Diffusion of the Gold Standard, 1870-1913." *Journal of International Economics* 66, no. 2 (2005): 385-406.

——. "The Limits of Bimetallism." In *Current Federal Reserve Policy under the Lens of Economic History: Essays to Commemorate the Federal Reserve System's Centennial*, edited by Owen Humpage, 194-216. New York: Cambridge University Press, 2015.

Metzler, Mark. *Lever of Empire: The International Gold Standard and the Crisis of Liberalism in Prewar Japan.* Berkeley: University of California Press, 2006.

Meztler, Mark, and Simon James Bytheway. *Central Banks and Gold: How Tokyo, London and New York Shaped the Modern World.*

Ithaca, NY: Cornell University Press, 2016.

Nathan, Andrew. *Peking Politics, 1918–1923: Factionalism and the Failure of Constitutionalism.* Berkeley: University of California Press, 1976.

Niven, John. *Salmon P. Chase: A Biography.* New York: Oxford University Press, 1995.

Observer. "Putting China on the Gold Standard," *Journal of the American Asiatic Association* 3, no. 9 (October 1903): 262.

O'Leary, Paul M. "The Scene of the Crime of 1873 Revisited: A Note." *Journal of Political Economy* 68, no. 4 (1960): 388–392.

Parrini, Carl. *Heir to Empire: United States Economic Diplomacy, 1916–1923.* Pittsburgh, PA: University of Pittsburgh Press, 1969.

Passananti, Thomas. "The Politics of Silver and Gold in an Age of Globalization: The Origins of Mexico's Monetary Reform of 1905." *America Latina En La Historia econdmica*, no. 30 (2008): 67–95.

彭信威:《中国货币史》, 上海: 上海人民出版社, 2007。

Pietz, David. *Engineering the State: The Huai River and the Reconstruction in Nationalist China, 1927–1937.* London: Routledge, 2002.

Pomeranz, Kenneth. *The Making of a Hinterland: State, Society, and Economy in Inland North China, 1853–1937.* Berkeley: University of California Press, 1993.

Pomfret, John. *The Beautiful Country and the Middle Kingdom: America and China, 1776 to Present.* New York: Henry Holt, 2016.

Prasad, Eswar. *Gaining Currency: The Rise of the Renminbi.* New York: Oxford University Press, 2016.

Pugach, Noel. *Paul S. Reinsch, Open Door Diplomat in Action.* Millwood, NY: KTO, 1979.

Rauchway, Eric. "Willard Straight and the Paradox of Liberal Imperialism." *Pacific Historical Review* 66, no. 3 (1997): 363–397.

Rawski, Thomas. *Economic Growth in Prewar China.* Berkeley: University of California Press, 1989.

———. "Milton Friedman, Silver, and China." *Journal of Political Economy* 101, no. 4 (1993): 755–758.

Redish, Angela. *Bimetallism: An Economic and Historical Analysis.* Cambridge: Cambridge University Press, 2000.

Reti, Steven. *Silver and Gold: The Political Economy of International Monetary Conferences, 1867–1892.* Westport, CT: Greenwood, 1998.

Rhoads, Edward J. M. *Manchus and Han: Ethnic Relations and Political Power in Late Qing and Early Republican China, 1861–1928.* Seattle: University of Washington Press, 2000.

Rickards, James. *The New Case for Gold.* London: Penguin Books, 2016.

Rosenberg, Emily. "Foundations of United States International Financial Power: Gold Standard Diplomacy, 1900–1905." *Business History Review* 59 (1985): 169–202.

———. *Financial Missionaries to the World: The Politics and Culture of Dollar Diplomacy, 1900–1930.* Durham, NC: Duke University Press, 2003.

Rowe, William T. *Saving the World: Chen Hongmou and Elite Consciousness in Eighteenth-Century China.* Stanford, CA: Stanford University Press, 2001.

———. "Provincial Monetary Practice in Eighteenth-Century China: Chen Hongmou in Jiangxi and Shaanxi." In *Chinese Handicraft Regulations of the Qing Dynasty*, edited by Hans Ulrich Vogel, 347–371. Munich: Iudicum, 2005.

———. "Money, Economy, and Polity in the Daoguang-Era Paper Currency Debates." *Late Imperial China* 31, no. 2 (2010): 69–96.

———. *Speaking of Profit: Bao Sichen and Reform in Nineteenth-Century China*. Cambridge, MA: Harvard Asia Center, 2018.

Saito, Seiji. "Terauchi naikaki to Nishihara Kamezo" [The Terauchi cabinet and Kamezo Nishihara] . *Kokusai seiji* 75 (October 1983): 12–29.

———. "Terauchi naikaki ni okeru endan seisaku kakuritsu no keii" [The circumstances under which the Terauchi cabinet adopted the policy to assist Duan] , *Kokusai seiji* 83 (October 1986): 143–161.

Salter, Arthur. *China and Silver.* New York: Economic Forum, 1934.

Sargent, Thomas, and Francois Velde. *The Big Problem of Small Change*. Princeton, NJ: Princeton University Press, 2002.

Schell, William. "Money as Commodity: Mexico's Conversion to the Gold Standard, 1905." *Mexican Studies / Estudios Mexicanos* 12, no. 1 (1996): 67–89.

———. "Silver Symbiosis: Reorienting Mexican Economic History." *Hispanic American Historical Review* 81, no. 1 (February 2001): 89–133.

Schiltz, Michael. *The Money Doctors from Japan: Finance, Imperialism, and the Building of the Yen Bloc, 1895–1937.* Cambridge, MA: Harvard University Asia Center, 2012.

———. "Money on the Road to Empire: Japan's Adoption of Gold

Monometallism, 1873–97." *Economic History Review* 65, no. 3 (2012): 1147–1168.

Scholes, Walter, and Marie Scholes. *The Foreign Policies of the Taft Administration.* Columbia: University of Missouri Press, 1970.

Schuker, Stephen. "Money Doctors between the Wars: The Competition between Central Banks, Private Financial Advisors and Multilateral Agencies, 1919–1931." In *Money Doctors: The Experience of International Financial Advising, 1850–2000*, edited by Marc Flandreau, 49–77. London: Routledge: 2003.

Sharkey, Robert. *Money, Class, and Party: An Economic Study of Civil War and Reconstruction.* Baltimore: Johns Hopkins Press, 1959.

Sheehan, Brett. *Trust in Troubled Times: Money, Banks, and State-Society Relations in Republican Tianjin.* Cambridge, MA: Harvard University Press, 2003.

申学锋：《晚清财政支出政策研究》，北京：中国人民大学出版社，2006。

Sherman, John. *John Sherman's Recollections of Forty Years in the House, Senate and Cabinet: An Autobiography.* Chicago: Werner, 1895.

Shiroyama, Tomoko. *China during the Great Depression: Market, State, and the World Economy, 1929–1937.* Cambridge, MA: Harvard University Press, 2008.

Siegel, Jennifer. *For Peace and Money: French and British Finance in the Service of Tsars and Commissars.* New York: Oxford University Press, 2014.

Silber, William. *The Story of Silver: How the White Metal Shaped America and the Modern World.* Princeton, NJ: Princeton

University Press, 2019.

Skidelsky, Robert. *John Maynard Keynes*. Vol. 2, *The Economist as Savior, 1920–1937*. London: Papermac, 1994.

Sklansky, Jeffrey. *Sovereign of the Market: The Money Question in Early America*. Chicago: University of Chicago Press, 2017.

Sklar, Martin. *The Corporate Reconstruction of American Capitalism, 1890–1916: The Market, the Law, and Politics*. Cambridge: Cambridge University Press, 1988.

Smethurst, Richard. *From Foot Soldier to Finance Minister: Takahashi Korekiyo, Japan's Keynes*. Cambridge, MA: Harvard University Press, 2007.

Smith, Grant H. *The History of the Comstock Lode*. Reno: University of Nevada Press, 1998.

Smith, Oberlin. "Minting Machinery for China." *American Machinist*, October 22, 1903, 1489–1493.

Smith, Oberlin, and Henry Janvier. "Coining Machinery in Chinese Mints." *Cassier's Magazine* 41, no. 1 (May 1903): 3–13.

Solow, Robert. "Economic History and Economics." *American Economic Review* 75, no. 2 (May 1985): 328–331.

宋丽智:《20 世纪 30 年代中国经济思想的转变与发展研究——基于世界经济大萧条冲击的视角》, 北京：经济科学出版社，2016。

宋佩玉:《上海造币厂筹建始末》,《档案与史学》2002 年第 6 期。

宋佩玉:《近代上海外汇市场研究（1843~1949）》, 上海：上海人民出版社，2014。

Spalding, William. *Foreign Exchange and Foreign Bills in Theory and Practice*. London: Sir Isaac Pitman and Sons, 1915.

Steil, Benn. *The Battle of Bretton Woods: John Maynard Keynes, Harry Dexter White and the Making of a New World Order*.

Princeton, NJ: Princeton University Press, 2013.

Strauss, Julia C. *Strong Institutions in Weak Polities: State Building in Republican China, 1927–1940.* Oxford: Oxford University Press, 1998.

Sun, E-Tu Zen. "The Constitutional Missions of 1905–1906." *Journal of Modern History* 24, no. 3 (September 1952): 251–269.

Sunderland, David. *Financing the Raj: The City of London and Colonial India, 1858–1940.* Woodbridge, UK: Boydell, 2013.

Taxay, Donald. *The U.S. Mint and Coinage: An Illustrated History from 1776 to the Present.* New York: Arco, 1966.

Taylor, Jay. *The Generalissimo's Son: Chiang Ching-kuo and the Revolutions in Taiwan and China.* Cambridge, MA: Harvard University Press, 2000.

———. *The Generalissimo: Chiang Kai-Shek and the Struggle for Modern China.* Cambridge, MA: Belknap Press of Harvard University Press, 2009.

Temin, Peter. *The Jacksonian Economy.* New York: Norton, 1969.

Thai, Philip. *China's War on Smuggling: Law, Economic Life, and the Making of the Modem State, 1842–1965.* New York: Columbia University Press, 2018.

Tooze, Adam J. *The Deluge: The Great War, America and the Remaking of the Global Order, 1916–1931. New* York: Penguin, 2014.

Trescott, Paul B. *Jingji Xue: The History of the Introduction of Western Economic Ideas into China, 1850–1950.* Hong Kong: Chinese University Press, 2007.

Unger, Irwin. *The Greenback Era: A Social and Political History of American Finance, 1865–1879.* Princeton, NJ: Princeton

University Press, 1964.

Vevier, Charles. *The United States and China, 1906–1913: A Study of Finance and Diplomacy.* New Brunswick, NJ: Rutgers University Press, 1955.

Vogel, Hans Ulrich. "Chinese Central Monetary Policy, 1644–1800." *Late Imperial China* 8, no. 2 (December 1987): 1–52.

Vogel, Hans Ulrich, and Jin Cao, eds. *Southwest China in a Regional and Global Perspective.* Leiden, Netherlands: Brill, 2018.

Von Glahn, Richard. *Fountain of Fortune: Money and Monetary Policy in China, 1100–1700.* Berkeley: University of California Press, 1996.

———. "Foreign Silver Coins in the Market Culture of Nineteenth Century China." *International Journal of Asian Studies* 4, no. 1 (2007): 51–78.

Wagel, Srinivas. *Chinese Currency and Banking.* Shanghai: North-China Daily News & Herald, 1915.

Wang, Dong. *China's Unequal Treaties: Narrating National History.* Lanham, MD: Lexington Books, 2008.

王宏斌:《晚清货币比价研究》,开封:河南大学出版社,1990。

王树槐:《庚子赔款》,台北:"中央研究院"近代史研究所,1974。

王业键:《中国近代货币与银行的演进(1644~1937)》,王业键编《清代经济史论文集》(一),台北:稻乡出版社,2003。

魏建猷:《中国近代货币史》,合肥:黄山书社,1986。

Weiner, Richard. "Battle for Survival: Porfirian Views of the International Marketplace." *Journal of Latin American Studies* 32, no. 3 (2000): 645–670.

Weinstein, Allen. *Prelude to Populism: Origins of the Silver Issue, 1867–1878.* New Haven, CT: Yale University Press, 1970.

Wen, Shuang. "Mediated Imaginations: Chinese-Arab Connections in the Late Nineteenth and Early Twentieth Centuries." PhD diss., Georgetown University, 2014.

Willem, John. *The United States Trade Dollar: America's Only Unwanted, Unhonored Coin.* New York: Self-Published, 1959.

Wright, Richard N. J. "The Yuan Shih-k'ai Dollar (Y. 329)—a Review," *Numismatic Chronicle,* no. 163 (2003): 313–334.

——. *The Modern Coinage of China 1866–1949.* London: Spink, 2012.

Wu, Guo. *Zheng Guanying: Merchant Reformer of Late Qing China and His Influence on Economics, Politics, and Society.* New York: Cambria, 2010.

吴剑杰编著《张之洞年谱长编》，上海：上海交通大学出版社，2009。

吴景平：《评上海银钱业之间关于废两改元的争辩》，《近代史研究》2001 年第 5 期。

吴景平主编《上海金融业与国民政府关系研究（1927~1937）》，上海：上海财经大学出版社，2002。

吴景平：《蒋介石与 1935 年法币政策的决策与实施》，《江海学刊》2011 年第 2 期。

吴心伯：《金元外交与列强在中国：1909–1913》，上海：复旦大学出版社，1997。

徐斌、马大成编著《马寅初年谱长编》，上海：商务印书馆，2012。

Xu, Guoqi. *China and the Great War: China's Pursuit of a New National Identity and Internationalization.* Cambridge: Cambridge University Press, 2005.

杨端六编著《清代货币金融史稿》，北京：三联书店，1962。

叶世昌、李宝金、钟祥财：《中国货币理论史》，厦门：厦门大学出版社，2003。

Young, Arthur. *China and the Helping Hand, 1937–1945*. Cambridge, MA: Harvard University Press, 1963.

——. *China's Wartime Finance and Inflation, 1937–1945*. Cambridge, MA: Harvard University East Asian Research Center, 1965.

——. *China's Nation-Building Effort, 1927–1937: The Financial and Economic Record*. Stanford, CA: Hoover Institution, 1971.

Young, Ernest. *The Presidency of Yuan Shih-k'ai: Liberalism and Dictatorship in Early Republican China*. Ann Arbor: University of Michigan Press, 1977.

Young, Louise. *Japan's Total Empire: Manchuria and the Culture of Wartime Imperialism*. Berkeley: University of California Press, 1999.

Zanasi, Margherita. *Saving the Nation: Economic Modernity in Republican China*. Chicago: University of Chicago Press, 2006.

Zarrow, Peter. *After Empire: The Conceptual Transformation of the Chinese State, 1885–1924*. Stanford, CA: Stanford University Press, 2012.

Zelin, Madeleine. *The Magistrate's Tael: Rationalizing Fiscal Reform in Eighteenth-Century Ch'ing China*. Berkeley: University of California Press, 1984.

张连红:《整合与互动：民国时期中央与地方财政关系研究（1927~1937)》，南京：南京师范大学出版社，1999。

Zhao, Liuyuan, and Yan Zhao. "Alfred Marshall, Silver and China." *Australian Economic History Review* 58, no. 2 (2018): 153–175.

Zheng, Xiaowei. *The Politics of Rights and the 1911 Revolution in China*. Stanford, CA: Stanford University Press, 2018.

钟天纬:《扩充商务十条》，林庆彰编《晚清四部丛刊》，台中：文听阁图书馆公司，2011。

周育民：《晚清财政与社会变迁》，上海：上海人民出版社，2000。

邹晓昇：《银元主币流通与上海洋厘行市的更替》,《史学月刊》
　　2006 年第 8 期。

朱俊瑞：《梁启超经济思想研究》，北京：中国社会科学出版社，
　　2004。

索　引

Shanghai Mint construction, 126, 145; silver
famine in, 25; silver production in, 6, 20, 24,
66, 148; during World War I, 107–8. *See also*
Great Depression; Silver Bloc
U.S. silver dollar: composition of, 22, 25, 39;
Crime of 1873 and, 32, 199n60; export of, 23;
proposals for discontinuation of, 30; Spanish
silver dollar compared to, 23, 26
U.S. trade dollar: advocacy for, 22; chop
marking of, 35; circulation in China, 33–35;
composition of, 30; creation of, 21, 29–32;
demonetization of, 38–40, *39*; as legal tender
in U.S., 32, 37–38, 187, 199n57; redemption
of, 40–41

Versailles, Treaty of (1919), 114, 119
Vissering, Gerald, 98, 101, 211n75
von Glahn, Richard, 7, 10

Wang Liu, 14, 15, 48
warlords, 88, 108, 114, 118–19, 128, 129
Warren, George, 155, 220n46
Weng Tonghe, 52–53
Wheeler, Burton, 153, 155
White, Harry Dexter, 164, 173–74, 181
Williams, E. T., 84–85, 103, 111
Wilson, Woodrow, 102, 108, 113
World Economic Conference (1933), 153–55
World War I (1914–1918): currency loan
during, 106, 108–13; money market changes
during, 88, 106; reparations from, 138, 153;
silver prices during, 106, 110, *110*, 117, 121;
territorial expansion during, 107; Versailles
Treaty following, 114, 119
World War II (1937–1945), 148, 180–82
Wuchang Uprising (1911), 98, 114

Xianfeng inflation, 15
Xinhai Revolution (1911–1912), 99, 101,
102
Xiong Xiling, 99, 103–6

yangli rate: defined, 12, 16, 105, 120; elimina-
tion of, 143; Japanese invasion of Shanghai

and, 141, 145; for Mexican silver dollar, 121;
qianzhuang in setting of, 16, 120; seasonal
fluctuation of, 120, 124; in two-level
structure, 123; for Yuan Shikai silver dollar,
121
Yangwu yundong. *See* Self-Strengthening
Movement
Yan Jingming, 48–49
Yao Qingsan, 166
Yikuang, 59, 75–78
Young, Arthur, 131, 137, 142, 144, 160–63, 181,
182
yuan: barriers to standardization of, 124;
composition of, 143, 157; as silver standard
unit of account, 118; value of, 148, 161–62
Yuan Shikai: assumption of presidency, 99, 100;
conflict with Guomindang, 101, 103;
consolidation of power by, 99, 103; death of,
106, 107, 119; dissolution of National
Assembly, 104; on monetary standards,
89–90; patronage network of, 92; in removal
of Guangxu from power, 58; Reorganization
Loan and, 102–3, 215n37
Yuan Shikai silver dollar, 1, 99, 104–5, 121, 143,
183
Yulu, 59–60

Zaifeng, 90, 94
Zaize, 89–91, 95, 96, 98, 115
Zarrow, Peter, 84
Zeng Guofan, 15
Zhang Jia'ao, 162, 165
Zhang Juzheng, 11
Zhang Naiqi, 178–79
Zhang Tao, 11
Zhang Xueliang, 159
Zhang Zhidong: background of, 47; death of,
90, 94; on gold-exchange standard, 64,
81–85; on monetary standards, 3, 62, 89, 90,
185; provincial mints and, 47–49, 51–54, 60
Zhao Erxun, 80–81, 84–85
Zheng Guanying, 46
Zhong Tianwei, 45–46
Zhu Yuanzhang, 11

图书在版编目（CIP）数据

中国与白银时代的终结：1873-1937 /（美）奥斯丁·
迪恩（Austin Dean）著；葛宇亮译. -- 北京：社会科
学文献出版社，2025.1
书名原文：China and the End of Global Silver,
1873-1937
ISBN 978-7-5228-2694-3

Ⅰ.①中… Ⅱ.①奥… ②葛… Ⅲ.①银－货币史－
研究－中国－1873-1937 Ⅳ.①F822.9

中国国家版本馆CIP数据核字（2023）第206669号

中国与白银时代的终结：1873~1937

著　　者 / ［美］奥斯丁·迪恩（Austin Dean）
译　　者 / 葛宇亮

出 版 人 / 冀祥德
责任编辑 / 周方茹　樊霖涵
文稿编辑 / 李铁龙
责任印制 / 王京美

出　　版 / 社会科学文献出版社·教育分社（010）59367261
　　　　　 地址：北京市北三环中路甲29号院华龙大厦　邮编：100029
　　　　　 网址：www.ssap.com.cn
发　　行 / 社会科学文献出版社（010）59367028
印　　装 / 北京盛通印刷股份有限公司

规　　格 / 开　本：889mm×1194mm 1/32
　　　　　 印　张：10.625　字　数：265千字
版　　次 / 2025年1月第1版　2025年1月第1次印刷
书　　号 / ISBN 978-7-5228-2694-3
著作权合同
登 记 号 / 图字01-2021-0652号
定　　价 / 89.00元

读者服务电话：4008918866